国家社科基金项目(18BGL251)阶段性成果

修复性正义

Restorative Justice

基于日本医疗纠纷调解的考察及其对我国的启示

晏英 [日] 和田仁孝 著

中国政法大学出版社

2021·北京

版权登记号：图字01-2021-0672号

图书在版编目（ＣＩＰ）数据

修复性正义:基于日本医疗纠纷调解的考察及其对我国的启示/晏英,(日)和田仁孝著. —北京:中国政法大学出版社,2021.3

ISBN 978-7-5620-9695-5

Ⅰ.①修…　Ⅱ.①晏…　②和…　Ⅲ.①医疗纠纷－处理－研究－日本　Ⅳ.①D931.321.6

中国版本图书馆CIP数据核字(2020)第206539号

书　名	修复性正义 　基于日本医疗纠纷调解的考察及其对我国的启示 XIUFUXING ZHENGYI JIYU RIBEN YILIAOJIUFEN TIAOJIE DE KAOCHA JIQI DUI WOGUO DE QISHI
出版者	中国政法大学出版社
地　址	北京市海淀区西土城路 25 号
邮　箱	fadapress@163.com
网　址	http://www.cuplpress.com (网络实名：中国政法大学出版社)
电　话	010-58908466(第七编辑部) 58908334(邮购部)
承　印	固安华明印业有限公司
开　本	880mm×1230mm　1/32
印　张	8.875
字　数	200 千字
版　次	2021 年 3 月第 1 版
印　次	2021 年 3 月第 1 次印刷
定　价	48.00 元

目　录

序 章
来自医疗事故诉讼现场的诉求

1994 年 1 月 19 日夜晚，高中二年级的佐佐木正人骑着摩托车从打工的地方回家，途中因为没有注意到违规停放的大卡车而撞上了卡车的右半部，随即应声倒地。

被救护车送到医院的正人接受了 X 光片及 CT 片检查。医生说还好没有背折，脑部也未见异常，只是鼻子下方有点裂伤，经缝合后已无大碍。听到这些说明后，正人的父母松了一口气，母亲佐佐木孝子还是决定看护儿子到早上。

起初正人的意识倒也清醒，正确回答了护士所问的生日、姓名等问题。但是，到了深夜一点左右，情况却起了变化。正人痛得无法躺卧，身体蜷得像虾米一样，只能抱足而坐。来查房的护士也只是稍微问了 下情形便离开了。

正人的这种状态一直持续到早上，值班的脑科医生和护士竟也一样没什么反应。到了早上 7 点 40 分，正人连吐了 2 次黑血。佐佐木孝子询问初次来问诊的肠胃科医生正人是不是内脏破裂，医生回答说是吸进鼻血所致。听到医生的回答以及看到洗过胃后恢复过来的正人，佐佐木孝子稍微放下心来。

到了第三天，虽然已经允许进食了，可是正人却没有食欲，一日三餐都只吃一点点。除了没有食欲，扭伤的地方不管是敷药还是吃药都不见效，疼痛丝毫没有缓和的迹象。不仅发高烧，腹胀压了会疼，连白血球也急剧上升。

到了第九天，医生怀疑他可能伤到肠管，便用造影剂做了检查。被主治医生叫到护理站的佐佐木孝子，见到医生慌张的样子顿时起了疑心。同时，从挂着的片子中看到肠子扭曲得拧成一团，使得白色造影剂都漏了出来。检查的结果竟然是十二指肠后腹膜破裂，这时才开始紧急手术。五小时后，医生从手术室里走出来，第一句话竟然是"要是没有进食就好了"。手术后的第二天，佐佐木孝子看到正人脸色泛黄，便问医生"是不是黄疸"，医生竟回答说，这里没有治疗黄疸的设备，做好放弃的准备会比较好。听到这里，佐佐木孝子当即决定转院，并请主治医生提供病历与片子。

之后医生的诊疗次数虽然增加了，但是在第二天却慌慌张张地跑来说，"这样下去很危险，请让我再开一次刀，取出腹中的脓，我会尽全力，让我再试试看"。佐佐木孝子严厉拒绝之后还是决定转院。

转院后经过各种检查，决定再动一次手术。不过，在转院后的第二天，入院时采样的脓细胞化验结果出来了，证实正人是感染了 MRSA（耐甲氧西林金黄色葡萄球菌）。

当天深夜，正人用力呼了两三口气，便离开了人世。死因疑是 MRSA 感染造成的弥散性血管内凝血。MRSA 是一种有强烈抗药性的菌种之一，感染后形成败血症而导致休克，更导致转院后不到两天，正人就离开了人世。

——满是诉讼的回忆

正人死后，佐佐木孝子开始思索儿子的死因，想知道置他于死地的真相。在佐佐木孝子的文章里有如下记载：

    • 从入院后第九天照的造影剂 X 光片中才发现十二指肠后腹膜破裂，为什么从事故发生后所照的单纯的 X 光片中无法看出？在医学上来说，这很困难吗？

    • 为什么大量吐血却无法诊断出是内脏破裂？严重的腹痛连外行的我都会怀疑地去问医生，得到的回答竟然是吞进了鼻血。

    • 怀疑病症，并商讨治疗方案是不是医生的工作？

伤心欲绝的佐佐木孝子希望医院、主治医生能够给她一个交代。

"为什么对我们提出的问题置之不理？"自己的疑问没有得到医院诚恳回答的正人双亲在文章中还提到："要借由起诉，让正人的死因在法庭上真相大白。"

开始寻找律师的正人双亲，经过各种调查，决定聘请一位上过报刊、小有名气的律师来为其辩护，律师也立即向法院申请了保全手续。

就这样，律师负责处理从法律观点出发的相关问题。保全证据手续完成后，拿到病历等复印件的律师却与正人双亲商量道："跟医院和解吧！"

佐佐木孝子聘请律师提起诉讼，就是希望医院及主治医生能够诚恳面对她，认真回答她一连串的疑问。可是医院只想早点结束，给予家属一些赔偿就好，法院判成什么样就是什么样。律师也只想早点结束获得报酬就好。

正人双亲回答说："我们并不是以拿到和解金为目的的，我们要的是医生能够承认过失，让真相大白……和解是愚蠢的，接下来也不会有和解的意愿，只希望能够得到判决结果。"

所以，正人双亲还是向法院提交了诉状。提起诉讼后，法律程序依次展开，律师也认真地履行了他的职责，事情进展很顺利。正人双亲也借由亲友及一些医院的帮忙，努力收集到相关的资料。

就在他们想将从协作医院收集到的一些可以证明医生存在过失的医学常识等资料提交法院时，律师却向正人双亲建议："不要再提交书面资料了。"律师建议佐佐木孝子不要再提那些问题，说那些不是法官想要听的，法官也不会去处理这些问题。

正人双亲回答："因为我们自己没有办法，才会将自己所写的请愿书委托给律师代替我们提出。我们只想法庭早点厘清案情的内容，这与法庭的决策或时机无关；我们提供让法官可以做出正确判断的资料，只是希望避免因为资料不足而做出错误的判断。"从这时候，正人双亲开始觉得，从法律观点来看，律师或许具备执行诉讼的能力，但是，却不太重视委托人的需求。

医院采取的是置之不理的态度，一点都没有抱歉之意。

正人双亲致力于请愿书的撰写，将想传达的事项用自己的语言写了5封信之多。律师却以"我们才是书写法律文书的专家"为由，要求他们订正内容，并拒绝提出第四封和第五封请愿书。

结果，正人双亲自己直接向法院提出了请愿书，并在最后写道："总之想问医生到底做了些什么？要是能证明他们已经全力而为的话，我们便不会提出诉讼。我们希望获得判决结果，要对方为自己的过失而道歉，不想仅以精神赔偿草草了事。"

正人双亲亦对律师没有完全反应自己意愿的诉讼行为，做出如下描述：

第一，根据住院第二天的 X 光片和 CT 片，有照出证明为十二指肠后腹膜破裂的气肿现象，由此可知被告在治疗的初期阶段就有过失。而且被告也承认了过失，光凭这一点，身为律师不是就可以判断是非了吗？第二，对律师来说，虽然有一些我们无法了解的立场，但是关于本案的很多情况不直接询问我们的话，有些地方律师是无法理解的。在此情况下，如何去书写这些文书呢？我们根本无法理解律师的这一立场。第三，就在事情快要水落石出的时候，律师却似乎瞒着我们私底下与法官达成如下协议："争议点只是在'损害赔偿'上，并不在'过失'上"；如果可以一赔了事，就不用太过强调过失的部分。我们认为他有以上的想法，对我们而言非常难以接受。

在发现了有力证据的那天，陪审法官对正人双亲说："请被告写封悔过书和解好吗？"但是他们当场就要求，"请法庭做出判决"。

佐佐木孝子回忆当时的情景："即使我们接受了对方的认错，还是不知道事情的真相，写封悔过书就了事……我实在无法接受。当时就是想着要弄清楚事情的来龙去脉。"

——解雇律师，亲自上法庭

从律师在正人双亲不知情的情况下私自进行和谈开始，正人双亲就对律师不抱信任感了。正好在此时，佐佐木孝子看到本书作者之一的和田仁孝——一位法学教授所撰写的文章。文章认为在医疗诉讼上，患方亦可以不用聘请律师，自己在法庭上进行诉讼。受到这篇文章的鼓舞以及再也无法忍受律师的所作所为，佐佐木孝子毅然解聘了律师，自己进行诉讼。解聘书的内容如下：

"从去年起，委托您出任佐佐木正人医疗过失案件的辩护律师，但在审判过程中发现您与我们见解不同，所以非常冒失地在今天提出解聘书，还盼谅解为荷。"

诉讼一事，便改为本人自行诉讼。

根据诉讼记录，律师的诉讼活动并没有什么问题。例如，提出的诉状也都遵守典型的形式，简洁地记载了事件的经过和主张；可是从法律专业的观点来看似乎没有问题的诉讼行为，就算如何地贴切法律规则，正人双亲也还是无法理解律师的行为。

佐佐木孝子对于解雇律师的理由做了以下叙述：

"总之一句话，本来身为我们代言人的诉讼代理人，因为没有遵照我们的希望去做适当的处理，加上他私自以法律专家的立场处理，并疑似有台面下的交易行为，所以在之后的诉讼路途上信赖关系变得非常脆弱。"

趁着解聘律师的机会，法院再度执拗地劝告正人双亲和解，但正人双亲坚决不答应。后来，正人双亲不断地向法院提出自己书写的各种资料。这些书面资料不同于律师所写的材料，虽然尽量地按照法律构成要件的框架去写，但字里行间表现出来的还是痛失爱子的家长的心情。例如，在第四封请愿书中如此记载：

"请体谅我们，我们提出诉讼也是万不得已的选择……通过法院判决，为了不要再有第 2 个、第 3 个牺牲者出现，除了不轻易地妥协以外，也打算彻底追究本事件中存在的过失，那也是为了世人好。"

佐佐木孝子更是在法庭中质询被告医生。一位医学、医疗的门外汉，加上对法律一无所知的家庭主妇，就这样站上了法庭去质询身为专家的医生。

如果质询是为了要厘清因医生过失所造成的损失的话，从法律专业观点来看，佐佐木孝子的质询或许不够专业，但却充分传达了作为当事者、作为痛失爱子的母亲的心情。例如，在对医生的质询中，佐佐木孝子做了如下陈述：

"原本可以获救，年轻的生命竟然因为医疗过失而没有得到救助，想必医生本人也觉得非常遗憾。为什么那个孩子非死不可？我非常想知道真相，所以提出了诉讼……"

"不论用谎言逃避或想去了解真相，孩子都不会回来了。痛失孩子的双亲的心情，难过痛苦得不知道如何是好；我们唯一的安慰，不就是只有请你拿出诚意，说出事情的真相吗？"

回想着质询医生情形的佐佐木孝子在文章中说，"一个小时很快就过去了，好像是正人在背后给了我勇气和力量，让我一句接一句地，然后很满足地完成了质询，让他承认了过失"。

就这样，佐佐木孝子自己站上了法庭，在请求损害赔偿的诉讼里，传达着痛失爱子的亲人的心声。

但是对于此案，被告在第六份书面资料里做了以下的陈述：

"本件问题的所在或者法院劝告和解的意旨，以及被告的诚意对应，原告应已十分理解。原告们在解聘原告代理人之后的诉讼活动中，虽然不断提出大量文件，但触及核心的东西极少，都只是情绪上的发泄，借以混淆视听而已，不但分不出主张与佐证，连佐证的必要性都无法理解，真的是很可惜！"对方的辩护律师也企图把正人双亲的行为归结为不知节制的、有勇无谋的行动。

但是不懂医学、医疗及法律的正人双亲，在解聘律师后，竭尽全力以自己的力量来面对诉讼；而且在这一过程中并非以损害赔偿为目的，只是拼命在传达痛失爱子的心情，这就超越了有勇无谋的评价，让大家觉得一定是因为某种因素才会使他们坚持诉讼到底。

——空虚的胜诉

1999 年 1 月，上诉后的 2 年 9 个月，大阪地方法院宣判原告胜诉。

正人紧急送到医院后，明知道他从第二天天未亮就出现频繁的剧烈腹痛与呼吸困难、吐血等现象，也看过当天拍摄的单纯腹部的 X 光片及腹部 CT 片所描绘的十二指肠后腹膜破裂、后腹膜气肿的景象，竟然还误诊为单纯的扭伤，就这样将正人放了九天未做任何实质上的处置，在事故的第三天还提供饮食，导致十二指肠后腹膜及后腹膜脓瘤恶化，存在使其陷入无法救助状态以致死亡的过失……本院认为早期适当的诊断治疗挽回正人一命的可能性很高，故认定被告主治医生的过失与正人的死亡有相当的因果关系。

但是，佐佐木孝子却表示："虽然获得了这个判决结果，但对我们而言并不高兴。"在事件背后，还将被害的直接原因归咎于正人身上而非医疗事故，像这样的医院态度可以说一点也不诚恳。

例如，在被告医院最后一份报告的开头部分这样记载：

"患者发生事故时的细节不明。在那种时刻，为何种缘故抑或从哪来、要去哪里都不清楚。与卡车相撞的事实，也是从急救队员口中得知的，连有没有戴安全帽都不知道，那种自杀式的骑法超乎常理。虽然期待能从摩托车或卡车的损害情况等，让我们更清楚地了解事故的真相，但是事后也没有研讨的样子，更没有得到这方面的什么信息……"

另外，在同一份书面报告的最后记载着下列内容：

"有关患者的死亡部分，如同保险公司自赔责任给付报告所示，死亡的结果与交通事故有关。至于本案的客观性诊断的延迟，并不认为与导致死亡有直接的因果关系。自赔责任给付被减额的部分，该由不小心而导致重大伤害的本人，以及让高二学生在这个时间、这种地方、没有注意到前方而继续行驶的未尽到监护者责任的原告共同承担。如果向被告求偿，就可以从与重大伤害完全无关的被告处，获得因过失被减额的部分以及无法从肇事者求偿的部分……"

凭着一股毅力以及努力学习，佐佐木孝子终于获得胜诉判决。虽然获得了一笔赔偿金，但是她的疑问仍没有获得解答。

"将来肯定还会有人遭遇我这样的情况，医院只知道赔钱，其他什么也不理睬，这样的结果难以让患者家属接受！"

经济上无虞的佐佐木孝子并非想要金钱，金钱并不能抚慰她的损失与痛苦。

后来，佐佐木孝子找到和田仁孝教授进行商谈，他们一致认为除了诉讼，应该有更好的应对办法才对。

就这样，一位受害者母亲佐佐木孝子、一位法学教授和田仁孝与一位医学副教授中西淑美三人合作提出了"日本院内医疗纠纷调解"这个模式的原始框架。和田仁孝教授曾经在哈佛大学当研究学者两年，深悉哈佛大学的谈判技巧以及社会建构论与心理学等学识，加上中西淑美副教授曾经师从美国哥伦比亚大学 Carol Liebman 教授，学习其有名的医疗意外事件的信息公开对话技巧。以这种组合为基础，在日本医疗机能评价机构的大力支持下，另有 25 位医学院教授共同论证、逐步拟出一套完整的训练课程。2012 年，日本厚生劳动省规定，凡是设置有医疗纠纷调解员的医院，将对每位住院患者补贴 700 日元（约合人民币 46 元）医疗费，运用财政手段对这一制度加以扶持。[1]

本书将探讨修复性正义下的这套医疗纠纷调解制度。首先，基于社会冲突观点而非法律观点探讨医疗纠纷双方当事者的需求；然后，介绍在修复性正义下院内医疗纠纷调解的展开以及相关技能；接下来，在概观院内医疗纠纷调解在日本以外发展现状的基础上，讨论这一模式在各个领域的最新应用；最后，分析日本的这一制度对我国的启示。

（本章是根据正人双亲提供的材料以及对正人双亲的访问，加之正人母亲佐佐木孝子的手札《悲哀的胜诉》改写而成。感谢爽快地接受访问的各位，也愿佐佐木正人安息。）

---

〔1〕 参见《平成 24 年度診療報酬改定について》第 21 条第 2 款。

第一章

修复性正义在日本医疗纠纷调解中的作用机理及其成效

一、何谓修复性正义？

"修复性正义"（Restorative Justice）最早是由美国哈佛大学法学院兰迪·巴内特（Randy Barnett）于 1977 年提出的。[1]对"修复性正义"（Restorative Justice）的翻译尚未统一，有诸如"修复性司法""恢复性正义""恢复性司法""回复性司法""复归性司法"等译法。著者赞同"修复性正义"的译法，理由如下：首先，"恢复"一词往往指通过双方自力的方式使事态渐进地恢复到受害前的状态，而事实上由于受害者所遭受的某些损害根本无法恢复到原状；而"修复"则是通过第三方协助或主动协商补救、整治各种受损的关系，使之尽可能地趋于常态，甚至达致更为和谐的状态。其次，"Restorative Justice"作为对现代司法模式的颠覆和解构，其活动已经不再局限于司法领域，

---

〔1〕 Randy E. Barnett. Restitution: A New Paradigm of Criminal Justice. *Ethics* Vol. 87, No. 4 (Jul. , 1977), pp. 279–301.

还扩大到了教育领域、劳动法领域以及医疗纠纷领域等。在很多情况下，甚至已不具备司法的任何要素。

修复性正义认为，犯罪首先是对受害者以及受害社群的侵害，刑事司法不可能通过惩罚或矫正犯罪人弥补受害人物质方面的损失。因此，修复性正义理论反对将报应和功利作为国家施加刑罚的目的，并认为国家介入刑事纠纷的目的应当是为参与者带来和平的人际关系、弥补受害者及受害社群的损失、允许犯罪人正常进入社群生活。为了达到这些要求，犯罪受害者、受害社群和犯罪人必须作为当事者参与到一个非敌对状态的刑事纠纷的解决过程中。[1]

修复性正义对以惩罚刑为中心的传统刑罚结构进行了深刻的反思。世界上第一个修复性正义案例 1974 年产生于加拿大安大略省基切纳市（Kitchener）。当时，该市的两个年轻人喝酒喝得酩酊大醉，随后在街上实施了一系列破坏性犯罪，他们打破窗户、刺破轮胎、损坏教堂和商店。据当地媒体报道，二人共损毁了 22 间房屋，损失估计超过 3000 加元。其中一位名叫罗素·凯利的青年，从小失去双亲，由哥哥抚养，很早就有酗酒和药物滥用问题。凯利曾经因为犯案获刑，而当时正处在社区矫正改造期间。此次眼看凯利就要被送进监狱，但在当地缓刑机关和宗教组织的共同努力下，这两名犯罪青年与受害者分别进行了会见。正是通过会见，使两人从受害者的陈述中切实了解到自己的行为给受害者造成的伤害和损失，于是他们对自己的行为作了诚恳的道歉。最后，法官判了两人各 550 加元和 200

---

〔1〕 Howard Zehr, *Changing Lenses: A New Focus for Crime and Justice*, Scottdale, PA, USA: Herald Press（1990）, p. 102.

加元罚金以及 18 个月的缓刑。[1]

1974 年，在加拿大安大略省的基切纳市建立了第一个受害者与加害者和解计划（Victim Offender Reconciliation Program, VORP）。1978 年，在美国印第安纳州的厄克哈特（Elkhart）也建立了加害者和解计划，美国已有数百个受害者与加害者签订和解计划，有面对面的修复性正义模式和非面对面的修复性正义实践两种模式。英国的修复性正义发端于少年矫正制度，最早实施的是英格兰和威尔士的牛津郡警察局。修复性正义以修复（restoration）为核心，强调在修复受害者、修复加害者（回复良善生活）、修复犯罪对社会造成的伤害的过程中，同步迈向一个更好未来的社会生活。故修复性正义又称为关系式正义（relational justice）、积极正义（positive justice），或是再整合正义（reintegrative justice）。

修复性正义主要来自印第安人与毛利人等原住民文化的启发，以及后来由许多实务经验所发展而成，它更像是一种社会运动。现在，修复性正义不仅仅局限于司法领域，还广泛应用于校园内学生之间纠纷的解决、社区纷争的解决以及暴力与灾害受害者的疗愈，甚至包括历史遗留问题的解决。

在一般文献中，修复性正义分为狭义和广义两种。[2]"修复式正义是一项特殊犯罪行为的所有利害当事者聚在一起（come together）共同处理犯罪后果及其未来意涵的过程"，此为狭义的定义。此模式重视当事人聚集在一起的过程，认为必须包括加

〔1〕'Elmira Case' tells of restorative justice for Russ Kelly's 1974 drunk rampage https://www.cbc.ca/news/canada/kitchener-waterloo/elmira-case-restorative-justice-russ-kelly-drunken-rampage-1.3300370, Accessed 21 May 2020.

〔2〕许春金、陈玉书、黄政达："调解制度中受调解人修复性影响因素之研究：修复式正义观点"，载《犯罪与刑事司法研究》2007 年第 9 期。

害者、被害者和社群直接的会面，并由他们在会面中决定结果。较广义的定义认为只要以修补犯罪造成的伤害以及达成正义为目的，在过程中有修复的意图且达成修复的结果即可称为修复性正义。广义模式的支持者包括 Bazemore 以及 Walgrave[1]，他们认为不论是发生在民间机构的自愿性方案或是改变刑事司法过程使其运作过程更符合修复性正义的精神，甚至经由法律程序强制性地给予加害人社群服务或赔偿的处分均属之。最大化模式虽然包含纯粹模式，但并不以此为限，对修复性正义作了更进一步的扩张解释。将修复性正义的核心最大化地理解成损害之修复，因此，只要某种措施是以修复损害为目标的，就能说是修复性的。

表1-1　纯粹模式与最大化模式的区别[2]

	纯粹模式	最大化模式
犯罪	人际关系的侵害（个人之间的侵害）	除对个人的法益以外，还侵害国家、社会法益
程序与参加者	加害者、受害者以及社群必须直接、自发地参加	社群不必参加，甚至连加害者与受害者也不必直接参加
强制	禁止强制行为，仅限于参加者想自发解决问题	只要是为了修复的目的，可以强制（命令进行修复）

　　本书对修复性正义采取广义的定义，认为任何为了对抗不

---

〔1〕　Bazemore，Gordon，L. Walgrave，Restorative juvenile justice：In search of fundamental and an outline for systemic reform，*In Restorative Juvenile Justice：Reparing the Harm of Youth Crime*，edited by L. Walgrave and G. Bazemore，New York：Criminal Justice Press，1999.

〔2〕　引自［日］向井纪子、大月晶代："修复的司法：少年司法との関係を中心に"，《レファレンス》第 55 卷第 10 号，2005 年第 10 期，第 70 頁。

正义、思考更好的回应犯罪、弥补伤害的策略与努力，都可称为修复性正义。此定义亦较接近联合国对修复性正义的定义与基本原则，下文详述。

二、日本医疗纠纷调解引入修复性正义的背景

（一）寻求诉讼外纠纷解决机制

1999 年，日本横滨市立大学附属医院将一名心脏病患者和一名肺病患者混淆，分别对两名患者实施了对方应接受的手术。同年 2 月，东京广尾医院发生护士打点滴时错把消毒液当成生理盐水造成患者死亡的事件。经媒体大幅报道，接连发生的这两起事件严重损害了日本民众对医疗机构的信任。1995 年以后，还曾发生多起医疗纠纷诉讼上诉至日本最高法院，医院被判担责的案件。

据日本最高法院医事关系诉讼委员会统计，1999 年发生医疗纠纷诉讼 678 起，此后连年增加，并于 2004 年达到顶峰（1110 起）。2004 年后，新发医疗纠纷诉讼呈现减少的趋势，2009 年降至 732 起。[1]这一方面是因为日本民众逐渐认识到医疗事故多发不是单个医疗机构的问题，医生群体在现行的医疗体制下超负荷运转，压力过大也是事故多发原因之一。另外，院方因此更加重视患者投诉、与患方的沟通，力图引入"诉讼外纠纷解决"机制，争取在矛盾激化之前通过对话增进双方的

---

〔1〕 日本最高裁判所医事関係訴訟委員会："医事関係訴訟事件の処理状況及び平均審理期間"，https://www. courts. go. jp/saikosai/vc-files/saikosai/file1/1905201 heikinshinri. pdf，アクセス：2020. 05. 30。

理解，避免诉讼。

（二）颁布 ADR[1]法促进医疗纠纷调解

日本医疗纠纷诉讼平均耗时两年，其中 50% 左右的当事者会接受调解。提起诉讼的民众主要怀有希望获知事实真相、希望道歉、防止事故再发等目的，但是如果双方对簿公堂，不仅扩大了医患双方之间的裂痕，而且也难以实现这些诉讼目的。因此，如果可以接受调解，双方会选择在诉讼前达成和解。

为了推动诉讼外纠纷解决机制的发展，2004 年 12 月，日本颁布《促进利用诉讼外解决纷争手续的法律》，简称 ADR 法。ADR 法主张在处理民事纠纷时，尊重纷争当事者自主解决纷争的努力，不通过诉讼，而通过公正的仲裁员或调解员介入的方式使各方达成和解。诉讼外解决纷争的手续较民事诉讼具有费用低廉、耗时短、手续简单、日程调整灵活等优点，但也存在如何确保公平性、民众对此方式认知不足等问题。

在 ADR 法的推动下，医疗 ADR 得到了前所未有的发展。自2007 年 9 月东京三律师会率先成立 ADR 部门至今已有 9 个都道府县 11 个律师会设立该部门，律师多为具有丰富医疗诉讼经验的人士，代表医患双方进行仲裁、调解，必要时还邀请医生作为调停[2]委员或专业委员参与其中。2007 年 9 月，东京三律师会（东京律师会、第一东京律师会及第二东京律师会的合称）

---

[1] ADR：Alternative Dispute Resolution，即替代性纠纷解决机制，是指除诉讼外的纠纷解决方式集合的统称，包括调解、仲裁、和解、谈判等。

[2] 日本的调停是指 "第三方进行居中调解或协调以达到自主解决当事人之间纠纷的目的"。[日] 小岛武司、伊藤真编：《诉讼外纠纷解决法》，丁婕译，中国政法大学出版社 2005 年版，第 29 页。在中国的纠纷解决机制里，调解与调停也非常类似，很少将两者进行区分。

率先设置 ADR 机构"纷争解决中心",开始办理营运医疗 ADR 业务,2015 年度受理之医疗纠纷案件共 62 件,[1]为各地律师会纷争解决中心医疗纠纷案件数量最多者,只是东京三律师会并未申请 ADR 业务认证[2]。东京三律师会就医疗纠纷案件提供调解及仲裁两种 ADR 业务。

除律师会设立医疗 ADR 外,各地设置医疗 ADR 的活动也逐步展开。例如,日本千叶县成立了"千叶县医疗纷争处理中心",作为医疗 ADR 机构开展活动。千叶县医疗纷争处理中心系该县"特定非营利活动法人医事纷争研究会"的附属组织,由千叶大学的医师、教授、千叶县地方法院法官、千叶县律师会所属律师组成,[3]以 2004 年日本 ADR 法制定为契机,开始筹备医疗 ADR 业务,后于 2009 年 12 月申请法务大臣认证,成为日本第一个受到认证的诉讼外医疗纠纷处理机构。[4]千叶县医疗纠纷处理中心系以调解方式处理"因医疗行为、牙科医疗行为而发生的医生、牙科医生,以及其他辅助人员与患者或者患者家属之间的民事纷争"。

日本茨城县也成立了类似的组织。[5]茨城县在医师会的主导下,成立了由律师会、市民代表、专家学者组成的茨城县医

[1]　日本弁護士連合会:"年度仲裁 ADR 統計年報(全国版)",2015 年版,32 頁。

[2]　部分律师公会认为无论是否接受认证,律师会都可以确保 ADR 业务的公正性与中立性,事实上申请 ADR 业务认证之律师会亦属少数。

[3]　[日] 西口元:"医療 ADR の始動—その意味は何か",《法学セミナー》第 55 卷第 5 期(2010),40 頁。

[4]　[日] 植木哲:《医療裁判から医療 ADR へ》,ぎょうせい(2011),269 頁。

[5]　[日] 小松満:"茨城県医療問題中立処理委員会の活動",http://www.mhlw. go. jp/stf/shingi/2r985200000127ad-att/2r9852000001z7f0. pdf,アクセス:2020. 05. 30

疗问题中立处理委员会，由该县医师会设置并负担营运费用，为医患双方提供可以开诚布公交流的机会。茨城县医师会原设有医疗纠纷审查会，该审查会涉及保险的适用，且仅受理该医师会会员的申请，易引起非医疗人员对该审查会中立性及公平性的怀疑。为解决该困境，茨城县医师会另设立中立处理委员会，将该机构定位为提供医患双方对话的平台，并且基于中立立场提供协助，且不收取费用。

(三) 日本 ADR 法存在的问题

日本 ADR 法虽然在一定程度上推进了医疗 ADR 的发展，但是自从 ADR 法引入日本以后，就不可避免地深深打上了日本法制的特色。第一，该法第 3 条规定，所谓 ADR 就是"依照法律来解决纷争的手续"。第二，在专业领域由该领域专家来决定 ADR 手续。第三，对于民间的 ADR 组织，由法务大臣认证。第四，对于法规的解释和适用，因为专业性的原因，可以寻求律师的建议。[1]也就是说，日本的 ADR 法拥有强烈的法制化倾向。

是什么原因使得日本的 ADR 法带有如此强烈的法制化色彩呢？第一，由于日本人口中律师所占的比例与美国相比相差悬殊，日本希望通过 ADR 制度的法制化倾向来加强法治建设。ADR 的相关理念和技能最早由在纽约布鲁克林担任了多年调解员的列文·小林久子女士从美国带到日本，所以，美国自然成为日本在这方面的参照对象。第二，对于日本的纠纷当事者来说，除 ADR 以外可资利用的司法资源很少，同时由于儒家文化

---

[1] [日] 和田仁孝："日本型 ADR における専門性と不偏性"，[日] 和田仁孝編《ADR 理論と実践》，有斐閣 (2007)，35–36 頁。

的影响，民众对权威较之美国更为依恋与崇拜，故将 ADR 定为一种可获取的、便捷的司法资源。[1]第三，由于美国的 ADR 制度比较成熟，已经形成了系统化程序，加上日本人严谨而精细的民族性格，自然很容易形成指南式的法律手册。[2]

对于上述 ADR 法的法制化倾向，著者和田仁孝曾经向日本律师会提出了严厉批评："这不是 ADR 促进法，而是规制 ADR 的法律。"[3]可以说，克服医疗 ADR 的法制化倾向是修复性正义下日本医疗纠纷调解制度发展的重要诱因。

(四) 国际组织的影响

上述医疗 ADR 发展所遇到的阻力，加上国际组织对各国推动修复性正义的积极呼吁，最终催生了修复性正义下日本特有的医疗纠纷调解制度的落地。

国际组织对于修复性正义的倡议，可追溯到国际监狱会议于 1891 年在挪威的三项决议：现代法律未能充分考虑对受害当事者的补偿、在轻微犯罪中应给予加害者补偿的机会、受刑人在监所得可补偿被害者。1990 年国际监狱会议在布鲁塞尔要求会员国采取 1891 年的决议案强化受害者权利。在国际组织的宣言中，联合国强调应保存与尊重在非洲、亚洲、拉丁美洲等地沿用已久的司法外争议解决机制（non-judicial dispute resolution mechanisms）。此外，联合国在 1985 年《关于公证对待犯罪和滥

---

〔1〕 [日] 和田仁孝："日本型 ADR における専門性と不偏性"，[日] 和田仁孝编：《ADR 理論と実践》，有斐閣（2007），39 頁。

〔2〕 [日] 吉田勇："日本社会に対話促進型調停を定着させる二つの試み(1)"，《熊本法学》116 号（2009 年 03 月），194 頁。

〔3〕 [日] 和田仁孝："ADR 認証制度をめぐって"，[日] 和田仁孝、和田直人编：《ADR 認証制度—ガイドラインの解説》，三協法規出版（2008），12 頁。

用权力的被害人的基本原则宣言》第 7 条提到，为了能平复与弥补受害者，应提供非正式的调解措施，包括调解、仲裁、习惯法或原住民解决争端的实务等。

后来，在 1999 年 7 月 28 日，联合国就做出了题为"制定和实施刑事司法调解和修复性司法措施"的第 1999/26 号决议。2000 年 7 月 27 日，联合国又做出了题为"关于在刑事事项中采用修复性方案的基本原则"的第 2000/14 号决议。2000 年 4 月10～17 日在维也纳举行的第十届联合国预防犯罪和罪犯待遇大会期间，在题为"罪犯与受害者：司法过程中的责任与公正问题"议程项目下就修复性司法进行了讨论，同年 7 月被联合国经济及社会理事会通过。2001 年 10 月 29 日至 11 月 1 日，修复性司法专家组在加拿大渥太华同与会国就修复性司法问题进行了专题研究并提出了决议草案的初稿。

2002 年 4 月 16～25 日，联合国预防犯罪和刑事司法委员会第十一届会议在奥地利维也纳举行，会议通过了加拿大等 11 个国家提出的《关于在刑事事项中采用恢复性司法方案的基本原则》决议草案。它是迄今为止对于恢复性司法做出系统规定的第一个国际文件，系统阐述了联合国预防犯罪和刑事司法委员会在恢复性司法问题上的立场。

在日本，从 20 世纪 90 年代后期开始，学术界关于修复性正义的讨论开始涌现，以"修复性司法""修复性正义"为题的文章逐年增多。至 2003 年，出现了第一本以"修复的司法"为名的书籍。学者除介绍国外的制度与做法，还翻译国外学者如 Braithwaite、Umbreit、Heather 等人之文章，更进一步探讨修复性正义运用于日本之刑事司法体系中的可能。此外，学术界广邀国外研究修复性正义的学者到日本演讲，引起了更多学者与社会人士对于修复性正义的关注。

最近，尝试践行修复性正义的活动不仅限于刑事司法领域，还扩大到教育领域、劳动法领域以及医疗纠纷领域等。修复性正义指引下的医疗纠纷解决机制从院内解决开始发展并逐渐壮大。

三、修复性正义在日本医疗纠纷调解中的作用机理

正如有学者指出的那样：“如果调解的最终目的仅仅是追求一种纠纷解决审判式的结果，调解将无从满足当事人的多样化需求，其诸多价值也就无从实现。放弃对多元价值的追求，也就意味着调解的制度优势荡然无存。”〔1〕

为了克服日本 ADR 法法制化倾向带来的弊病，尤其是在医疗纠纷解决中，当事者通常带有强烈的负面情绪，关注当事者的情感是医疗纠纷解决中的首要任务。在日本，因为《日本律师法》第72条规定，“不具备律师资格者不可以有偿代理他人与对方当事者进行调解等活动”，所以，诉讼和医师会以外的医疗纠纷解决途径非常少，绝大部分的医疗纠纷都在医疗机构内解决。也就是说，绝大多数的医疗纠纷并不涉及法律内容。因此，医疗机构内的医疗纠纷调解应该重在“沟通”，而不是法规法条的适用。

基于上述考虑，以从事医疗纠纷调解理论研究的和田仁孝教授和拥有医学临床经验的中西淑美副教授为中心，在吸收和参考了以医疗事故的受害者亲属佐佐木孝子为首，以及多位为

〔1〕 李德恩：“覆盖与节制：一个有关‘审判阴影’的悖论”，载《法制与社会发展》2010 年第 2 期。

医疗纠纷调解的普及和培训课程的开发做出重大贡献的医疗安全管理者的意见和建议的基础上，并在他们的大力帮助下，院内医疗纠纷调解的教育课程终于开发出来了。特别是佐佐木孝子女士给予课程开发者思考在医疗现场创立作为医疗机构软实力的医疗纠纷调解制度的可能性和必要性以及着手研究的契机，可以称得上是"医疗纠纷调解之母"。自那以后，医疗纠纷调解在医疗纠纷现场不断得到普及，在积极迎接各种挑战的同时，也不断地得到成长和升华。

在日本院内医疗纠纷调解中，形成了"以双方自主对话为核心手段，以修复社会关系为最终目标，以无条件接纳作为基本要求，以 IPI 分析作为主要工具"的修复性正义作用机理。

（一）以双方自主对话为核心手段

在日本院内的医疗纠纷调解中，调解员只是程序的推进者和维护者，而不是调解结果的决定者。调解员不发表任何判断、评价或提出任何意见、方案。[1] 修复性正义首先尊重当事者的自主意愿，是否适用修复性正义程序取决于当事者的自愿选择。即使在程序的适用过程中，受害者和加害者仍然有权利不受时间限制地选择退出修复性正义程序。

修复性正义虽然强调发挥双方当事者的决定作用，但并不是将修复性正义仅仅作为双方当事者之间的个人事务加以放任。一旦当事者选择适用修复性正义程序时，中立的调解员会具体负责程序的公正推进和维护。调解员提供的是双方自主对话的

---

[1] 参见《日本医疗纠纷调解员行为规则》第2条，〔日〕和田仁孝、中西淑美：《医疗纠纷调解 纠纷管理的理论与技能》，晏英译，暨南大学出版社 2013 年版，第 13 页。

平台，而不是判断是非、对错，甚至也不是厘清事实与否的场所。

（二）以修复社会关系为最终目标

报应性正义以处罚与隔离来对付违法和破坏社会秩序的行为为主要基调，这种思维对于吓阻违法和破坏社会秩序的行为，稳定社会秩序固然有其作用，但对违法和破坏社会秩序的行为所引发的情感伤痛、物质伤害及社会裂痕往往无所帮助，遑论修补甚至鼓励加害者重新融入正常生活，而修复性正义的目标就是要解决这一问题。

修复性正义对纠纷的处理不是只聚焦于纠纷本身，而是超越该行为和该行为人，协助找出纠纷发生的根本原因，并提出预防对策，以防止伤害事件的再次发生。修复性正义程序，借由各方达成如何解决纠纷的共识，尊重当事者的自主意愿，让当事者的内心需要得到满足，进而使加害者和受害者之间的矛盾冲突得到消弭和修复，恢复社会应有的和谐和信任关系。

（三）以无条件接纳作为基本要求

报应性正义的准法律性在一定程度上为医患双方提供了司法便利，但通过法律认定事故的原因是源于"某行为者"的"过失"，进而让其负起"责任"来解决"纠纷"。报应性正义从法律专业角度处理相关问题时，遵循法定的形式，使用专业的法律用语，没有为当事者提供传达情绪的途径。尤其是医疗事故发生后，即使问题得到解决，双方也很难从痛苦和悲伤中解脱出来。

在医疗纠纷中，当事者通常带有强烈的负面情绪。如果这些负面情绪得不到调解员的认同，其内心就会产生排斥，做法上就会欠缺理性的包容、理解。如果调解员第一时间就能表现出理解和接纳，这对出现负面情绪的当事者而言无疑是最大的安抚，当事者只有在紧张情绪得到缓解之后，才能在调解员的引导下进行自我反省，主动配合调解员解决问题和矛盾。

修复性正义不是定分止争，而是要达到当事者之间的真正和解，即打开"心结"。日本院内医疗纠纷调解制度要求调解员对当事者全身心倾听，全盘接纳。人本主义大师卡尔·罗杰斯创立了"来访者为中心"疗法，其核心理念就是无条件接纳来访者的情绪。接纳是放下自己的价值判断，走近一个人的内心，去倾听、去了解，无条件地接纳他作为一个人所拥有的全部情绪和感受。

但是，接纳并不等于同意，调解员接纳的只是当事者的情绪，而非观点。情绪没有对错之分，要无条件地接纳患者的情绪，但应对情绪的方式却有对错之别。对患者来说，即使医方不赞成自己的说法，但只要充分倾听自己的主张，大多数患者能够构建接纳包括医方在内的"其他意见"的心理状态。是故放下评判，用"空杯"心态去接纳当事者的内心感受是信赖关系建立的第一步。

（四）以 IPI 分析作为主要工具

在报应性正义中，患者在情感、心理、社会等方面的个体化需求，往往被认为是医学以外的问题；一般只能就事论事，只能针对案件本身依法形成解决纠纷的裁决，不考虑对纠纷不产生直接影响的、隐藏在纠纷背后的深层需求。而修复性正义认为，如果固守法律思维，则无法重塑问题。纠纷解决考虑的因素应该很广泛，它不仅从表面上解决纠纷，更注重解决当事者的深层需求。

在日本的院内医疗纠纷调解中，为了探寻当事者的深层需求采用 IPI 分析技能。IPI 分析是哈佛大学谈判研究项目（program on negotiation）的研究成果——"哈佛大学谈判术"〔1〕中的一项基本技能。现在，不论是对于谈判员还是纠纷调解员，IPI 都是不可或缺的解决问题的基本方法。

在日本的院内医疗纠纷调解中，IPI 分析抛弃哈佛大学式狭隘的利害观，同时关注当事者双方的感情、相互关系和当事者的对话流程。所谓"IPI"是指争论点（Issue）、表面主张（Position）、真实需求（Interest）三个方面。IPI 分析强调把人和事分开，着眼于深度探寻双方的实际利益需求而非立场。很多时候，双方的立场不可调和，但他们立场背后的潜在需求却是可以调和的。调解员应该在不预设立场和"空杯"心态下，引导双方展开叙事"再现"，通过故事对话发掘当事者表面立场背后的真正需求。

四、修复性正义在日本医疗纠纷调解中的成效

从 2003 年开始，和田仁孝教授与山形大学医学部中西淑美副教授接受日本医疗机能评价机构的委托，联手开发日本医疗纠纷调解制度，2004 年试运行，2005 年开始了正式的教育课程。2008 年 3 月，为了适应管理医疗纠纷调解员资格考试和培训课程质量认证的需要，成立了日本医疗纠纷调解员协会，协会在全国各地设有 12 个支部。

---

〔1〕〔美〕罗杰·费希尔、威廉·尤里、布鲁斯·巴顿：《谈判力》，王燕、罗昕译，中信出版社 2012 年版。

日本医疗纠纷调解制度包括教育制度、资格考试制度和课程认证制度。到 2010 年，教育课程完成体系化，有基础篇、深化篇、应用篇、技能训练篇以及对实际问题的跟踪反馈。现在，该教育课程在日本医疗纠纷调解员协会、医院、医疗协会、各地医师会和地方政府中得到广泛推广。

下面以爱媛县医师会、日本全国社会保险协会联合会、静冈县医疗安全推进者组织引进医疗纠纷调解制度为例，考察日本医疗纠纷调解制度所取得的成效。

（一）爱媛县医师会所取得的成效

《爱媛县医师会医疗纠纷处理委员会的调查》和《日本全国社会保险协会联合会的调查》，引自中央社会保险医疗协议会向厚生劳动省提出的报告，有力地证明了在医疗机构内设立医疗纠纷调解员所取得的成效。

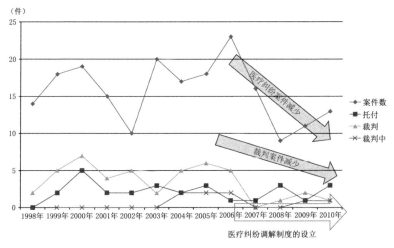

图 1-1　爱媛县医师会医疗纠纷处理委员会的调查　受理案件数·裁判件数

　　爱媛县医师会为了实现每 50 个床位配置 1 名医疗纠纷调解员的目标，从 2007 年开始着手医疗纠纷调解员的培养工作。爱媛医师会作为医疗纠纷的投诉窗口，以前医疗纠纷由某下属的医疗纠纷处理委员会和担任法律顾问的律师来协调解决（包括法律调解手段），但效果并不是很理想。引进日本医疗纠纷调解制度以后，由于该制度在一开始即注重人文关怀，重视促进当事者双方的自主对话，而医疗纠纷最初的应对很大程度上影响着事件以后的发展，所以在医疗纠纷调解方面变化很大。

　　爱媛县医师会所取得的成效如图 1-1 所示，这是基于 1998 年到 2010 年的调查数据。爱媛县医师会每年约有 100 名医疗工作者参加医疗纠纷调解培训，上升到医疗纠纷处理委员会的医疗纠纷案件呈现明显减少的倾向，基本上不存在医疗诉讼案件。

（二）日本全国社会保险协会联合会所取得的成效

　　日本全国社会保险协会联合会，从 2006 年开始，在其下属的医疗安全管理者培养训练中导入了纠纷管理理论，2008 年开始实施医疗纠纷调解员培训。图 1-2 的显示表明，日本全国社会保险协会联合会自从着手医疗纠纷调解员的培养工作以来，医疗人身损害报告件数呈现明显减少倾向。2007 年的医疗人身损害报告件数平均是 44.8 件，引入医疗纠纷调解制度以后，每年平均件数是 26.3 件。

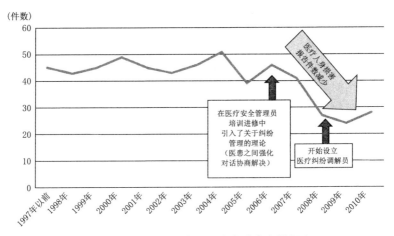

图1-2　日本全国社会保险协会联合会的调查

(三) 静冈县医疗安全推进组织所取得的成效

2012年，静冈县医疗安全推进组织对76家医疗机构的医疗安全管理者进行了关于引进日本医疗纠纷调解制度的问卷调查，41家医疗机构（53.9%）给予了有效回复。

各医疗机构的分布如图1-3所示。虽然床位数和工作经历年数各不相同，但80%的医疗安全管理者负责患者的投诉（图1-3-3）。参加过基础篇和深化篇的人员合计占63%（图1-3-4）。如果加上计划接受培训的部分，90%的医疗安全管理者已经或计划参加医疗纠纷调解培训。虽然有的医疗安全管理者没有参加过培训，但如果加上在医疗机构内接受过医疗纠纷调解的人员，1名及1名以上受训者比例占88%（图1-3-5）。而在没有人员参加培训的医院中，3家中有两家不打算参加培训。

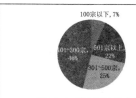

图1-3-1 所属医院的病床数

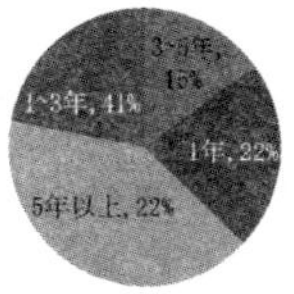

图1-3-2 安全管理者工作经历年数

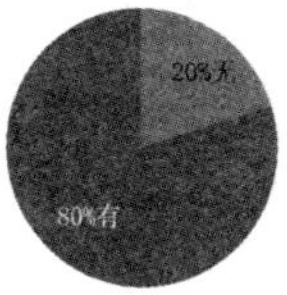

图1-3-3 有无应对患者投诉的工作经验

图1-3-4 安全管理者受训课程的种类

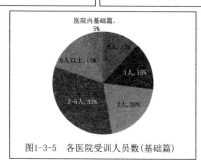

图1-3-5 各医院受训人员数（基础篇）

图1-3 关于日本医疗纠纷调解制度的问卷调查

同时，对已经参加过培训以及计划参加培训的人员进行了针对培训目的（有效回复38家）和培训效果（有效回复30家）的问卷调查。如图1-4所示，在该图5项可多选择题中，"提高应对患者投诉的质量"的培训目的和"加强医疗现场的交流能力"的培训效果各占90%。"提高医疗安全的质量"的培训目的约占66%，而培训效果约占40%。"提高医疗纠纷解决的质量"的培训目的占63%，而培训效果占33%。"强化医疗诉讼对策"的培训目的和培训效果分别占37%和22%。

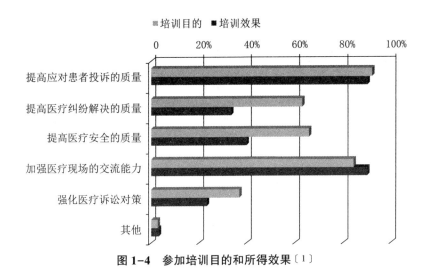

图1-4 参加培训目的和所得效果[1]

　　2012年，日本厚生劳动省规定，凡是设有医疗纠纷调解员的医院，每位住院患者补贴700日元医疗费，运用财政手段对这一制度加以扶持。正是看到了医院配置医疗纠纷调解员后的上述这些巨大变化，日本厚生劳动省才不惜运用财政手段对这一制度加以全面扶持。

---

　　〔1〕 图1-4出自［日］增田伊佐世：“医療安全軽視による病院経営危機とその回避の方法についての一考察-医療メディエーターの活動を通じて-”，《商大ビジネスレビュー》第2卷第1号（2012年9月），247-265頁。

第二章

社会冲突观点下的医疗纠纷构造及解决途径

修复性正义是从社会冲突的观点，而非法律的观点来看待纠纷事件。法律观点更多的是将当事双方具体的纠纷放置到抽象的法律规则之下来评判。其重点在于考虑纠纷行为与某一法律规则的忤逆性，进而依据这种忤逆性来对违犯者进行相应的惩罚。这在很大程度上否认了当事者及其他利益相关者共同解决这一问题的能力。

而在修复性正义下社会冲突的观点，不在于强调法规条文对纠纷的适用，更多的是把纠纷看作是对当事者和社会关系的侵害。修复性正义凭借修复模式，更多地关注纠纷各方因纠纷所受损的利益及其相互关系得到有效修复，促进了多赢局面的形成以及社会的和谐和信任。具体而言，尊重受害者表达个人意愿和陈述自己所受创伤的愿望，通过构建一种倾诉和沟通机制来减轻精神上的痛苦；受害者参与纠纷过程，有效地参与各项实体结论的形成过程，并对纠纷解决过程的结果满意，从而吸纳了不满，重塑社会和谐与稳定。

为了构建修复性正义下的医疗纠纷解决体系，本章首先研究医疗纠纷的发生发展过程，并进一步分析争议各方的需要。接下来，在此分析的基础上，探讨诉讼作为医疗纠纷解决方法的局限性和存在的问题，最终提出一种新的医疗纠纷解决方案及其基本理念，以应对医疗纠纷各方的需求。

一、医疗纠纷产生的过程

(一) 医疗纠纷的不确定性

为了理解医疗纠纷的发生发展过程，首先必须认识到医疗本身包含不确定性。虽然都叫医疗纠纷，但在目前的医疗水平下，医疗纠纷既包括由于不可抗力而发生的医疗不良后果[1]，又包括由于自信或疏忽而引起的医疗过失。[2]此外，对于被识别为错误或过失的行为，并没有预先存在的、完全清晰的法律定义或医学上的专业定义。可以说，与交通事故等因果关系相对明确的事故类型不同，这是医疗过失认定面临的特有难题。

虽然，医疗事故纠纷是关于医疗事故的纠纷，但是由于对医疗事故本身界定的不确定，这种纠纷的发生在事故有无和事故性质上未必存在明确的对应关系。有时候，即使不视为事故的案件，也引发了医疗纠纷；而有时，尽管由于明确的过失引发了医疗事故，问题却得以解决而没有引发医疗纠纷。可以说，

---

〔1〕 医疗不良后果是指导致医疗意想不到的受害后果，不管是否存在医疗过失。

〔2〕 我国民法上的过错责任原则，包括基于故意或者过失两种形态。医疗事故中的过错，可能是故意造成的事故，也可能是过失造成的事故。医疗过失是仅指医疗服务提供者应当预见自己所实施的医疗行为可能发生损害结果，因为疏忽大意而没有预见，或者已经预见而轻信能够避免而给患者造成身体、精神或财产上的损害。如果医疗服务提供者所实施的医疗行为是由主观故意引起的损害后果，则应构成刑法上的故意杀人罪或者故意伤害罪。而实际上医务人员一定不希望患者出现损害后果，那么医务人员出现的医疗不良后果一定属于过失，是基于疏忽大意或过于自信所导致的。故在本书中使用"医疗过失"一词。

事故的有无与事故的性质并不是引发医疗纠纷的独立变量，纠纷发生发展的过程才是其主要因素。

另外，不可否认，医疗的不确定性是引发纠纷的背景因素之一。首先，与自身及亲近之人的身体和生命有关的问题，即使不存在过失也会给人们带来深深的悲伤情绪；加之，在过失有无以及因果关系等都不确定的情况下，心理冲突很容易被转化为行为上的纠纷。那么，在这种不确定性下导致行为纠纷的机理是什么？借此分析，也许可以找到纠纷发生的线索。

（二）纠纷生成模式

美国法社会学者威廉·费尔斯汀纳（William Felstiner）等人根据当事者主观认识的演变勾画出了纠纷发生发展的变化模式（参见图 2-1）。[1]根据此模式，纠纷发生的过程包括从尚未觉察受到侵害继而认知到受到侵害的阶段（侵害认知阶段），再到责任方被确定阶段（确定侵害主体阶段），接着就侵害进行具体投诉阶段（投诉请求阶段），与责任方交涉阶段等。在此，将考察在医疗纠纷中的侵害认知、确定侵害主体和投诉请求等阶段。

---

〔1〕 Felstiner, W. L. F. , et al. , "The Emergence and Transformation of Disputes: Naming, Blaming, Claiming", *Law & Society Review*, Vol. 15, No. 3-4（1981）, pp. 631-654。

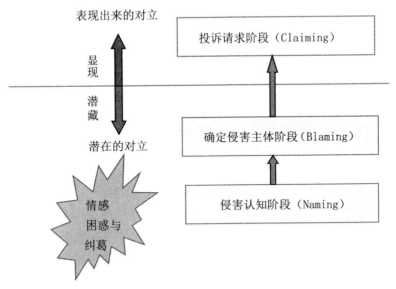

图 2-1　纠纷认知形成模型

1. 对侵害认知阶段（Naming）

即使存在侵害，也没有觉察到。也就是说，从没有识别到存在侵害行为（未认知侵害阶段）到识别到存在侵害行为（侵害被认知阶段）的过程是"侵害认知阶段"。

在医疗事故争议中，侵害认知阶段具有重要意义。例如，在交通事故中，在事故发生的同时就能认知到侵害行为是否发生；而在医疗事故中，由于患方不具备医学专业知识和相关信息，即使发生医疗事故，如果医方企图掩盖事故真相，医疗事故就很可能不会被公开，也就不会被认知。这些正是医学知识的"专业壁垒"和医疗行为的"封闭性"造成的。即使患方觉察到有些异样，也可能会因为难度太大而放弃追究。

但是，如果在损害很严重或者存在明显异常的情况下，患方则会在"很可疑""不应该成这样"的感觉引导下，开始进行信息的搜集。在这种情况下，不管是否存在医疗过失，患方会在将收集到的有限信息与医方的应对进行评估比较的同时，逐步识别是否存在"医疗过失"。[1]

在此阶段，如果患方希望医方做出解释说明，而医方拒绝解释说明或者拒绝透露更多信息的话，就会引起患者的不满和怀疑，从而导致患方认定存在"医疗过失"。暂且不说恶意隐瞒医疗过失的情况，面对医疗的不良后果，也存在限于目前的医疗水平而不可避免的事态；或者由于担心导致争端或诉讼，对解释说明和信息公开进行限制的客观情况。但是，对于权利意识不断高涨，对医疗结果特别敏感的患方来说，这样的应对反而会引起患方的怀疑，从而导致纠纷的发生。因此，无论是否发生了医疗过失，彻底的信息公开才是避免患方认知"医疗过失"的有力措施。

总之，在侵害认知阶段，没有适当的信息公开，以及没有提供医患沟通的场所或程序，必然会促进对医方"隐瞒信息就是在隐瞒事实真相"和对患方"更加怀疑而引起不必要的纠纷"风险的增加。

2. 确定侵害主体阶段（Blaming）

与侵害认知阶段不同，确定侵害主体阶段主要是确定侵害是由谁引起，谁应该对侵害行为负责。实际上，在多数情况下

─────────

〔1〕 随着医学的进步，人们对治疗的期待值也越来越高。结果，人们只要存在现实与期待有一些差距就会诱发抱怨和投诉。即使医疗质量提高了，也正是因为医疗质量提高了，患方的抱怨和投诉的可能性反而增加了。例如，关于围产期的医疗，可以参见［日］和田仁孝："周産期医療をめぐる紛争と対話"，《助産雑誌》57 卷 6 号（2013 年），455-460 頁。

侵害认知阶段与确定侵害主体阶段同时进行。此处为了便于分析将它们独立开来。这是因为，即使存在侵害行为，在某些情况下由于内部归因"是我的不对""只怪我运气不好"等原因而不会将侵害主体指向外部。

即使是在确定侵害主体阶段，在没有适当的信息公开和医方缺乏真诚沟通的情况下，也会招致对医方"隐瞒不良信息"和对患方"更加怀疑"的结果。由于医疗行为的进行通常处于"封闭性"环境中，医疗信息常常被医方所垄断，不可否认存在本该对侵害行为负责的医方，由于信息隐瞒和操纵或者在医务人员内部转嫁责任的可能性。

在此阶段，如果医方由于担心被提起诉讼而不愿透露信息或者疏于真诚对待，即使医方真的没有任何问题，也可能导致患方的不满与怀疑升级，并受到过多的指责。在此状态下，也将进一步激化患方由于受到严重侵害所引起的强烈负面情绪而导致对外界他人攻击的可能性。

此外，需要指出的是，此阶段与纠纷发生之前医患之间平时的沟通质量以及信任关系的程度密切相关。根据心理学归因理论，将某一行为的责任是归因于"个人"，还是归因于偶然的环境或情境因素，深受以前当事者之间关系的影响。例如，如果对方迟到了，将迟到的原因归因于对方的个人品性（没有守时观念、缺乏诚意等）还是归因于环境因素（也许交通拥堵，或者说不定突然有别的事情），这取决于你们之间的关系。对于迟到的理由，是完全相信，还是即使是真实的你也不相信，这取决于你们以前是如何建立相互之间的关系的。同样地，面对医疗的不良后果，患方是怀疑医方有过失，还是能够坦然地接受现实，这与日常的医患关系好坏密切相关。

为了建立负责任的"确定侵害主体"机制，高质量的日常医患沟通，以及在早期阶段便适当地公开相关信息是非常必要的。但事实是，患方无法从医方获得足够的信息，而从周围环境中获取的信息又未必客观，或者是一些鼓励当事者加剧对抗的法规信息。

3. 投诉请求阶段（Claiming）

侵害认知阶段和确定侵害主体阶段所积累的怨气作为具体要求被表达出来，这一阶段称为投诉请求阶段。

在这一阶段中，同样存在作为医疗纠纷的特有困境。一是，医患之间普遍存在的封建等级式的权力关系。碍于医生作为专业人士享有较高的地位，患方可能不愿意表达自己的要求和主张。虽然随着民众权利意识的增强，患方表达自己要求和主张的可能性提升了，但是在轻微侵害的情况下仍然不愿意表达。二是，即使向医方提出了请求，但是如果请求被拒绝的话，患方则几乎没有其他可以选择的余地，剩下的唯一途径就是诉讼。但是，诉讼不仅成本高，而且获胜的可能性也很难确定。这与因为过失和因果关系明显且诉讼结果容易预测的交通事故截然不同。因此，即使认知到存在侵害行为，考虑到诉讼途径的费时费力，因而从一开始就放弃向医方进行投诉的患方也并不少见。

因此，为了避免转入无谓的纠纷和不必要的诉讼，有必要在初期阶段便有效地表达要求，并朝着解决问题的方向进行有效对话。

（三）纠纷认知形成顺序

在威廉·费尔斯汀纳（WillIan Felstiner）等的纠纷认知形成模型中，每一个阶段都有对向上发展进行抑制或者对问题进行处理的可能性。是抑制纠纷的发展，还是让纠纷发展下去，两者的好坏很难评价。这是因为，可以以理想的方式来抑制和处理纠纷，也可以以不合理的方式来抑制和处理纠纷。例如，在患方由于信息的误导而坚信存在侵害行为的情况下，可以通过适当的解释和应对来消除误会；或者在已经发生医疗过失的情况下，医方通过真诚的对待让患方平静地接受这一现实，这些都是比较理想的抑制方式。而医方隐瞒事故真相，或者利用患方主张能力或者经济能力的不足来抑制纠纷，则是不可取的。所以，不在于是抑制纠纷还是让其发展，而在于以何种方式来对纠纷认知形成模型进行干预。在此，尝试通过区分过失事实与认知侵害两个概念进行阐述。

在纠纷发生的初期阶段，并非因为发生了医疗过失或者侵害才会产生纠纷，只要主观认为存在过失或者侵害就会发生纠纷。重点在这里，在严重对立而演变成纠纷的事件中，并不一定存在客观过失。

如图 2-2 所示，横轴表示是否客观存在明显的医疗过失，纵轴表示是否达到被认定为存在医疗过失而进入具体投诉阶段，两轴相交，形成了四个象限。

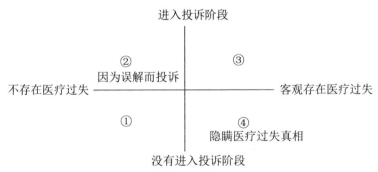

图 2-2　纠纷投诉象限图

不存在医疗过失，也没有进入到投诉阶段的象限①，处于正常的医疗行为状态。存在医疗过失，而且也进行了投诉，这是象限③，包含了通过医患双方的协调沟通而获得解决的情形，以及是否真的存在医疗过失，是否存在因果关系等复杂的争论点，需要依靠第三方机构来做适当判断的情形。不管怎样，上升为投诉是非常正常的表现，处理纠纷的机制能否有效发挥作用才是关键。

问题在于，客观上并不存在医疗过失，却被患方认为受到侵害而进入投诉阶段的象限②，以及客观上存在医疗过失，医疗机构却故意隐瞒，患方被蒙在鼓里而不了了之的象限④。在象限②的情形中，需要在初期应对阶段就排除患方的不满情绪，通过提供适当的信息等方式消除医患对立。在象限④中，也需要在初期应对阶段提供适当信息，构筑富有诚意的关怀援助体系，促进医疗机构文化的向善。

在接纳患方不满与疑虑的同时，医疗机构适当的信息公开可以防止患方的认知产生歪曲。下文将对这样的制度建构进行分析。

上文已经分析了医疗纠纷发生发展的过程。接下来将对医疗纠纷的构造以及医疗纠纷中当事者的需求进行讨论分析。

二、医疗纠纷的构造与当事者的需求

（一）医疗纠纷构造的诸维度

医疗纠纷虽然常是多重因素混杂交织而成，但一般认为它具有三个不同的维度。首先是在情绪层面引发的紧张，它是冲突的基础；其次是在冲突过程中通过争斗而建构的各种"事实主张"和"要求"层面；最后是评估此类主张或者要求的专业知识层面（医学专业知识、法律专业知识等）。纠纷可以认为是由上述三个层面相互作用和交织在一起而构成的。下面将按顺序对这三个层面进行逐一分析。

1. 情绪层面

在纠纷中，专家倾向于从专业角度看待问题。医疗专业人员试图基于医学专业知识来分析医疗纠纷的前因后果以及是否构成过失，而法律工作者则试图运用其法律专业知识加以分析。但是，对于患方（即使是具有医学背景的患方）而言，在医疗纠纷中具有截然不同的情绪层面。

不用说，在怀疑存在医疗过失的情况下，患方会遭受巨大的心理压力，这种压力来源于其亲人遭受的意外死亡或伤害。另外，也因为这会对他们今后的生活产生重大的影响，即使是自然而然的生命丧失或者身体损害，也会给他们带来很大的精神负担；而如果怀疑存在医疗过失，患方的精神负担将会加倍。

此类精神压力巨大的患方，不管医方的意图如何，都有可能引发患方的强烈愤怒，这一愤怒又将决定纠纷发展的势态。无论医方尝试多么真诚和客观地解释说明，都可能加剧患方的愤怒。如果医方出于客观和理性的解释说明未被患方接受的话，医方便有可能怀疑患方有其他目的（例如只为索要金钱等）。这样，纠纷将进一步激化。之所以会发生这种情况，是因为在纠纷状态下，患方所处的层面（情绪层面）和医方所处的层面（事实要求层面）有所偏离。不管医方实际上是否存在医疗过失，患方都很难撇开情感层面去认识问题。如果确实引发了医疗不良后果，只要没有情感关怀，在所有情况下都不可能进行理性对话。

这种精神上的紧张和压力，在任何纠纷中或多或少都会存在。在因医疗过失而导致身体机能损伤或者生命丧失的情况下，患方的情绪应对就越发重要。只有在负面情绪得到处理，患方"接受"了这一医疗不良后果，纠纷才算得以真正解决。因此必须记住，医疗纠纷构造内包含负面情感和精神压力两个层面。

2. 事实要求层面

大多数医疗纠纷并不是一开始就对事实很明确，或者有确定的要求。最初，多是从诸如"觉得某些事情不对劲"或者"是不是存在医疗过失"之类的怀疑开始，进而逐渐从周围环境中听取建议，收集相关信息，并在与医方的往来中逐渐提炼出存在争议的"事实"，然后在该"事实"的基础上构建叙事。相应地，也将形成对事实的"要求"。由于医患之间对这些"事实要求"存在差异，这就构成了医疗纠纷争议的一个方面。

在这里，不仅是对"是否存在侵害"和"是否有医疗过失"存在争议，而且对医方应对过程中"说了什么"以及"做了什么"都会发生争执。患方的要求除了经济上的赔偿以外，还包括信息公开、道歉和真相调查等。但重要的是，并不是仅仅满足了这些关于事实和争议的"要求"就可以了，还与它背后的情感层面密不可分。应该理解的是，事实要求层面的系列观点仅仅是潜在的情绪层面的一种表达。

3. 专业评价层面

对此，最好的处理方式通常是移至诉讼，将医疗纠纷交由专业人士来进行评价，[1]对于"事实"通过医疗专业进行鉴

---

[1] 诉讼是在法律专业语言与医学专业语言的交错中进行的，参见［日］渡边千原："医事鑑定の語るもの：医療過誤訴訟に見る医療と法"；关于专业语言与受害者家属语言之间的紧张关系，参见［日］和田仁孝："法廷における法的言説と日常的言説の交錯—医療過誤をめぐる言説の構造とアレゴリー"。两文均出自［日］棚瀬孝雄編《法の言説分析》，ミネルヴァ書房（2001）。

定，对于"要求"通过法律专业进行评估和判断。当然，即使没有提起诉讼，在医患沟通的过程中，这些专业判断也将大大影响争议的进程。

在专业评价层面，即使在专家的角度看来这些专业判断是多么的合理，它都难以消除双方之间情感层面的冲突。因此，无论是医方企图通过医学专业知识来解决问题的尝试，还是律师企图通过法律专业知识确保对受害者的赔偿来解决问题的尝试，都常常会使患方的怒气加剧。

即使是在医疗诉讼中，患方也不可能像医方和律师那样试图从专业知识的角度来进行诉讼，通常情况下，患方也将诉讼视为表达情感诉求的场所。从相关的诉讼案件中也可以明显看出这一点。[1]专业评价层面固然具有其自身的意义，但是为了充分利用专业评价，必须以一些独特的方式来对待情感诉求。不用说，诉讼缺乏应对情感诉求的途径。

这三个层面并不是按照"情绪层面→事实要求层面→专业评价层面"单向发展，而是具有错综复杂的交互关系。而且，对于不具备医学专业知识的患方来说，除使用情感作为支撑，以及基于从周围环境获得的信息来构筑对"事实"的认知以外，别无选择。从上述分析可以看出，纠纷与其说是伴随客观事实发生的现象，不如说是由主观认知建构而成的现象。为了设计一个更为高效的医疗纠纷解决体系，有必要牢记这一点。

接下来将分析医疗纠纷当事者各方的需求，并讨论这三个层面是如何影响这些需求的。

---

〔1〕 比如，〔日〕佐々木孝子：《悲しき勝訴：医療過誤にいどんだ母の執念》，自費出版（2000）。

（二）患方的需求

为了设计理想的医疗纠纷解决体系，有必要考察受害者想要什么以及他在遇到纠纷时想要怎样的救济。不仅限于医疗过失，许多生命丧失和身体机能损伤的受害者都谈到这些需求："想知道事实真相""希望得到真诚的对待""希望以后再也不会发生类似的过失""这不仅仅是金钱赔偿问题"，等等。

1. 查明真相

"想知道事实真相"和"希望查明事实真相"是很自然的要求。例如，面对亲人的去世，即使是自然死亡，感情越深越想知道亲人的临终情况。在亲人意外死亡的情况下，这一需求会更强烈，这是人之常情。正如序章中正人的母亲佐佐木孝子曾经向主治医生询问正人住院中的状况；在正人去世后，佐佐木孝子也要求公开有关正人死亡原因的信息。这也许意味着，通过感知亲人临终或者被侵害前的"痛苦"，在一定程度上可以分担亲人的"痛苦"，达到"共苦"的目的。

但是，如果仅仅将该需求视为客观信息的确认和提供，则是大错特错。因为受害者所指的"事实"和"真相"不可避免地与情感纠葛相关的诉求交织在一起，例如追究责任和要求道歉等，这些诉求超出了客观信息的范畴。实际上，即使医方真诚地提供客观信息，其提供的方式本身便具有重要意义。总之，无论多么从善意出发，在评价层面基于医学专业知识的解释说明通常都不被患方接受，基于法律专业知识的评价亦是如此。为了使患方接受客观的信息和专业评价，必须先处理情绪方面的纠葛。

以此方式，有必要将"查明真相"理解为一种情绪层面与事实要求层面交织在一起的需求。

2. 诚意与道歉

"希望得到真诚的对待"也是受害人自然而然的需求。不仅是医方，即使普通民众也有责任诚恳地做出回应，包括道歉在内。实际上，在日常生活中，即使不一定负有责任，有时也会为此道歉。比如，通过表示歉意来表达对他人痛苦的同情。从这种日常意义上讲，很自然地，当医疗结果出现严重侵害，如存在医疗过失时，理应做出诚恳的道歉。

但是，从医方的角度来看，如果他们没有责任，勉强道歉的话，则有可能引发新的纠纷或造成在诉讼中的不利。由于这些原因，医方对道歉通常非常谨慎。这只是诉讼的阴影如何对医疗环境造成负面影响的一个例子。也可以说是医疗纠纷局限于从法律评价层面进行认知所造成的后果。

在美国加利福尼亚州实施了一项名为"道歉法"的制度，在医疗过失或者交通事故中，要求道歉是一种最基本的诉求，而在诉讼上道歉即意味着承认过失，进而承担过失责任，故认为道歉是一个大忌。虽然美国道歉法的施行有着深厚的社会背景，但是不用说，"道歉"精神应该建立在日常道德观念的基础之上。

无论如何，患方要求医方真诚对待是基于日常道德的人之常情。可是，在佐佐木正人的案例中，医方并没有诚恳以对。正如正人的母亲佐佐木孝子在法庭上的陈述："不论用谎言逃避或想去了解真相，孩子都不会回来了。痛失孩子的双亲的心情，难过痛苦得不知道如何是好；我们唯一的安慰，不就只有请你拿出诚意，说出事情的真相吗？"这一发言，道出了患者家属的心声。

3. 防止类似事件的再次发生

许多受害者的愿望之一就是"希望防止类似事件的再次发生"。这绝不是肤浅的官样要求，而是克服情感混乱并接受损害事实的重要一步。换句话说，如果在医疗过失发生后能对该系统进行改善的话，就可以防止第二次和第三次类似事件的发生，那么受害者的伤亡就会因其具有社会意义而被纪念和尊敬。患方希望受害者的伤亡或多或少具有正面意义，这在某种意义上也算是对患方的一种事后救济。

4. 从悲伤中振作起来

这一点很少被明确提及，但是当面对自身的健康损害或亲人死亡时，即使不像发生医疗过失那样需要其他人承担责任，当事者也会深陷悲伤和精神紧张之中。如果是由于医疗过失而造成的意外伤害，那么痛苦会加倍，而且这一悲伤情绪通常会表现为对医方的过度攻击。

这些对他人的愤怒，以及诸如"查明真相""要求真诚的回应和道歉""防止类似事件的再次发生"等要求，实际上正是试图克服悲伤并接受现实的过程。重要的是，即使患方没有意识到这一点，其实患方也有从悲伤中振作起来的需求。

5. 不是金钱赔偿的问题

大多数医疗过失的受害者坚决认为这不是金钱赔偿问题。在序章所举的正人案例中，正人双亲一再重申"想要查明真相"，这绝不单单是为了获得赔偿，而是一种以为人父母的立场，真诚地想要了解孩子去世时情形的极为朴素的想法。当然，在很多情况下，由于生活的需要，金钱赔偿也很重要。即使这样，对患者来说，最重要的也不是金钱赔偿问题。这绝不是虚言，对于自身或者亲人遭受侵害的患方来说，这是非常自然的态度，是对生命和健康不可恢复的深深的哀叹。

另外，金钱通常与"用命讹钱"的负面观念联系在一起，这会立刻引起患方的反感。因此，如果医方急于赔偿，便是将问题定义为金钱赔偿就能解决的问题，很有可能引发患方的强烈反对。

急切地围绕金钱赔偿进行交涉，或者为此讨论是否存在医学上的因果关系或医疗过失，是将视线在三个层面中只聚焦于专业评价层面的做法，这样很有可能与患方从情绪层面出发的视角发生冲突。正如正人的案例，对于患方来说，并非单纯依靠"金钱赔偿"就可以解决纠纷，而是要借由某些行动才能开始接受亲人逝去的事实。

因此，在涉及严重的健康损害和生命丧失的医疗过失中，各方的需求总是与纠纷构成基础的情绪层面密切相关。

（三）医方的需求

现在，改变一下角度来看看面对医疗纠纷时医方的需求。实际上，没有一个医生愿意发生医疗过失这样的事情。虽然他们与患方的立场不同，但也遭受了强烈的精神紧张。当然，姑且不说存在医疗过失的情况，即使是由于医疗活动中的不可抗力，许多医疗工作者也会因为不良的医疗后果而深感痛苦。那么，作为医疗专业人员，他们有什么样的需求呢？

第一，渴望"查明事实真相"。不管是否存在医疗过失，医护人员想知道医疗侵害到底是如何发生的，渴望了解事情的起因和经过。这不仅仅是想对客观和专业情况进行把握，而且还想从自身因素到医疗体制因素了解造成这一结果的原因。

第二，"真诚的对待"也是许多医护人员的需求。不管是否存在医疗过失，即使事实真相一时难以查明，或者发生了不明事态，作为人之本性，医护人员都希望尽可能地诚恳面对患方。当然，在目前的医疗文化和诉讼阴影下，真诚对待的行为实际上遇到一些阻碍。但是面对医疗纠纷的医方，基于日常的道德规范也是希望做出真诚的回应。

第三，"防止类似事件的再次发生"对医方来说无疑是一个重大课题。无论是谁都不希望类似事故再次发生。无论是对医疗体制还是对个人，认真考虑和实施预防复发的措施，都是使犯错的医护人员为同伴提供医疗安全的必要条件。

第四，深陷医疗纠纷中的医护人员，也需要关怀。处于医疗纠纷中的医护人员也会精神高度紧张，备受痛苦的煎熬，来自患方的愤怒还将加剧这一痛苦。如果处理不好的话，医方可能会为了克服痛苦或者为了防御，采取与患方对抗的态度。相反，如果好好与患方配合，是可以找到克服痛苦的更好办法的。

第五，对于痛苦中的受害者，医方不应该急于提出金钱赔偿。正如患方力图避免被贴上"原来为了钱"这样的标签一样，对于医方而言，也应该努力避免受到"用金钱了事"这样的指责。因此，面对问题不要仅仅围绕金钱赔偿展开讨论。

（四）医患需求的共同性

从上述分析可见，在医疗纠纷中，医患双方的需求在很大程度上是相同的："查明真相""真诚的对待和道歉""预防类似事件的再次发生""从医疗事故中振作起来""避免将其定义为金钱赔偿问题"。即使各方的立场不同，对这些需求的解决方向也是相同的。

需要特别强调的是，无论是患方还是医方，情绪上的压力和纠葛都深深地渗透到了这些需求之中。纠纷，首先是人与人之间的纠纷，应该秉承应有的人文关怀，而不仅仅是法律或医学的专业判断问题。在医疗纠纷调解中引入修复性正义，正是为了构建深厚的人文关怀理念。

所以，如果能够构建一个医患双方面对悲伤怀有悲悯心态，诚恳地应对，朝着共同的需求对话的平台，那么是可以在相互协作的情况下富有成效地解决医疗纠纷的。

在下面的章节中，将以此为视角，首先分析医疗诉讼的局限性；然后，在评价为克服这些局限性而设计的海外各种医疗纠纷解决体系的基础上，提出构建高效医疗纠纷解决体系的方案。

三、医疗诉讼不能满足当事者需求

在本节中，将首先回顾医疗诉讼的现状及其存在的问题，然后根据上述章节的分析，研究医疗诉讼是否适合于解决医疗纠纷。

(一) 医疗诉讼的现状

在过去十年中，日本医疗诉讼的数量几乎翻了一番，并且可以肯定的是，在未来几年中，这一数字将超过 1000 件。另外，由于司法制度改革正在进行中，未来律师的人数将继续增加，医疗诉讼的高回报有望继续获得律师的青睐。是故医疗诉讼的数量增长趋势何时是一个尽头，是很难预料的。然而，事实上，医疗诉讼对日本的患者而言困难重重。

在美国，每年大约提起 20 000 件医疗诉讼，这在很大程度上是由于美国律师采用了"完全成功报酬制"。在这种制度中，患方如果败诉，是不需要付给律师费用的，只有得到赔偿，律师才能获得赔偿的一部分，患者因此可以无负担地提起医疗诉讼。还有，由于是惩罚性赔偿，所以一般而言赔偿额度大大超过损害额度。另外，陪审团制度通常有利于受害者。在这些制度下，美国容易出现滥诉现象，这也让医疗体系陷于崩溃状态。

但是，日本没有这样的制度。对于患方而言，要起诉专业壁垒很深的医方，还要聘请律师，无疑困难重重。

这里所说的"专业壁垒"，是指要查明医疗案件的真相需要一定的医学专业知识。而且，医疗行为通常是在封闭的空间里进行，加上病程记录、会诊记录等医疗文书通常不公开等造成了"密室效应"。在医生与患者的权利结构中，通常存在医生强势、患者弱势的不对等的"封建式权利结构"关系。这些都为提起诉讼带来了种种困难。

如果聘请律师的话，支付高额的律师费也是一个障碍。与美国的"完全成功报酬制"不同，日本律师首先会向客户收取一定的"头金"，即使败诉了也不会返还。而且，头金额度与所请求的赔偿金额基本上成正比，因此在赔偿金额较高的医疗诉讼中，这将成为客户一个相当大的负担。医疗诉讼周期通常比普通诉讼更长，原告在普通诉讼中的胜诉率是 70% 至 80%，而原告在医疗诉讼中的胜诉率，即使近年有所提高，也仅为 30% 至 40%。所以，在这种情况下，患方必须在认真权衡高败诉率风险（即损失律师费的风险）后，再决定是否提起医疗诉讼。

如果针对这些障碍能够采取有针对性的解决措施的话，医疗诉讼案件的数量可能会急剧增加。但是，即使这样，利用医疗诉讼解决医疗纠纷真的能够满足医患双方的需求吗？

(二) 医疗诉讼的局限性

既然提起医疗诉讼的成本很高，风险也很高，那为什么患方还是要提起诉讼呢？可以解释的原因是，大多数患方提起医疗诉讼主要是为了寻求一个无关胜负、有机会向医方表达情感纠葛的场所，而不仅仅是为了寻求合理的金钱赔偿。实际上，这一倾向从海外的研究结果中也可以明显看到。

但是，诉讼并不能满足当事者各方的这些需求。

1. 法律观点的局限性

诉讼旨在依据法律解决纠纷，它仅仅处理法律上事先规定好的问题，并且仅仅对判决至关重要的事实进行关注，比如"过失"和"因果关系"等。通常，诉讼被认为是揭露事实并提供法律服务的方式，但是诉讼揭露的"事实"基本上只是与法律有关的"事实"，[1]它不同于医生认为的医学"事实"以及患者急切寻求的"真相"。如上所述，患者要求的"查明真相"并不一定是客观事实，而是包括当事者的情绪层面在内的主观感受。所以，诉讼无法满足患方"查明真相"的需求，同样也无法满足医方的需求。

2. 法律责任的局限性

诉讼规定了违法行为的法律责任，但它存在双重局限，即忽视日常的道德诉求和犯错的制度性因素。

首先，法律确立了应该承担的法律责任。但是反之，这就

---

〔1〕 ［日］和田仁孝："周産期医療をめぐる紛争と対話"，《助産雑誌》57卷6号 (2013)，455-460頁。

意味着所有其他的责任都不在考虑之内。也就是说，基本上不处理与日常道德相关的问题，例如"诚恳的对待"和"道歉"。只是固守于法律责任，并不处理如何化解情绪层面的纠葛等问题。

其次，法律处理问题的方式是将行为责任归咎于个人。尽管诉讼也质疑医疗机构负有责任，但是仍然认为医疗过失应该落实到由个人负责。而医疗过失是由一系列错误引起的，其背后存在系统性原因。但是诉讼不能直接解决此类系统性问题，通常最终只能归咎于个人。对于医患双方"希望防止类似事件的再次发生"的需求，诉讼是不能实现的。

3. 金钱赔偿的问题

法律通常将金钱赔偿作为一般原则。正如上文分析所见，无论是对患方还是医方，金钱赔偿都是一个尽可能避免的、带有负面标签的方法。当然，即使最终不得不采取金钱赔偿的方法来处理，那也是在情绪层面以及各种主张和要求顺利处理之后。但是，诉讼从一开始便将问题定义为金钱赔偿问题，患方却在法庭多次申明"这不是金钱赔偿的问题"，这一幕幕场景充分体现了诉讼自相矛盾的一面。

4. 对抗式审判构造

诉讼基本上属于对抗式纠纷解决的途径。这种方式不是在寻找各自需求的共同点，进而寻求基于这些共同点的积极有效的解决方案，而是在敌对攻防中捍卫彼此的主张，并因此决定胜败。诉讼的程序构造旨在使这种对抗合理而公平。这样做的结果便是，过分强调各自立场上的分歧，加剧彼此之间的对抗。正如前文分析所见，医患双方彼此也具有相同的需求，即便是和和气气地"协调"都很难进行，与其强调相互对抗，还不如基于共同需求摸索通过对话来解决问题更为合适。

以上分析了医疗诉讼存在的问题。当然，诉讼也不是完全不合适，相对于上述指出的诉讼局限性，判决所发挥的社会功能具备深刻的社会根基和现实意义。即使在医疗纠纷领域，在某些情况下，诉讼可能也是最合适的途径。此外，还应该为民众提供诉讼的种种便利。

但是，在这里想指出的是，日本糟糕的只有诉讼才是解决纠纷唯一渠道的医疗纠纷解决体系迫切需要改善，并且需要建立起积极高效的制度体系。为此，不能仅仅依靠诉讼，还应该建立一套满足各方当事者多元化需求的医疗纠纷解决体系。

接下来，将在对海外主要医疗纠纷解决体系进行分析的基础上，阐述日本在摸索比较海内外这些制度在满足医患双方需求优劣上的思考，以及其最终是如何在修复性正义理念的指引下走上如今之路的。

四、海外各种医疗纠纷解决体系的得失

(一) 无过失补偿体系

诉讼是基于朴素正义观，由"加害者"向"受害者"进行赔偿的体系。无过失补偿体系却不同，这一体系是只要有人遭受"损害"，便基于全体社会成员来帮助的正义观，无论有无过失，均给予补偿的制度。鉴于篇幅，在此只简单介绍几例。[1]

---

[1] 在日本，也有在医疗领域引入无过失补偿机制的提议，例如加藤良夫律师提出的"医疗受害防止与救济中心"构想，参见特集"なくそう医疗事故 たかめよう患者の権利"，《民医连医疗》385（2004年09月），22-26頁。关于无过失补偿机制与违法行为，参见［日］棚瀨孝雄编《现代の不法行為法》，有斐閣（1994）。

1. 新西兰事故赔偿体系（Accident Compensation Code）

在新西兰，只要是外力造成的事故，无论是医疗事故、交通事故还是从阳台掉落等自残事件，行政事故赔偿制度都会为受害者提供赔偿。财政来源主要是税收。

因此，事故是由于疏忽还是不可抗力并不重要。一般基于过失责任的诉讼中，胜诉可获得赔偿，但败诉的话，则得不到任何赔偿。在新西兰的这个体系中，不管有无过失，受害者都能得到相应的补偿，但受害者没有对加害者提起诉讼的权利。

尽管救济可以覆盖所有受害者，但由于经费来源于国家财政，资源有限，赔偿额度低，民众对起诉权的限制似乎也存在很大的不满。而且加害者将不承担任何民事赔偿责任，不易让民众对事故的发生慎之又慎，故存在一定的道德风险。

另外，瑞典也有类似的无过失补偿制度，但仅限于医疗损害方面。

2. 美国佛罗里达州新生儿脑瘫无过失补偿制度

在美国，诉讼是解决医疗纠纷的基本体系，在此要介绍美国诉讼的另一种尝试。

美国佛罗里达州因产科医生被诉案件众多导致医疗意外保险费剧增，进而导致产科医生转行或者搬到其他州执业，陷入医疗危机。为了改善这种状况，佛罗里达州在 1988 年引入了新生儿脑瘫无过失补偿制度，其主要内容是对"体重 2500 克以上且因缺氧或者机械损伤而患有脑瘫的新生儿"，一次性补偿 10 万美元在内的医疗和护理费用、设备费用。医生可以自由加入该体系，佛罗里达州有 80% 的产科医生加入。万一发生医疗侵害，该体系将进行审查，如果通过审查，则提供赔偿。如果根据此体系获得赔偿，当事者将无法提起诉讼。

但是，在该体系中，只有通过了该体系的审查才能获得补偿。假如，赔偿申请被驳回，则可以提起诉讼，而且实际上胜诉的案例也不少。此外，败诉后再向该体系申请赔偿，或者在诉讼的同时向该体系申请赔偿的情况也时有发生。所以很难说该体系运作得很好。实际上，从1989年到1997年的约10年间，该体系仅仅批准了86个赔偿案件。在美国，诉讼是解决争端的标准化工具，这些尝试不太可能奏效。弗吉尼亚州也是类似的情况。

由上可见，这些无过失补偿制度仍然侧重于金钱补偿，除了救济目标的扩大（以及随之而来的补偿额度的减少）以外，与诉讼基本相同。当然，还存在以另一种形式处理医疗纠纷的尝试，即包括情绪层面的应对。

（二）医疗纠纷调解体系

医疗纠纷调解体系不再将问题局限于金钱赔偿或补偿，而是将问题留给当事者自己，并试图通过第三者介入对话来灵活地处理问题。

例如，在英国，根据威尔逊委员会[1]的报告，强调通过当事者之间面对面的沟通解决争端。自1996年以来，建立了本地解决程序（Local Resolution），独立审理小组（Independent Review Panel），医疗卫生服务申诉专员（Health Service Ombudsman）三个层次的医疗纠纷解决体系。因此，英国国家医疗服务体系（National Health Service，NHS）所属的医疗机构都必须设置一名投诉经理（Patient Services Manager）来接受患方的投诉，此即本地解决程序，也就是各医疗机构自己解决，并且当患方感

---

〔1〕 威尔逊委员会，即review committee on NHS complaints procedures，因为议长是Professor Alan Wilson，故通称Wilson Committee。

到有问题时，可以直接向有关医生或投诉经理投诉。如果患方对本地解决程序的处理不满意，可以向独立审理小组继续投诉。该体系可以处理所有的投诉，不限于医疗纠纷，还可以无一遗漏地挽救重大医疗事故。

投诉经理是由独立于医疗机构的第三方人士来担当。从一开始就中立地站在患方和医方之间，对涉及医疗纠纷的当事者从情感层面进行关怀，普遍认为投诉经理能够客观收集相关信息。

此外，在加拿大，以安大略省为首，建立了专门针对医疗侵害的通过对话解决医疗纠纷的调解制度，医疗诉讼案件首先尝试通过对话处理体系进行调解。[1]尽管目前由于预算困难而暂停了，但已在美国马萨诸塞州建立了类似的医疗纠纷调解体系。

这些体系建立的时间还很短，成效如何还待日后实践检验，但它们都具有一定的潜力，尤其是在受情绪影响大的医疗纠纷案件中效果良好。

五、基于修复性正义的医疗纠纷解决体系构想

（一）医疗纠纷解决理念：关怀与对话

从上文分析可以看出，医疗纠纷解决体系不仅是解决金钱

---

〔1〕　哥伦比亚大学的青年学者对安大略省的这一医疗纠纷调解制度进行了研究。在该论文中，关于医患之间的真实需求与本书的观点一脉相承，也就是说医疗纠纷面对的这些问题是世界性的普遍问题。参见 Tamara Relis, It's Not About the Money: A Theory of Misconceptions of Plaintiffs' Litigation Aims, 68 *U. Pitt. L. Rev.* 701 (2006-2007)。

赔偿问题、法律责任问题或者借此获得医学专业认定的场所，还应该是包含对情感纠葛和情绪需求，对纠纷当事者进行全人照护、促进对话、整体解决纠纷的场所。为此，英国和加拿大在第三方参与下促进对话的尝试值得认真借鉴。

所以，对医患双方情感上存在的纠葛需要给予关怀和照顾，这是在医疗纠纷解决时必须采取的视角，也是修复性正义对人文关怀的要求。作为中立第三方，需要"倾听"双方的声音，"同理"双方，协助双方整理和调整其情感纠葛，然后促进双方之间的对话。医疗纠纷中的各方总是充满情绪上的焦虑和困扰，因此，在提供足够关怀的基础上，反复展开对话，在自律的基础上寻求医患双方都能接受，满足"查明事实真相""真诚的对待与道歉""预防类似事故的再次发生"和"赔偿问题"等医患双方共同需求的解决方案。与赢得诉讼后仍然存在的各种不满和困扰相比，该构想似乎更有可能寻求到医患双方均可接受的创造性解决方案。[1]

这样，"关怀"和"对话"就成为"医疗安全管理"的两个核心理念。

(二) 医疗 ADR 模式

那么，基于关怀和对话这两个核心理念的体系是如何建构的呢？

医患双方面对面坐下来，什么是能够解决的，什么是应该

---

[1] 关于叙事方法在医疗领域的运用，参见 [美] Rita Charon：《叙事医学：尊重疾病的故事》，郭莉萍译，北京大学医学出版社 2015 年版；[美] 阿瑟·克莱曼：《疾痛的故事 苦难、治愈与人的境况》，方筱丽译，上海译文出版社 2010 年版；[日] 斋藤清二、岸本宽史《ナラティヴ・ベイスト・メディスンの実践》，金刚出版（2003）。

解决的。为了实现这样的对话，一方面，需要从专业和客观的角度来评估和解释所发生的现象的机制，另一方面，也需要在为医患双方情感纠葛提供关怀的同时，提供确保双方可以面对面进行对话的平台。

这一体系将由以下三个层次构成。首先，在医疗机构层面促进医患双方直接进行交涉的纠纷解决机制；其次，如果直接交涉没有解决问题，则寻求一种由第三方中立调解来灵活解决纠纷的机制；最后，如果至此仍没有达成协议，则提交给拥有专业知识、提供公平解决问题的仲裁机构。

1. 医疗机构内的纠纷解决程序

在第一层次上，每个医疗机构都会有一个处理投诉的部门。一旦有投诉或者可能发生事故的事态，该部门会立即收集信息并保全证据，在提供关怀照护的同时，促进患方与当事医务人员之间的对话。如有必要，出面寻求中立第三方（公立医疗机构等）的专业判断，并将其运用到医患双方的对话中。在这里，无论是"金钱赔偿""道歉"还是"存在过失行为"，都不是一定要遵循既定的方案来解决问题，而是要在综合考虑当事者纠纷状态的基础上，创造性地灵活寻求令双方满意的解决方案。

2. 区域范围内的医疗纠纷调解程序

在第二层次上，在每个都道府县都设立了第三方医疗纠纷解决机构，以处理在医疗机构内无法达成一致的医疗纠纷案件。同样，这里的重点仍然是提供专业信息，促进医患双方之间的对话，并帮助形成灵活的、富于创造性的解决方案。虽然作为第三方组织，专业判断很重要，但是更深入地研究当事者的需求，并在满足当事者需求的同时达到"双赢"才是最重要的工作。在这种对话中，第三方组织不是强加补救方案，而是当事者基于第三方的专业判断，创造性地形成合意。

调解程序仅仅是在双方均同意的情况下才能进行，双方同意是启动调解程序的基本条件。这就意味着，双方至少有共同解决纠纷的意愿，愿意在调解员的调解努力下实现协商对话。此外，如果当事方不满意，则无须最终达成协议，当事方也可以随时退出调解程序。这些因素反而可以激励双方在对话时采取合作的态度。换句话说，在进入和退出时达成双方都自由的协议，最终保障了双方的自主权，从而为实现自主对话和建立共识提供了可能。还有，只要不违法，不损害他人利益，协议的内容是自由的，可以根据各方的需求灵活地设置解决方案。例如，除了金钱赔偿以外，还可以寻求道歉和促进医疗卫生体系的改进等。这一点与诉讼有很大的不同。

3. 区域范围内的医疗纠纷仲裁程序

在第三层次上，如果前面的调解程序不能解决问题，则由医生、律师、学者等组成的仲裁委员会进行裁定。同样，在这种情况下，允许仲裁委员会设立灵活的仲裁程序，该仲裁可以在进行事实调查和客观判断的基础上进行，不必受法律框架的约束。同样，为了启动仲裁程序，需要双方都同意进行仲裁。与调解不同的是，虽然在进入仲裁时需要双方同意，但在退出程序时则必须遵守仲裁委员会（或仲裁员）的裁决。换句话说，虽说是听凭仲裁委员会（仲裁员）裁定，但是，经过了先前的调解程序，已经到达这一最后阶段时，也就已经经过了足够的对话交流，也才能获得仲裁程序的制度力量。

但是，在任何情况下都应强调，医疗纠纷调解的前提是要为双方的情感冲突提供足够的关怀。促进医患之间的真诚对话，重点是建立探讨医患双方的共同需求和改善措施，以使受害者能够接受不幸的事实，甚至需要使医护人员能够从危机中恢复过来的护理型纠纷管理理念。

在本书中，将研究日本在处理这些问题上做出了哪些努力，尤其是将关注院内医疗纠纷调解体系。在日本，院内医疗纠纷调解员的培训每年举行 100 多场（每场 30 人左右）的角色扮演训练，参加者总数已超过 40 000 人，给医疗领域带来了巨大的进步。自 2012 年以来，日本厚生劳动省向设置有医疗纠纷调解员的医疗机构按照每位住院患者补贴 700 日元的标准，从国家层面提供财政援助。

除了院内医疗纠纷调解外，本书还对诉讼外医疗纠纷解决机制（ADR）、无过失补偿制度、与居民共创医疗纠纷调解等进行探讨。

第三章

修复性正义下的院内医疗纠纷调解

　　无论是日本国内还是国外，大部分医疗纠纷都是在医疗机构内解决的。在日本，因为《日本律师法》第 72 条规定，"不具备律师资格者不可以有偿代理他人与对方当事者进行调解等活动"，所以，医疗纠纷调解员设置在医疗机构内。这一设置，在规避法律的同时，也将医疗纠纷解决的关口前移，有利于将纠纷化解在萌芽阶段。因为，将医疗纠纷转移到医疗机构外，通常在纠纷激化之后，易错过纠纷解决的最佳时机。

　　医疗纠纷解决不仅仅是"息诉罢访"。下一次患方能否坦然面对该医生和该医疗机构，该医生和该医疗机构是否会担心事后遭到患方的报复，这些都是需要解决的问题。在传统的报应性正义中，对行为人的惩罚被看作是国家的事情，受害者和周围环境被抛诸一旁，被该行为破坏的社会关系不但不能修复，而且有可能在该事件被处理后进一步恶化，受害者与周围环境的紧张状态可能使得纠纷进一步加剧或者再次发生。

　　修复性正义强调修复被损害的社会关系，它鼓励受害者和社群成员积极地参与到正义程序中，给行为人机会去思考以及选择如何修复"他的行为"所造成的伤害，并与受害者一起讨论修补行动。所以，才能够达到修补伤害、重建人际关系、再度融合到社群与社会的目的。行为人因为被社会所接纳，认同了社会的基本价值体系，未来的再犯率自然就会比较低。

医疗机构作为人文关怀的巨大载体，应努力营造一种充满人情味的，关心患者、尊重患者，以患者利益和需要为中心的人文环境。医疗机构作为患方的重要社群，应该造就可以当面告诉患方医疗不良行为对他们所造成的影响的医疗机构文化，医方的道歉与补偿将使患方的心理受到很大的慰藉，这种交流有助于减轻患方的焦虑与仇恨。下文，首先将阐述修复性正义下调解的基本理念，然后分析修复性正义应用于院内医疗纠纷调解的相关要点。

一、修复性正义下调解的基本思路

调解，在英、美等国被广泛用以解决争端和调整社群关系。在英、美、德等国，调解已经被编入中学教材，并且不仅仅限于医疗实践，而且已经传播到各个领域。

在纠纷各方面对面的对话中，调解员作为中立第三方，有助于加强信息共享和增进彼此的理解，从而有助于协调各方关系并解决问题。换句话说，调解是纠纷双方和中立第三方调解员共同参与的三极构造。

在这方面，类似于法院审判等纠纷解决方法，但对话的方式和目的却大不相同，下面将展开分析其基本理念和特征。

（一）调解的目的是修复受损的医患关系

通常认为解决争端只是解决眼前的问题。在庭审中，完成确认过失和因果关系，并决定损害赔偿额度后，就意味着问题

"解决"了。即使在医疗领域，也都聚焦于诸如想要更换主治医生或出现并发症后需要承担赔偿费用等问题的解决。

在修复性正义下的调解，其目的是修复患方与已发生纠纷的医务人员之间的良好关系，而不是以解决患方的主张或争论点本身为主。通过对话分享信息，恢复良好关系，从而以更好的方式解决问题。

因此，调解员应致力于促进患方与医务人员之间的对话和良好关系的修复，而不是寻求解决方案。

(二) 只有当事者才能真正解决问题

不用说，在诸如审判之类的体系中，解决方案由法官来决定。即使通过法院调解来解决问题，也是由调解法官提出解决方案，并主导纠纷的解决。

相反，调解则认为，只有当事双方共享信息并相互理解后，这种关系才能得到修复，问题才能得到解决。

有这样一个常见的场景。一位护士正遭受一位患者的抱怨，此时，刚好护士长从旁边经过。护士长立即参与进去，代表年轻的护士倾听，并做出了看起来令患者信服的答复。此时，即使问题似乎已经解决了，但实际上，患者可能会想："我还是不服气，只是因为护士长出面，我才不得不退让。"年轻的护士也可能会认为："我又没错。但是，既然护士长说了，我只好服从了。"

在这种情况下，双方之间的问题并没有得到真正解决。在下一个场合，两个人之间的问题又会浮现出来。即使在审判场合，虽说问题已经从法律上解决了，也不能保证不会加剧患方对医方的愤恨，也难以带来对医疗制度的改善。

　　从这个角度可以看出，只有当事者双方自己面对面对话，相互坦诚，修复了良好关系，才能真正解决问题。这些都只有当事者自己出面才可以做到。

　　调解就是基于上述理念，通过当事者之间自主对话来调整人际关系的模式。

（三）不是论输赢对错，而是重视双方的合意

　　判决是当事者双方相互主张，由法官判定哪一方正确的一种纠纷解决方法。主张被认可的就是"赢家"，未被认可的就是"输家"。

　　这种非黑即白的解决纠纷方式已不知不觉地根植于人们的常识中。换句话说，如果有纠纷，在解决前必须首先决定谁是正确的。

　　即使成为纠纷的当事方，也只能通过自己的理由和正当性去击败另一方。对方的理由越正当，就意味着自己的理由越不正当。将对方定义为争斗的"敌人"，这种拉锯战式的情况被称为零和游戏或者胜负博弈。

　　在本研究中，调解的理念需要发生改变。即使发生纠纷，也不是聚焦于谁正当谁不正当，谁输谁赢，而是着眼于解决目前存在的问题。这样争执中的双方自然就会注意到，应该共同来解决目前存在的问题。

　　如果真是这样，与其主张谁对谁错，把对方看作争执中的"敌人"，不如坦诚地面对自己，探索自己真正需要的是什么，并与对方携手朝着修复关系和解决问题的共同目标迈进。不是聚焦于表面的主张和似是而非的理由，而是聚焦于满足更深层次的需求，从而实现更积极、更高质量地解决问题。

这一构想通常称为双赢解决方案，这在谈判理论和调解领域中是当然的追求目标。双赢（win-win）的意思，其目的不是一赢一输（win-lose），而是通过寻求共同利益点来解决问题。在激烈的纠纷中，虽然可能不存在100%的双赢，但并不妨碍它成为医疗纠纷解决应该追求的目标。纠纷各方至少应该有这样的理念和态度，才能克服对对方的不满和对抗，并积极面向未来解决问题。

虽然在严重状态下（例如在医疗过失导致死亡的情况下）似乎不可能实现双赢，但是实际上，仍然存在某些双赢的情况。例如，假设医方答应"在受害者去世的那一天，医院必须开展患者安全管理培训"这一条件，在这种情况下，对于失去亲人的家庭，不是忘记了不幸事件，而是为亲人的不幸死亡在防止今后类似事故的再次发生，以及提高患者安全上寻找意义。如果医疗机构能够努力吸取教训，改进患者安全质量，对失去亲人的患者亲属多少也是一种安慰。医患双方都能接受的、具有积极意义的双赢解决方案才是最佳的选择。据著者所知，有许多诸如在对抗性审判中无法实现的协议，在医疗纠纷调解中都得以很好地贯彻执行。

（四）关注未来，而不是面向过去

从另一角度看，非黑即白的审判也是面向过去的解决方式。换句话说，它是一种基于检讨过去发生的事实的方法。例如，是否存在因果关系，为什么当时没有及时转送患者，有哪些需要注意的事项被疏忽等。然后在此基础上做出判决。

而调解则与此不同，它关注于未来，而不是面向过去，并努力解决对双方未来都至关重要的问题。

如果以审判等面向过去的方式来解决问题，并以此为基础做出决定，被否定的一方将难以心服口服，情感上的对抗也将继续存在下去。

当然，并不是说关注未来的解决方式就无须过问过去发生的事实。在发生医疗过失的情况下，查明所发生的事实真相至关重要，但是，问题是如何来查明事实真相。重要的是要考虑，事实真相不仅仅是用来判定胜负，而是寻求不管是对于患者还是对于医方的未来都有意义的问题解决方向。患者安全质量的改善和医方的真诚回应，为关注未来的问题解决之策提供了可能。上文中提到的"在受害者去世的那一天，医院必须开展患者安全管理培训"就是关注未来的案例。

（五）反映更深层需求，而不是表面主张

如果发生纠纷，将对方定义为争斗中的"敌人"，坚持以赢输的方式去打败对方。为了打败对方，必须提出更强有力的主张，包括对对方主张的反击，并且随着主张不断升级，常常会偏离自己真正想要的目标。而且，当情绪激动时，也常常看不到自己真正想要的东西。最后，自己被自己的表面主张所迷惑，导致对立不断升级。

在这里，同样需要在调解中进行理念的转变，聚焦于深层次的需求，而不是表面的主张，通过对话来促进当事者认知分歧的改变。

假如一位门诊患者生气地说："我是不会支付医疗费的。"这话当然容易让医方生气。在此，如果仅仅从表面主张正面去冲撞的话，肯定找不到解决方案。在这种情况下，调解是这样进行的，即"当存在难以解决的对抗时，问题不必解决"，并尝

试让"问题本身发生改变"。

患者生气地说不支付医疗费,真的就是医疗费用的问题吗?如果免除了患者的医疗费用,患者真的就满意了吗?患者提出诸如不支付医疗费用或者转移到另一家医院等要求的背后,是否隐藏着更深层次的苦楚和对医务人员的期望呢?着眼于患者的深层需求,就会发现这里常常潜藏着"希望得到医生的精心医治"或者"希望医生了解自己正为病情并没有改善而苦恼"的诉求。

如此聚焦于深层次的需求,而不是表面主张,就能发现更令当事者满意的问题解决途径。这样就由双方表面主张之间的冲突转化为如何满足双方当事者更深层次的需求。有时表面主张不可以调和,深层需求却是可以调和的。

通过聚焦于更深层次的需求和愿望,而不是表面上的主张和要求,就有可能从面向过去的输赢型转变为面向未来导向的双赢型问题解决方式。

(六) 医疗纠纷调解员的作用

基于上述调解基本理念,就能很好地理解医疗纠纷调解员的角色特征。在当事者进行面对面的对话时,调解员意识到隐藏在每个表层主张和要求背后的深层次需求和愿望,就可以为修复受损关系,并为当事者找到解决问题的方向提供帮助。也就是说,医疗纠纷调解员扮演的是关系协调者角色,而非问题解决者角色。

为了发挥调解员的这一作用,调解员在参与中需要具有相关特征,例如保持中立和不做判断或评价。在下文中,将在分析院内医疗纠纷调解员所处特殊环境的基础上,考察院内医疗纠纷调解员的独特作用。

第一，调解员不做判断或评价，也不发表意见。例如，关于医疗不良事件的原因，调解员不会做出诸如"这是并发症，不可被视为医疗过失"之类的声明，也不会提出任何改善措施，例如，"将来医院将基于该次事故来努力改善患者安全质量"。也不会提出任何赔偿建议，例如，"您可以支付约 50 万日元作为补偿"。当事者双方自己来修复受损关系，并决定解决问题的方向，调解员不是该类问题的决策者。医方的意见和建议应由医疗机构代表提出，而不应由调解员提出。在许多情况下，调解员通过向患者或医护人员提出适当的问题来引起当事方关注深层次的感受和需求，并寻求深层次的信息共享。在此过程中，另一方的认知和立场也会自然而然地发生改变，从而逐步恢复良好关系。调解员并不是决策者，而只是在幕后促进当事者双方认知转变和自主克服问题的协助者。

第二，调解员必须具备无差别的关怀态度。所谓的第三方机构必须以调解员具备中立性为前提。但是，就医疗机构内医疗纠纷调解员而言，保持中立性存在一个形式上的难题，因为调解员是医疗机构的雇员。因此，代替中立性概念，调解员对在事件中受害的所有人（不仅包括患者，还包括事件中的医务人员）进行无差别关怀的态度就显得尤为重要。无差别态度即"无偏袒"，这种态度通过调解员与患者的对话，使患者建立起对调解员公正性的信任关系，并接受调解员作为中立第三方参与，即使调解员在形式上不是中立的。此外，医务人员也必须获得同样的关怀。

第三，作为一般规则，调解员既不代表医疗机构方向患者一方传话，也不代表患者一方向医疗机构方传话。这是因为，除非患者和当事医务人员面对面进行对话，否则无法建立真正的理解。调解员不是翻译员，而是双方之间直接对话的援助者。但在医疗领域，很少存在三极构造的调解模式。首先是调解员与患者之间进行一对一的对话，然后是调解员与医疗机构之间的对话，在此基础上才会有三极构造调解程序的展开。总体来看，调解员的角色可能存在传达意见的情形，比如在诸如一对一对话的情况下。但是，重要的是要记住，原则上，调解员不是翻译员或者发言人，而是提供直接对话的援助者。

第四，在调解过程中，调解员秉着对患者或医务人员"倾听心声，而不只是发言"的态度，聚焦于深层次的需求，并关注彼此表面主张背后隐藏的因素。为此，调解员必须关注到患者和医务人员的深层需求，并具备亲近当事者的良好气质。只有掌握了这种姿态，"技能"才能在"姿态"中真实地体现出来。这不是一种操作指南式的技巧，而是在接受相关教育训练后形成的身体性记忆，只是通过应对姿态而最终作为一种素质呈现出来。

（七）医疗纠纷调解员的素质要求

医疗纠纷调解员需要什么样的素质呢？毋庸置疑，至关重要的是必须要对医患双方同时具备同理心，能感受到他们的深层需求并且有关怀心态。但是，不仅仅需要关怀，而且还应具有快速确定现在要问什么问题，以及预见该问题将如何影响对话进程，以及灵活掌控整个对话流程及发展方向的判断能力和分析能力。

在这方面，护理人员本身就具备关怀心态和同理患者的护理理念。另外，医疗社工等工种也都熟悉彼此接近的倾听和同理心技巧。

另一方面，医生具有出色的逻辑思辨能力，可以准确地发现问题并确定方向；医疗机构的管理人员也许不具备医学专业知识，但是这反而是一个优势，让与同样没有医学专业知识的患者觉得他们更为亲近。

正如上文所见，就基本素质而言，不可以"一刀切"地说某个工种更适合做医疗纠纷调解员。相反，重要的是要有一个观点，即每个工种都有自己的特质，通过教育训练可以弥补某一方面能力的不足，并进一步强化本身所具备的其他特质。即便如此，仍然可以说，在医疗领域具有一定工作经验和拥有丰富人生阅历者会更合适些。

除了基本素质外，还应该考虑医疗机构内的职位配置。正如前文所述，调解员不应站在医疗机构的立场上，在出现医疗过失时，也不应站在当事科室的立场上。在这方面，由于医生是专家，因此经常会被患者请教专业意见。同样地，医疗机构管理人员通常被认为代表医疗机构，而常常被患者索要精神损害赔偿金等。

考虑到上述问题，就护士而言，他们的护理理念以及经常与患者接触，包括考虑到其在医疗机构中所处的地位，也许是最适合担任院内医疗纠纷调解员的角色人选。实际上，在由日本医疗纠纷调解员协会认证的调解员中，有近70%是由具备高职位的护士长来担任的。

当然，理想的情况是，在对调解有透彻了解的医生的支持下，设置多种院内调解员，比如护理人员、医疗社工和医疗机构管理人员等，并根据不同的情况来调配不同种类的调解员。

另外，不仅是调解员，医疗机构的全体员工都应该具备调解的基本理念和技能。通过这样的逐步渗透，可望形成与患者积极沟通的医疗机构对话文化，并最终成为医疗机构的一项重要的软实力。因此，"无论何时、何地、任何人都是调解员"的理念非常重要。

（八）医疗纠纷调解员教育与资格认证制度

自 2003 年以来，以著者和田仁孝为首开发的医疗纠纷调解员教育课程已经作为日本医疗机能评价机构医疗安全推进协议会的一项教育制度。2004 年，课程研发团队召集全国各大医院的医疗安全管理者进行了一次培训尝试，并根据他们的意见对该课程进行了完善，并于 2005 年开始对一般的医护人员进行培训。受训人数正在逐年、快速增长，在课程开发后的第四年即 2008 年，有 1000 多名医务工作者参加了培训。

培训包括三个阶段：基础篇、高级篇和应用篇。每个阶段的培训时间为 2 至 2 天半，每次受训人数控制在 30 人以内。这是因为在为期 2 天的培训中要进行各种工作，包括角色扮演，至少需要由 2 名，多的情况下需要 5 名训练师或者促进人员来协助。训练师和促进人员都是具有丰富的临床经验和应对患者经验的医务工作者。

医疗机构的员工可以参加基础篇培训，在基础篇受训后拥有一定的实践经验，经过选考后才有资格参与高级篇和应用篇。

在为期 2 天的培训中，学员经过简短的概述后，练习医患对话，讲解 IPI 分析的意义和技巧，以及进行 3 轮到 4 轮的角色扮演，各自轮流扮演患者、医护人员和调解员，以小组讨论和相互反馈的形式进行。尽管这是密集的训练，时间紧张，但由于穿插了各种游戏，仍然充满趣味，学习起来会觉得时间过得很快。

最初，自发参与医疗机能评价机构培训的都是对医患关系感兴趣的医疗安全管理者个人。但从第二年开始，医疗机构为了设置院内医疗纠纷调解员，纷纷选派职员来参训的趋势就已经很明显了。受训医生多数是医院的院长或者副院长等，这表明医院高层对这一套改善医患关系的制度兴趣浓厚。

目前，由日本医疗机能评价机构和早稻田国际综合研究所提供培训，以公开招募的方式吸纳受训者。这两家都是招募公告在网上发出后的几分钟内就已经满员，培训训练师便成为一项紧迫的任务。

另外，全国社会保险协会联合会、国家公务员共济组合联合会、私立医科大学协会、国立医院机构、地区医院协会等医院团体、地方医师会以及个别医院都开展了独立培训，并建立了持续而系统的调解员培养计划。特别是某些医疗机构，不仅要求调解员参加受训，还要求整个医疗机构的职员都接受培训，以改善与患者的沟通质量。这样的医疗机构已经有 20 多家。

成立于 2008 年的日本医疗纠纷调解员协会负责对调解员的资格进行认证。之所以成立协会，是因为随着医疗纠纷调解的普及，需要承担起确保医疗纠纷调解员的专业素养和道德操守的社会责任，以及起到在医疗纠纷调解员之间搭建起技能切磋和信息交流的桥梁。参加了由日本医疗纠纷调解员协会认证的教育课程的医务工作者，通过向协会申请并经过审核后，可以成为协会会员。现在，日本医疗纠纷调解员协会已经在全国各地建立了分支机构，并有望在未来进一步扩大。

二、修复性正义下调解在医疗纠纷解决中的契合性

在海外，调解这一理念被广泛运用于各个领域。而在医疗领域中，例如在对医疗不良事件的初步应对中，效果尤其明显。这与医疗纠纷的特性有关。

（一）情感上的纠葛与深层次的冲突

首先，因为生命的丧失或者身体机能出现不可挽回的损失，导致医疗纠纷的特征都带有强烈的负面情绪。不管如何努力解决纠纷，对于遭受悲伤和痛苦的患者家属，以及仍处于焦虑和不安中的医护人员来说，都并非易事。而且，这种情绪上的纠葛常常以"愤怒"的方式从患方指向医方。不管是否存在医疗过失，在以这种形态展开纠纷上并没有太大的不同。同时，医方倾向于为"愤怒"地进行攻击的患者一方贴上"闹事者"的标签。

但是，"愤怒"只是一种次要情绪，其背后充满深深的悲伤和痛苦。如果失去亲人或者身体机能受到损害，任何人都会感受到这种悲痛。"愤怒"和"攻击"只是这种悲痛情绪的一种外在表达。

对过去发生事件的冷静分析和解释，是无法解决医疗纠纷的。因此，医方必须以坦诚和真挚的态度对待患者在感情上的纠葛。如果仅仅是以"愤怒"对"愤怒"，问题只会进一步恶化。

在这一点上，超越当事者的表面主张（愤怒和要求），开展包括对深层次的感情纠葛和诉求的相互理解的、试图修复良好

关系的调解模式，才能有效。在冷静对话之前，重建医患之间必要的信任关系，是必不可少的。在此基础上，才有可能开展对事实真相的调查和说明，并讨论赔偿等问题。

调解员和医方在早期就应该做出真诚的回应，从而为后续对话打下基础。并且，对话本身也起着重要的援助作用。可以说，对于陷入严重情感纠葛的医疗纠纷，调解工作是至关重要的。

（二）医患之间的观点差距大

毋庸置疑，医护人员具有医学专业知识，可以从这一角度了解事件发生的经过和背景，但是，患者却不具备医学专业知识。在发生医疗过失或纠纷时，医学专业人士与作为外行的患者之间的知识差距会对事件的发生和发展产生深刻的影响。

当医护人员对待患者的态度不佳或说话不注意时，患者一方的愤怒就更为强烈了。然而，实际上，即使医方真诚地对待患者，患者一方也可能以不同的方式来解释同一行为或者事件，从而感到受伤和愤怒。

例如，假设在手术过程中意外发生了并发症，并导致了患者死亡。在这种情况下，医生们在拼命挽救患者生命的同时，心中也会有诸如"已经出了大事了""一定要想办法挽救""为什么会出现这种情况""从现在开始应该怎么办"等想法。作为一名医生，他可能会感到困惑，也会陷入非常悲痛的情绪中；然而，为了履行其作为医生的职责，他试图通过拼命抑制自己的情绪来极力挽救患者的生命。即使在最坏的情绪状态下，他也会在失去亲人的家属面前抑制自己沮丧的情绪，试图冷静地解释所发生的一切。作为医生的上述应对，的确是真诚的。

但是，患者又是如何感受的呢？患者是从他的日常感觉中去了解事件。在这种情况下，患者一方可能会产生这样的想法，"一个人已经死亡，他曾经做过手术的那个患者已经死亡，他为什么说话还能如此冷静？""他是不是根本不把患者当作人看呢？"

在这里，医方如何履行诚意与患者一方如何接受医方的诚意之间存在很大差距。这是因为，人们只能通过每个人"先前持有的观点"来理解同一事件或现实。这种预先存在的观点就像一副眼镜，成为人们观察和解释现实时的过滤器，这种现象被称为认知框架。

由于现实是通过互不相同的认知框架来观察的，因此，即使是在医方真诚对待的情况下，患者一方也不可避免地会产生认知的鸿沟，更不用说在医方缺少诚意的情况下。

可以说，调解是通过自主对话，在同理对方深层次情感纠葛的基础上，逐渐填补双方之间认知分歧的一种尝试。通过自主对话促进信息共享和相互理解，是减少认知分歧并重构医患叙事的必要过程。

最近，日本许多医疗机构都制定了在发生医疗过失时公开所有信息的制度。但是，即使医疗机构是以这种真诚的态度作为执业理念，到底如何进行信息公开，怎样去填补医患双方的认知分歧，也很少有具体的指导方针出台。调解作为信息公开的过程是非常有效的。

此外，医患之间的认知分歧不仅发生在医疗过失发生时，而且还发生在日常的纠纷投诉、知情同意现场以及临床诊疗活动中。开始比较小的认知分歧，有时也会演变成大的分歧。调解通过促进自主对话填补双方的认知分歧。如果稍加注意的话，在临床诊疗活动中，调解也是非常有用的模式。

（三）医疗的不确定性和复杂性

此外，医疗技术越先进，确定医疗过失因果关系的难度就越大。鉴于只能在不确定的情况下提供医疗服务，因此要确定医疗过失的确很难。与其他因果关系很明显的事故类型（比如交通事故）相比，医疗过失的因果关系通常不够明晰，无法得出绝对有或者绝对没有的结论的情况居多。由于医疗的不确定性，可以说医疗纠纷的解决更适合于未来导向的调解，而不是非黑即白的诉讼程序。

三、传统应对方式与修复性正义下调解的区别

接下来，谈谈发生医疗不良事件或医疗投诉时的传统应对方式与修复性正义下医疗纠纷调解之间的区别。

传统的应对方式是在患方与医方二极对立的结构中进行的。在这种情况下，医方的代表负责解释事件的原因、纠纷的起因，对医疗机构存在的问题表示认可或者提供意见，并提出诸如改进措施、赔偿金或者精神损害赔偿金之类的解决方案，全程应对患者一方。从患者的角度来看，这当然是"对手"，甚至是"敌人"。同时，在这种情况下，医方也将视患者一方为"对手"或者"敌人"。

在这种二极构造的传统应对中，会出现各种各样的局限和问题。

首先，由于双方将彼此视为应该说服的"对手"，因此对话就变成了争辩，两者之间的对立便容易升级。

其次，与其说是缩小认知分歧，还不如说是越来越固化各自的认知，双方之间的认知分歧只会越来越大。通常，在二极结构的模式中，经过对抗后，患方的不信任感会变得更加强烈；医方也会由于身居医疗机构的地位，越发将患方视为"闹事者"。

再者，为了避免这种事态，通常情况下，医方会极力避免触及对方的基本诉求和深层愿望，试图通过表面的主张，比如提供金钱赔偿来快速简洁地解决问题。换句话说，力图采取"捂住盖子"的办法来压制问题的出现。此外，如果患方被视为"闹事者"，连展开对话的努力也被拒绝的话，这在本质上同样是"捂住盖子"的策略。

与之相反，修复性正义下的调解具有三极构造。在二极对立构造中，医方是站在医疗机构的立场进行对话，而在三极构造中，调解员虽然是医疗机构的职员，但无须背负任何立场，可以在没有任何外在压力的情况下，倾听医务人员的意见并促进对话。即使身为医疗机构职员，由于调解员不是站在医疗机构的立场上，通过调解员的中立对待，患方依然能够感受到调解员与医疗机构代表的不同之处，进而构筑起与调解员的良好信赖关系。

由于不代表医疗机构立场，调解员与患方能够建立起信赖关系。这是二极对立构造所无法达致的目标。

修复性正义理念下的调解员通过对医患双方情感的接纳，在聚焦于深层次需求和愿望的基础上促进对话，便可以避免纠纷的恶化，并逐步缩小双方之间的认知分歧。这样，与只关注于解决表层主张，注重金钱赔偿以及忽视对话交流的二极对立构造不同，有调解员参与的三极构造将聚焦于深层次的情感诉求和愿望，寻求双赢的问题解决之道。

总结如下:

(1)传统医疗纠纷解决模式。

- 对抗性的二极构造
- 有纠纷进一步恶化的风险
- 可能会进一步扩大双方之间的认知分歧
- 寻求在表面主张上快速简单地解决问题

(2)修复性正义下的院内医疗纠纷调解员调解模式。

- 三极构造
- 避免情感上的冲突并建立信任关系
- 通过共享信息来缩小认知分歧
- 聚焦于深层需求的未来导向

上述这些改善,正是由于调解员的存在才成为可能。

四、修复性正义下医疗纠纷调解适用情形

当然,试图修复良好关系的调解并不总是能解决所有问题,仍存在一些适用和不适用的场合。

首先,从患者一方来进行分析。

例如,在患方明显是冲着金钱而来闹事的情况下,调解是不合适的。在这种情况下,传统的对抗模式或者专业律师的应对是非常必要的。还有,调解不适合于有暴力倾向的当事者群体。即使在暴力倾向的背后有着深层次的原因和需求,当患方行使暴力或者使用异常粗暴的语言时,医疗机构应当采取绝不宽容的坚决态度。

同样,这种调解也不适合有精神病问题的当事者。在这种情况下,也需要采取不同的措施。

但是，医疗机构必须注意的是，一些所谓的"闹事者"，在许多情况下，并不是一开始就是"闹事者"，而是由于受到医疗机构一系列不恰当的对待，敌对情绪逐渐升级而导致的。其原因，除了存在医疗机构敷衍应付的情况外，有时即使医疗机构本想妥善解决问题，由于专业认知与外行认知的差异，最终导致患方的误解。在这种情况下，如果调解员能够适当参与，很有可能一开始就能阻断患方发展成为"闹事者"，并以更好的方式解决问题。

从这个意义上讲，这种调解在应对医疗纠纷投诉时具有甄别功能。调解员首先应该摒弃先入为主的观念，秉承公正、无偏袒的中立态度真诚应对患者一方。如果发现当事者不适宜调解，就应该谋求其他的应对策略。这样就将大大减少许多本来不是"闹事者"的患方被漠视、被局限于表面主张而草率应对的案例。

接下来，看一下因为医方的原因而导致调解不顺的情形。

首先，存在医疗机构不愿意公开相关信息的情况。在这种情形下，调解只能在有限的信息支持下进行，这通常会给患者带来不利的结果。由于调解是帮助当事方自主解决问题，因此，医方需要依法公开相关信息。

其次，如果得不到医疗机构高层的支持，院内的调解将无法正常运作。调解通常需要医生和相关科室的配合，也需要与患方进行面对面的对话。因此，有必要建立与医疗机构高层的直接报告制度，构筑整个医疗机构与调解员通力协作的院内调解制度与文化。

目前，在日本一些积极引进调解员的医疗机构中，包括院长、科室主任和护士长在内的管理人员，参加过医疗纠纷调解员培训的多达 100 人。如果整个医疗机构都积极推广调解的基本理念及相关技能，就能全面支持从临床诊疗活动到医疗过失发生时的应对，而不是仅仅将其委托给调解员一个人。

即使这一步很难做到，至少也应该明确调解员在医疗机构中的地位，并得到上层管理者的大力支持，形成逐步向院内文化渗透的调解员机制。

第四章

修复性正义下的医疗纠纷调解技能

缺乏善念和人文关怀的法律适用，不会获得社会公众的理解、认同和支持，不能保证应有的权威和持久的效果，无助于矛盾的化解、创伤的修复以及和谐的重塑，更无从拓展正义的疆域。修复性正义的核心是疗治创伤、复原破裂的关系，它倡导了一种具有前瞻性的社会和解思路，不仅强调矫正社会结构中的关系不正义，而且强调化解社会成员内心的怨恨、愤恨或者憎恨。所以，人文关怀的姿态非常重要。本章将展开对修复性正义视野下的医疗纠纷调解技能的分析。

一、何谓技能：比技能更重要的是人文关怀的姿态

首先，在阐述具体的调解技能之前，先思考何谓技能，以澄清认识。

若使用日语片假名来表示的话，"Skill"通常被认为是适用于某种目的的指南式技巧，是有意应用的一种手动技术。原本英语中"Skill"一词就不是指有意识地使用的技法，而是很难用语言来表明的一种技法。例如，注射时的扎针水平、看不到的烹饪技术，以及足球运动员瞬时做出的身体反应等。所谓技

能，是指以某种姿态面对目标行事时，自然而然地、无意识地表现出来的熟练行为。换句话说，它是由诸如"实践性知识""身体记忆性知识""隐性知识"等词汇来表述的内容。

如果足球运动员总是在心中思考"在这种状态下，我该用多大的力量去踢球呢"，或者当医生准备给患者扎针时，总是在想"扎针用什么样的速度和力度才合适呢"，这样反而无法把事情做好。所以说，技能不是有意识地"使用"技巧，而是在以真诚的态度面对目标时，自然而然地发挥出来的技巧。

下文将在充分领悟"技能"上述含义的基础上，分析调解的基本认知结构和对话技能。以下表述的仅仅是一种教育方法，其目的无非是培养医疗纠纷调解员在面对当事者时，能够表现出靠近医患双方内心想法的姿态。人们常说需要"贴近"患者，但是，如何"贴近患者"，则往往陷入一种没有任何具体实践的精神论之中。可以说，"贴近"不是关注医患双方的表面主张，而是准确且诚挚地体会当事者的内心想法，倾听其深层需求的姿态，这种姿态对于医疗纠纷调解员是至关重要的。

为了培养这种姿态，有必要将医疗纠纷调解员自然而然流露出来的身体记忆性技能言语化，并通过角色扮演来体会。

技能，不是有意识地"使用"技巧。一种技巧需要依靠有意识才能加以使用，这还不能叫作"技能"。"技能"之中最重要的是"姿态"，当这一"贴近"的姿态成为一种技能时，就会自然地流露出恰当的言行。接下来，将基于这一观点分析掌握"贴近"姿态的医疗纠纷调解员应该具备的相关技能。

二、了解认知构造

(一) 从表面冲突到深层合作

在抱怨或者纠纷状态下，医患双方的表面言行与主张总是不可避免地存在对抗。在医疗纠纷调解中，首先必须遵循以下理念。

如果表面主张难以解决，则无须解决，而是促使需要解决的问题本身发生改变。

在投诉和纠纷中，当事者双方常常会被某种表面的对立现象所迷惑，无法拥有全局视野。在许多情况下，越是坚持彼此的表面主张，纠纷就会变得越发激烈。

但是，由于调解员可以站在中立第三方的立场，与当事者双方都保持一定的距离，因此，调解员可以比较容易地把握各方深层次的想法和愿望。调解员从当事者之间的对抗性交流中，可以捕捉到修复良好医患关系的相关线索，并朝着该方向引导自主对话的展开。这样就可以促进关注点从表面冲突到深层信息共享，解决思路从谴责过去到面向未来的问题意识的改变。

为此，调解员必须诱导各方探索各自的深层需求，并掌握这些情感和认知的构造，而帮助调解员实现这一过程的工具就是"IPI 分析模型"。

(二) IPI 分析模型

为了便于理解，以下通过一则案例来阐述 IPI 分析模型的具体运用。

　　假如有位患者突然生气地说:"你们让我等这么久,很没有道理。我不会支付这笔医疗费的。护士的态度很不好,我要求医院开除这名护士。"其实有可能等待的时间与平常没有什么差别。在这种情况下,"不支付医疗费"和"开除护士"是患者的诉求,但不用说,如果医方据理力争的话,只会让纠纷进一步恶化,并使问题陷入僵局。

　　为了实现调解理念,"无法解决的问题没有必要解决。在这种情况下,将问题本身转变为更深层次的、两者之间的合作问题"。不是聚焦于表面的主张,而是应该关注事件背后各方深层次的需求,并据此展开对话。然而,由于双方都有强烈的负面情绪,两者之间的直接对话往往难以进行。

　　假设此时把中间人,即把调解员叫到现场。首先,调解员一对一地倾听患者的诉说,并接纳患者的表面主张(不支付医疗费、开除护士等),同时引导患者探索这些主张背后的真正需求。此时,调解员不发表自己的观点和意见,只专心倾听患者的诉说。

　　于是,患者说:"我对医生是很信任的。但是,最近三个月我的症状并没有一点改善。医生既没有安排新的检查,又没有详细解释,只是开同样的药,几分钟就看完了。我担心医生是不是已经抛弃我,不管我了?我是不是已经没有希望了?"由于这种真诚的倾听,患者也开始信任调解员,"虽然调解员是医疗机构的职员,但他能够认真倾听我的投诉",并且逐步理解调解员作为中间人的角色。

　　接下来,调解员认真倾听医方的情况。医生实际上很重视这位患者,但是患者的症状平稳,现在正处于观察已用药物的疗效阶段,医生正在考虑下一步的治疗方案。由于最近门诊患者剧增，就打算把对该患者的详细说明推晚一些，医生并没有要放弃这位患者的意思。

如果是这样，则在更深层次的部分中，两者不会发生冲突。一旦为讨论和对话留出了时间和空间，双方信息共享，那么受损的关系就会得到修复。医疗费和开除护士的问题只不过是表面上呈现出的一些争执，如果将其转换为深层次的问题的话，问题就容易解决了。

该分析过程的背后是哈佛大学研发的纠纷谈判分析模型，在此将其称为 IPI 分析模型，主要概念有争论点（Issue）、表面主张（Position）以及真实需求·深层想法·愿望（Interest）。使用三个概念的英文单词首字母缩写，将其称为纠纷认知构造 IPI 分析模型。下面，将对该模型进行具体阐述。

1. 争论点：相互冲突的主张的对立点

争论点，是指在争执过程中提出的各种主张和要求的对立点。在前面的案例中，即是"医疗费的支付问题""开除护士的问题"。如果仅仅局限于这些争论点，可能会使对立进一步加剧；但是，另一方面，这些争论点往往与各方深层次的需求紧密联系在一起。在医患对话中，聚焦于哪些争论点，如何有效回避某些争论点，调解员必须具备敏锐的捕捉能力。

2. 表面主张：当事者各方在争执中提出的各种主张

表面主张是在争执过程中，对各种事实的见解与要求等的一些说法。在争执的过程中，医患双方会提出各种各样的表面主张，并且在此过程中，经常相互冲突，彼此激化，时有增加。表面主张可以进一步分为以下三类。

（1）事实主张。

"医生没有来病房""护士在打针时东张西望，很不专心"

等都是关于事实的叙事。另一方面，医方可能会有诸如"我当时没有去病房，这是事实。但是，我当时被安排了急诊手术""护士当时是很专心的"之类的争辩，这些便是医方的事实主张。

（2）要求主张。

要求主张，是指要求采取行动，包括对无法达致的行动的要求。例如，"要求开除护士""支付赔偿金""不支付医疗费"，等等。相对地，医方的主张可能是"我们不能开除护士""我们不能支付赔偿金""如果你不支付医疗费的话，会给我们带来很多的麻烦"，等等。

（3）情感主张。

有时，当事者不是表达对事实和要求的主张，而只是表达情感上的诉求。大多数是愤怒情绪的直接表达，诸如"蠢货""我不会饶过你的"之类。在这种情况下，医方大多不会做出类似的情感表达。但是，即使只是面部表情和举止，患者也可能将其解释为情感攻击。

三种类型的表面主张常常无法清晰地区分，它们通常交织在一起，特别是情感主张常常伴随着事实主张和要求主张一同出现。

3. 真实需求（想法、愿望）

调解的关键之处在于探索真实需求。真实需求是指当事者为何提出这样的主张，其背后潜藏的深层次的愿望、想法是什么。在前面的案例中，患者的表面主张是"医生只看了几分钟"（事实主张）、"我不会支付医疗费"（要求主张）、"要求开除护士"（要求主张）。然而，在这些主张背后隐藏的患者的真实想法是"害怕被医生抛弃""希望有治疗效果"。正是由于有了这些深层想法，患者才会提出各种看似难以理解的表面主张。这些隐藏在表面主张背后的患者的想法、需求和愿望就是真实需求。关于真实需求，需要注意以下几点。

（1）真实需求常常不易被觉察。

首先，陷入情感纠葛的当事者往往难以意识到自己真正需要的是什么。这样的话，当事者只会固执于自己的表面主张，真实需求难以被觉察。同样，医方通常不会注意到患者的真实需求，而是以表面主张来回应患方的表面主张。在对话过程中，调解员的任务就是引导医患双方关注各自的真实需求。

（2）真实需求具有多重结构。

真实需求并非总是只有一个。实际上，从表面主张到真实需求之间存在多重结构。例如，在前面的案例中，"开除护士"和"医生只看了几分钟"等愤怒的表面主张背后，隐藏着"是不是被医生放弃了？不情愿被医生放弃"的真实需求。由于某种原因，有时它也会作为表面主张而被提出。但是，比"我不想被医生放弃"更深层次的需求是"我想快点治好病"。正因为"我想快点治好病"，所以"我不想被医生放弃"。此外，在"我想快点治好病"的背后是诸如"我不想因为生病而麻烦家人"或"我想恢复成像正常人一样生活和学习"之类的更深层次的需求。也就是说，真实需求本身具有多重结构，需要在哪一层次上调和需求并修复受损关系，取决于问题的特征和各方的状况。调解员需要对真实需求的多重结构有所了解。

通过IPI分析模型，引导当事者双方觉察自己的真实需求。然后，让患方了解医方的真实需求，医方了解患方的真实需求，不是聚焦于双方的表面主张，而是着眼于满足双方的真实需求，采用面向未来的问题解决模式。在对话中，调解员通过提问，在促进双方深度信息共享的基础上，引导双方觉察各自的真实需求，进而弥合双方的认知分歧，共同克服困难。

由上述分析可见，IPI 分析模型不仅是调解员进行分析和引导的模型，还是帮助医患双方自我觉察各自的认知结构的模型。调解员是在自身掌握 IPI 分析模型的基础上，帮助当事者各方对 IPI 进行分析。

在前面的案例中，患者的表面主张是"不支付医疗费"和"开除护士"。假设如患者所说，医方即使按照患者的要求"免除了医疗费"和"开除了护士"，那么这个患者真的就会满意吗？即使表面主张解决了，实际上，在许多情况下，不管是对医方还是对患方，问题的根本仍然没有解决。作为反映真实需求的解决方案，医生向患者承诺"今后我会认真治疗"，对"没有花时间充分解释病情"表示道歉，而患者则说"希望这位医生以后也能继续给我看病"，这样，就可以达成令医患双方都满意的双赢解决方案。

三、调解前的准备和开展调解

接下来考察标准的调解程序是如何进行的。

调解员应该在什么时候介入，取决于当时的情况。有时候并不必急于介入，而在突发事件或纠纷中，调解员可能会被要求马上介入。在此，仅对标准化程序进行分析。

（一）联系调解员

当住院部、门诊和患者投诉窗口发生无法单独解决的事件或纠纷时，应该联系调解员。另外，如果相关信息能够广为民众知晓的话，则此时的患者也有可能主动联系调解员，要求调解员介入。

（二）与患者一对一面谈

接下来，调解员通常与患者一对一地面谈。届时，调解员将在说明自己只是医方与患方之间自主对话的桥梁，并不替双方做主的基础上展开对话。最初，患者一方通常会对作为医疗机构职员的调解员存有戒心。但是，如果调解员没有站在医疗机构的立场来发言，而是作为中立方诚意倾听患方的诉说的话，患方也就会开诚布公地讲出自己的心里话。在此过程中，调解员就能够倾听到双方的表面主张，察知双方与深层需求相关联的线索。通过该过程，也会让患方意识到"调解员虽然是医疗机构的职员，但他能够认真倾听我的投诉"，从而逐步建立起信赖关系。

（三）与医方一对一面谈

万一发生医疗事件或投诉，医护人员也会深受困扰。调解员应该以与患者一方同样的态度，倾听医方信息，并提供情感上的关怀。同样，调解员并不发表意见和评论，而是探索医方表面主张背后的深层需求。有时候，需要与多个相关医护人员展开对话，并提供心理上的关怀。这时，重要的前提条件是医疗机构高层应该告知全体员工调解员所担负的角色，以便每位医务人员都可以与调解员通力合作。

（四）关于案情的讨论

调解员不发表自己的意见和判断，也不代表医方立场进行发言。但是，为了促进医患自主对话，需要调解员对事件情况和已发生的纠纷有客观的了解。因此，调解员有必要参加病例讨论和医疗事件的调查。

(五) 调解会议的准备

在征得患方同意的情况下，着手准备与医方的三方会谈。在患者方面，确定有多少人以及谁出席，在医疗机构一方，准备多少人出席以及谁出席，时间安排在何时以及会谈时间的长短。通常，如果一方的参与人数大大超过另一方，则会让人数较少的一方感到压力，因此最好将参与人数保持在相同数目上。另外，每次会谈时间的长短应提前规定好，例如1小时或2小时等。同时，需要考虑到调解员在会谈结束后仍有很多的相关工作需要处理，这些都要预留好时间。到这个时候，调解员至少应该做到在时间安排方面能够获得患方的信任。还有，为了做会议记录，希望准许进行会话录音，同样需要征得双方的同意。在双方允许之后，需要提前向当事者说明：在会谈结束时，录音会向各方提供一份，以备留存。

至于会谈的房间，最好是一个明亮、布置简洁的房间，不要有多余的家具。房间太小会使人产生压迫感，太大的话则容易分散参与者的注意力。医方和患方分别坐在桌子的两边，调解员坐在桌子的一端，即医患双方分别居于调解员左右手的位置。将医患双方的关键人物安排在靠近调解员的位置，这样调解员比较容易掌控局面。另外，当患方就座于相对尊贵的位置时，可以将书写白板放置于靠近医方的一侧，以示平衡对待各方。总之，每一个细节都需要精心考虑。

（六）见面和引导

在会谈的当天，调解员一定要比预定的时间早到达入口处，以迎接患方的到来。患方抵达后，应该感谢患方的到来并将其引导到会谈室就座。实际上，患方确实有可能是克服了一些困难才得以前来，比如向工作单位请假，因此对患方的到来需要表示必要的感谢。在房间里，医务人员应事先站在会谈室等候患方的到来。调解员引导患方落座以后，再引导医方就座。

（七）会谈的开始

首先，调解员对医患双方的到来再次表示感谢，然后具体解释说明作为调解员的角色定位和具体工作内容。在程序上，要先确保患方没有异议，然后再确保医方没有异议，一边确认双方有没有明白，一边推进程序，将整个流程分成一小段一小段地进行。

接下来，让患方自由地谈论发生的事实和希望了解的情况。目的是为患方提供一个情感发泄的机会。

调解员的开场白，可以参照如下发言范例：

"×××、×××、×××（逐一称呼患方出席者），非常感谢各位百忙之中抽出时间赶来参加今天的调解会！我的名字叫×××，作为调解员主持今天的调解会。也感谢×××、×××、×××（逐一称呼医方出席者）抽空参加今天的会议。在今天的会议上，我不是作为医疗机构的代表，而是作为调解员，为大家提供一个自主对话的平台。如有任何疑问，请随时向我提出。现在，大家有需要提问的吗？好的。今天我们要讨论关于×××治疗上的一些事宜，我想先请○○（患方）谈谈您所了解的情况，包括您的想法和疑问。△△医生（逐一称呼医方出席者），你们能够听他把话讲完吗？随后，我会请△△医生发言。○○，现在可以发言吗？请!"

这样，重要的是首先显示出对患方诚意倾听的姿态，解释自己作为调解员的角色。在此过程中，时刻注意给患方提供提问的机会。

（八）促进对话与控制进程：初期阶段

对话开始时，调解员要特别注意控制会谈流程。刚开始双方的对立通常会很激烈，因为都是对对方表面需求的回应。作为调解员，主要是专注于倾听。假设患者生气地说："医生说他要来病房，但他根本没有来。这不是骗人吗？"此时，调解员不是马上询问医方的情况，而是对患者的发言逐一接纳，比如"医生说好要来病房，是吧？""没有来病房，让您对自己的病情多了几分担忧吧？"

临床医生有喜欢做长篇大论的客观解释的倾向，但是，无论这些专业解释看起来多么通俗易懂，总会给人冗长、单方面强加于人的感觉。通过调解员适当地介入，可以促进患方发言，并确认患方的理解，同时起到不给患者冗长陈述的感觉。例如，"×××医生，您请稍等，关于您刚刚的发言，您看我这样理解是对的吗？"也就是说，需要随时注意患方是否能够充分理解。为了不使患方对医生的专业解释产生误解，调解员需要通过适当的提问来确认患方的理解情况，并改变医生长时间单方面灌输的印象。

如果医方对调解员的角色有充分的理解，他们就会明白，在进行客观解释的时候，是应该花些时间来倾听患者的想法的。

在这种情况下，调解员的工作就会变得非常顺利。在会谈的早期阶段，调解员的重点是让患方充分表达自己的感受，并倾听患方的想法。医方至少应该做到对患方的深层需求给予深切关注。

（九）促进对话与控制进程：结束阶段

通过调解员的各种程序控制，医患双方的情感冲突在一定程度上能够得到平息，自主对话的意愿也会逐渐高涨起来。这时，调解员可以不用局限于表层主张，而是通过提问来引发双方对各自深层需求的觉知。具体来说，针对当事者不能觉知的对方的背景信息以及容易发生误会的地方等通过提问挖掘事实真相。例如，当患方对在手术室中发生的情况不信任时，仅仅凭医生单方面的解释，患方通常很难理解，无法消除其疑虑。在这种情况下，调解员会从患方的角度出发，向医生提问："×××医生，当时出血量是多少？这会对患者的身体产生怎样的影响？""那时，医生您是怎样处理的呢？"

另外，在医方将患方视为"闹事者"，而没有充分考虑患方背景因素的情况下，调解员可以提问，诸如"您丈夫在家里的情况如何？他很痛苦的时候是怎样的状态？"这样，医患双方可以共享在表层对话中发现不了的信息，并同理对方所付出的努力和疾苦遭遇。更具体地说，这样做是为了采取不同的视角来重新审视医患双方在纠纷中发酵出来的关于对方的不良形象或者恶意言行。通过深层次的信息共享，可以觉知自己以及对方的深层需求，并且据此当事者自己可以找到一个与表面主张不同的、新的解决问题的方向。

（十）结束会谈以及后续安排

当然，在重大医疗事故发生的情况下，一次调解会是不太可能解决问题的。按照预定的时间准时结束会谈，接下来就是调解员对患方的跟进工作。会谈结束后，如有必要，一定要预定好下一次调解会的时间。例如，"非常感谢各位参加今天的调解会。现在已经到了今天调解会结束的时间，所以我想今天的调解会到这儿就结束了。大家看可以吗？我想我们还需要进行下一次的会谈，○○（患方），您认为可以吗？△△（医生），下次我们继续会谈，好吗？关于下一次的时间安排，我会在充分协调后，再次与大家联系。非常感谢大家今天的出席"。当要求提供书面会谈记录时，医患双方会后共同整理会议记录是一种比较好的方法。这是因为，当医方单独整理的会议记录交付给患方时，经常会出现患方不认可的情况。会谈结束后，调解员也要像上面一对一会谈程序一样，认真倾听患方的想法和要求。

（十一）会议结束后的工作

在理想情况下，调解员应该在会谈结束后每 2 至 3 天与患方联系，并倾听患方的意见和想法。尽管事件调查委员会可能要花一些时间才能得出调查结论，但即使在此过程中，也有必要与患方取得联系，并进行有效倾听。也就是说，重要的是要继续表现出对患方诚意面对的态度。

四、主要调解技能

调解员通过倾听与医患双方建立信任关系，并挖掘双方表面主张背后的深层需求。但是，即使调解员把握到了当事者各方的深层需求和解决问题的线索，那也只是第一步。因为，调解员不得表达自己的意见或建议，不得采取任何主动干预的措施。如果调解员根据自己的理解，建议道，"因为这是您的迫切需求，那么您通过这种方式的话就可以解决问题"，等等，在这种当事者并不具备自己提出解决方案的状态下，提供建议会让对方感觉像是在对自己施加压力，调解员就会立即失去对方的信任。

调解员的作用是挖掘并引导当事者认识到双方的深层需求，帮助双方自主解决问题。可以说，调解员对深层需求的掌握就像一根指南针。在此基础上，需要掌握促进双方对话和帮助当事者觉知各自深层需求的技能。

下面，将分析以这种姿态引导对话所自然呈现的一系列技能。

（一）发言类型：AEIOU

美国哥伦比亚大学教育学研究提出将纠纷场景中的发言分为五种类型。通过使用其英文单词的首字母缩写，可以将其称为 AEIOU 分类法。具体如下：

进攻（Attacking）：攻击对方的发言方式

回避（Evading）：回避问题的发言方式

传达信息（Informing）：传达客观信息的发言方式

打开心扉（Opening）：打开别人心扉的发言方式

信息共享（Uniting）：促进与另一方共享信息的发言方式

不用说，在这几种发言类型中，越往下越能创造出合作与愉快的沟通效果；越往上，沟通越会陷入消极与对抗的状态。

在发生冲突的情况下，冲突各方通常会发动攻击或逃避。在该过程中，再次发动的新的攻击，将会使冲突加剧。可以说，调解员的作用就是促进对话由对立和消极朝着打开心扉、信息共享的方向发展。那么，具体操作到底该如何进行呢？

患方通常会直截了当地表达愤怒，并且一开始经常会出现攻击性行为。另一方面，即使医生存在回避行为，但却很少进行明确的攻击，并且通常认为应该利用中立信息来进行沟通和解释。但是，在这里重要的是，沟通的效果不是由说话者决定的，而是由听话者决定的。实际上，即使医方打算客观、冷静、诚恳地解释说明，患方也可能视之为攻击，并将其解读为"他们在戏弄我"或"认为我不知道就想蒙混过关"，等等。

在争执的过程中，对方虽然没有这样的意图，却被误解为攻击的情形，我们在日常生活中也会有同样的经历。如果将对方的行为解释为攻击，便自然会把对方看作是"对手"，只好向"对手"发起反击了。

因此，当这种情况发生时，调解员可以通过打断医方长时间的解释说明，并敦促患方讲话，或者通过向医方提问，改变对话的方向来进行程序控制。这样，便可以避免当事者之间的相互攻击，将对话引导到敞开心扉、信息共享的方向上来。实际上，在关注患方想法的同时，避免医方单方面的解释说明，有效引导对话朝着正确的方向发展，是一项非常重要的技能。

（二）主动聆听技巧

具体的对话促进技能就是怀有同理心，通过提问表现出对对方的深切关注，以此达到信息共享的目的。

1. 非语言信息

即使是非语言信息（例如适度点头和目光接触）也会传达出倾听的态度。积极的非语言信息有助于提升对说话者的信任，并促进说话者继续发言。但是，如果仅仅将它看作是指南式技术，那是相当刻板、不自然的。真诚的倾听态度是自然流露的结果。但是，在某些情况下，有些人会有自己都注意不到的习惯，例如总是交叉双臂，在这种情况下，还必须要有意识地避免这种习惯，以免引起对方的误解。

2. 提问技巧

提问大致分为"封闭式问题"和"开放式问题"两类。开放式问题是一种以故事形式来回答的问题，例如"请您告诉我您进入诊室以后发生的事情"。而封闭式问题则是诸如"您是什么时候进入诊室的？""您进入诊室时有医生在吗？"答案是诸如"大约三点钟""没有"之类的精确回答。

对于开放式问题，回答者可以自由地组织语言并讲述自己的故事。因此，很容易让问题的回答者感觉到对方正在倾听自己的故事。还有，问题的回答者在讲述中很有可能会注意到自己陈述的矛盾之处和问题所在。此外，作为倾听方，可以从问题的回答中获取广泛的信息，从而不仅可以很容易地获得表面主张，还可以获得潜藏的相关信息。

对于封闭式问题，讲述故事的主动权在提问者手上。通常是提问者在收集和整理自己的故事的时候，为了了解信息而提出封闭式问题。在这种情况下，回答者被置于被动的位置，因此难以感觉到提问者正在听自己的讲述。法庭和警察的审问就是典型。另外，需要警惕的是，因为医务人员的日常工作非常繁忙，倾向于大量使用封闭式问题来提高效率。

从上述分析可以看出，开放式问题对于提高调解员的倾听技巧很有用处。但是，在需要的时候，封闭式问题也很重要。

3. 意译

这是一种在不改变话语内容的情况下，以不同的措辞说出对方话语内容的技能。这并不意味着需要同意说话者的观点，而是以同理心去理解对方的话语。"已经约好明天做手术，我却无法入睡，因为隔壁床的打呼噜，声音太大了，太吵了。我告诉护士，护士却不肯给我换房间，太糟糕了。"意译时可以这样说，"护士没有答应，是吧?"或者"隔壁床的打呼噜声太大，无法入睡，是吧?"

但是，与英语的表达不同，意译在日语的表达中会让人感觉到有诱导对方同意的意味，这的确是一个现实问题。实际上，这些技能不是要有意识地使用，而是要作为一种自然而然的倾听姿态流露出来。

4. 总结

应该注意的是，总结并不意味着倾听者主动去总结说话者的话语内容，这只是一种倾听技能，它是将说话者的话语和故事完全接受下来，在进行主要内容的摘要以后进行回馈。在对话不断反复、啰嗦不已的情况下，可以这样来打断："请让我来总结一下，您看看我这样理解是对的吗?"然后，在不改变对方话语内容的基础上，进行总结反馈。这样的总结，如果理解得不正确，对方就会指出来；如果是正确的，对方就会感觉到你在认真倾听他的讲述。另外，通过他人对自己话语的总结，也可以发现自己原来没有注意到的矛盾之处和问题所在。

调解员在认真面对纠纷各方（例如患者和医务人员）的同时，自然会体现这些技能并促进对话。

第五章

修复性正义下医疗纠纷调解技能运用实例

一、案例研究：住院患者到另一门诊科室就诊事件

下面，将通过具体案例来考察调解员是如何运用医疗纠纷调解技能的。调解从充分倾听医患双方的陈述开始，因此，不仅要根据客观情况，还要根据每个事件的不同来逐步介绍案情。在下文中，首先介绍典型案例的基本信息和有关各方的叙述。

（一）案例概要

1. 主要人物

护士伊藤（兼职护士，耳鼻喉科护士）

护士高桥（专职护士，其他科室的门诊护士，有耳鼻喉科工作经验）

住院部护士长山本（患者主要疾病所属的住院部护士长）

住院部主任有吉

患者柳田（57岁，男，性格温和，原发疾病是恶性类风湿关节炎，耳鼻喉科诊断为慢性鼻窦炎）

2. 案情概述

柳田先生因为恶性类风湿关节炎，自 10 月 19 日起，进入住院部住院。

10 月 23 日，因为鼻塞引起不适，柳田先生被告知到该院耳鼻喉科门诊就诊，并被诊断出患有慢性鼻窦炎。住院期间，他每天在门诊进行鼻腔冲洗和雾化吸入，并于 10 月 30 日前往耳鼻喉科门诊进行第四次治疗。伊藤护士认为柳田先生并不是第一次进行耳鼻喉科门诊治疗，应该能够独立完成全部操作，便离开了治疗室。两分钟后，当高桥护士返回耳鼻喉科时，柳田先生叫住高桥护士，高桥护士以为他雾化吸入已经做完了。柳田先生生气地说："你们没有给我准备！我还没有开始，这太让我生气了！"高桥护士再次对相关操作进行了说明，在原本应该给柳田先生一个面罩型雾化吸入器时，却不小心将一个含嘴型吸入器交给了柳田先生。柳田先生说："不做了！"便离开了门诊部，回到了住院部。

回到他自己的房间后，他告诉住院部护士长山本说："把你们院长或者住院部主任叫来，这是什么态度？"山本护士长追问原因，被柳田先生呛了回去："给你讲也没有用！"山本护士长只好把住院部主任有吉先生叫来。柳田先生对有吉先生说，"鼻子冲洗的地方和器材看上去都很不干净"，"医护人员之间打情骂俏，在上班这种正式场合，显然是不合适的"。他还特别抱怨说，"我对医护人员在上班时的这些表现非常不满"，并要求医院承认的确存在问题！

(二) 各方当事者的陈述

1. 患方柳田的陈述

真是，哪有这样的医院！我住院已经十天了，但是都没有和护士说过话。我以前也经常来这家医院看病，这次是为了检查才住院的，是不是对我心不在焉呢？当然，我已经去过耳鼻喉科门诊四次了，以前都是她们为我准备好用具。这次却对我说"你自己会做"，鼻子冲洗的场所也很脏，雾化吸入器也很脏，这些东西我觉得我无法使用。即使来了四次，还是忘记了如何操作。首先，如此肮脏的地方和用具，我一点要做雾化的心情也没有，而护士完全不顾这些，匆匆地离开了。后来，有一位护士回来了，却完全没有注意到我还没有开始做雾化，她正想要离开，我急忙叫住她："嘿，护士!"她说："您做完了吗?"你看不见吗？你们什么也没有替我准备好，我怎么做雾化？我是来做鼻子冲洗的，这么脏的地方，我有心情做雾化吗？所以当时我很生气，我说："你们都没有替我准备，我还没有开始做雾化!"虽然只是等了几分钟，但这不是时间的问题。

返回来的那个护士看见我在生气，再次对我说明了操作流程。但是，当我拿到雾化吸入器时，竟然是含嘴型的！真的是太让我生气了，所以我说："不做了!"然后就回到了住院部。当我回到房间后，我越想越觉得护士的行为有些不对。几次都看见医护人员之间打情骂俏，这是在上班啊！这是什么行为？即使告诉护士长也没有用，都是一窝的货色。我向院长或住院部主任反映是希望医院以后可以改变这些现象。医院应该以患者为中心，对吧？上班的时候没有一个正经气，那么脏的地方也没有人打扫，只会把患者当傻瓜!

2. 护士高桥的叙述

既然已经来过四次了，应该可以自己做的。他叫我的时候，我以为他已经做完了雾化。我敢肯定，很多患者能够独立完成雾化操作。柳田先生如果细心一点的话，也应该……当然，我也希望伊藤能够好好工作。但是，在门诊如果没有兼职护士的话，根本就忙不过来。对这些兼职护士，你还不能说，一说她们就不高兴……虽然我是专职护士，我也不是耳鼻喉科的护士，只是这里忙不过来了，我们才过来帮忙的。我们这些别的科室过来的护士，当然也希望上面对这些兼职护士进行更多的培训。门诊患者很多都是只见一次面的，有时的确容易被忽视。

确实是我弄错了面罩型和含嘴型吸入器，但是，我觉得没有必要这么生气！自己的问题，不要动不动就责怪护士！首先，已经是第四次了，这么简单的操作都不会，我不相信。

至于雾化操作的方法，是不是要把它贴在墙上？但是，医院办公室又说，不要在门诊部的墙上贴纸，贴得黏黏糊糊的不美观。患者说我们上班时打情骂俏……我们只是叫叫绰号，想活跃一下气氛而已。无论我们做什么，只要是与患者越接近的，就越会被患者找麻烦。门诊的患者很多，真的很忙。只是一个小小的不注意，不应该这样苛求吧！既然患者叫住了我，我不理睬，患者又会有意见。病历上写着是鼻窦炎，但也无法确认需要面罩型吸入器。这样大惊小怪，然后就要求见院长或者住院部主任。这件事本来打电话给住院部护士长就可以的。但是，我不属于住院部，我必须通过门诊部护士长才行，我真的没有时间这样折腾……

无论如何，是我存在失误，这点我承认。但是，既然我已经向患者道歉了，就请患者原谅我。另外，说上班时打情骂俏，那不是我，应该是患者在住院部看到的。不要什么都怪罪到门诊部和我的头上。希望医院的领导能够了解这些。其实，以患者为中心的医疗真的太难了！

3. 住院部护士长山本的叙述

突然让我去叫院长或者住院部主任，我还以为发生了什么事，原来是在耳鼻喉科的不愉快。我去了柳田先生的房间，柳田先生问我今天的总值班是谁？我知道院长和住院部主任都很忙，为什么找我不可以？在平时，凡是关于护士的事情，也都是来找我，为什么现在找我就不行了？听到患者说，"跟你说也没用，都是一窝的货色"，真的很伤心。我们从学生时代开始，包括就业以后，为了服务患者就接受各种培训，认真工作，而这些努力却没有得到回报。当然，告诉院长或者住院部主任肯定比告诉我更能解决问题。毕竟我只是中层管理者，没有时间去教这些护士，只好交给护理部主任了。我也没有时间去检查，整个医院都太忙了。

既然说了"跟你说也没用"，我只好联系住院部主任。可是，这样患者会罢休吗？以前也有一次，我足足听了患方四十多分钟的各种牢骚，但对方最后竟然对我说："跟你说也没用，护士长不行的，叫你们院长或者住院部主任来吧！"结果，后来再也不跟我谈了，让我去叫住院部主任。这种事情，也不应该去叫院长或者住院部主任……护理部主任又告诉我，晚上要开会，要我准备会议材料。既然要住院部主任负责最后的投诉，那我就转过去吧。在这种情况下，最好不要当护士，如果不是职务带有"长"字的，通常很难说服患者。无论如何，我想应该尽快去找柳田先生，早点整理一下，然后把他交给住院部主任。好主意！

啊，责任护士和总值班人员都去哪里了？住院部主任要是在就好了。

4. 住院部主任有吉的叙述

哎呀，又是这种事情，又是护士和患者之间的争执！作为一名护士，如果能够稍微认真一点工作，很多争执就没有了。我知道护士也很忙，但是患者是不是一个喜欢找事的人，难道看不出来吗？听护士长说了相关的情况，如果能够细心一些工作，就不会出现这些事情了。具体的细节我也不知道，只是听说而已。如果这些事情都要求院长一一出面的话，我想不管院长如何分身，也不够用啊！院长可能会说这是住院部主任的工作，因此而责怪住院部主任。

业务管理是医院的第一要务，医院也是服务行业。但是，患者也的确比以前变得更强势了。患者是上帝呢，那就只能乖乖听患者的。道歉，当然可以。但是，在处理投诉时，我不记得每个投诉的具体内容以及该如何应对。刚一开始，应该怎样应对我完全没有准备，我只是想听对方说一说。我确定在听，但是从中间开始，我就试图去准备我想说的话。我必须把事情弄清楚，还要向护理部做出汇报。但是，非常不可思议，当我想着去总结说话者的内容时，我就不记得我当初是怎样讲的。也好，最好不要每一件事都记住。真的，我也有很多自己的事情，不要动不动就把事情交给我，希望护理部能把工作做好。最后，我想说患者所说的护士的态度和行为等，这不正是服务态度有问题吗？

无论如何，让我听听，把患者带过来吧。这不是应该去麻烦院长的事情。我只是听听，然后叫护理部以后多加注意和重视对护士的培训。我没有时间提出解决方案，是护士的接待存在问题。

（三）IPI 分析技能的运用

IPI 分析实际上并不是所谓的"分析"工具。如果调解员表现出对患方真正的关切，关心患者的想法，并愿意通过促进医患之间的对话来修复受损关系的话，那么自然就会在行为中显露出来。这是一种自然而然流露的"实践性知识""身体记忆性知识""隐性知识"，在下文中，将对这些需要嵌入调解员行为中的"实践性知识""身体记忆性知识""隐性知识"进行言语化表达和视觉化呈现。

在分析和表达 IPI 时，通过使用如图 5-1 所示的圆形图来描述 IPI 更便于理解。首先，在同心圆中心部分的左侧填写患方的表面主张，在右侧填写医方的表面主张，不管有多少都应该填进去。P 是表面主张（Position）。同心圆的中心是争论点（Issue），在 P 栏中将出现一些双方相互冲突的主张。最外围的是深层次的真实需求（Interest）。

使用圆形图时，如果所涉及的人数增加，也可以通过继续划分达到增加当事者位置的方法来进行描述，如图 5-2。

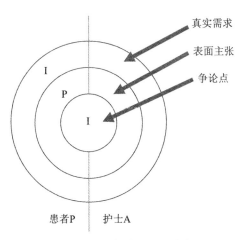

图 5-1　IPI 圆形图（二分法）

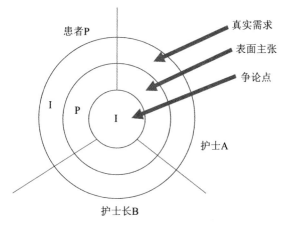

图 5-2　IPI 圆形图（三分法）

下面，将运用 IPI 分析技能来对该案例进行考察。

1. 把握表面主张（position）和争论点（issue）

无论调解员是与患者进行一对一对话，还是在医患之间进行对话的时候，都将听到各种主张。在倾听的同时，调解员应该不加解释地接受和把握各种表面主张和争论点，参见表 5-1。

表 5-1　各方主张和争论点（案例一）

患方的主张	医方的主张	争论点
护士的指示不恰当	认为患者自己能够操作	应对有问题
耳鼻喉科的环境肮脏	比较杂乱，但不肮脏	清洁问题
拿错了吸入器，很不应该	是拿错了，但已经道歉了	拿错吸入器问题
打情骂俏	根本没有	上班时态度问题
找护士长没有用	我有认真倾听	应该向谁反映的问题

在该案例中，能够观察到以下表面主张，以及随着对抗阶段的不同会产生不同的争论点。以下将沿着患者出现的不同主张进行逐步分析。

当然，随着对话的进行，表面主张将会增加。

2. 表面主张的整理

如前所述，表面主张可以区分为事实主张、要求主张和情感主张。调解员不仅要倾听表面主张，还可以使用这些分类，在不知不觉中进行觉知和整理。当然，这三种类型在现实中常常是同时出现的。此处所安排的顺序，仅仅是为了阐述的方便。

- 对患者的指示不恰当——事实主张（包括情感表达）
- 耳鼻喉科的环境肮脏——事实主张（包括情感表达）
- 拿错了吸入器，很不应该（请不要出错）——情感表达（要求主张）
- 打情骂俏——事实主张（包括情感表达）
- 找护士长没有用（请把住院部主任叫来）——要求主张

以这种方式整理的话，可以形成很多的组合形式。

形式一：
"对患者的指示""耳鼻喉科的环境""拿错器具"——耳鼻喉科门诊的问题
"打情骂俏""找住院部的护士长没有用"——在住院部产生的问题

形式二：
"对患者的指示""拿错器具""打情骂俏"——护士的态度
"找住院部护士长没有用"——患者心目中的住院部协调体制问题

"耳鼻喉科环境"——医院环境问题

通过这样的整理，调解员将逐渐把握患者的想法和真实需求。但是，再次强调，调解员在对话过程中不要进行这样的分析。相反，要以对患者的真诚，在自然而然中"意识"到这样的分类。

3. 对真实需求的关注

在对话过程中，调解员可以根据以下线索来关注患者的真实需求。

- 重复性问题和强烈主张的问题通常与真实需求有关
- 在表达愤怒以外的情绪时的问题通常与真实需求有关
- 引发问题之外的问题可能与深层次的真实需求有关

在这个案例中，患者除了对耳鼻喉科门诊产生愤怒以外，还认为医护人员在住院部的上班态度也存在问题，即认为他们上班期间"打情骂俏"。另外，也认为找住院部护士长是无法解决问题的。当然，这些可能都只是由于愤怒而引发的表面主张。但是实际上，耳鼻喉科门诊只是触发问题的因素，更深的担忧恐怕是日常在住院部已经对医护人员的工作及态度不满。

在这个案例中，调解员应该能够从诸如上班时"打情骂俏"和"找住院部护士长解决不了问题"之类的话语中，了解到患者的真实需求应该是对住院部不满，而且即使向住院部护士长反映了，也没有用。

换句话说，患者的真实需求不是表面上的对耳鼻喉科门诊的不满，而是要求医院在日常诊疗中"尊重患者并提供良好的医疗服务"。

上述内容填进圆形图的话，如图5-3所示。这里，只记录了患者柳田先生和护士高桥的表面主张和真实需求。

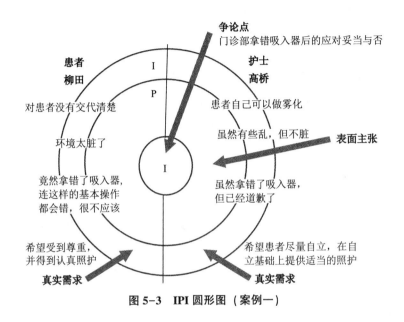

争论点
门诊部拿错吸入器后的应对妥当与否

患者
柳田

护士
高桥

对患者没有交代清楚

患者自己可以做雾化

环境太脏了

虽然有些乱，但不脏

表面主张

竟然拿错了吸入器，
连这样的基本操作
都会错，很不应该

虽然拿错了吸入器，
但已经道歉了

希望受到尊重，
并得到认真照护

真实需求

希望患者尽量自立，在自
立基础上提供适当的照护

真实需求

图 5-3　IPI 圆形图（案例一）

(四) 解决问题的要点

在这个案例中，即使通过对话来处理与耳鼻喉科门诊有关
的表面主张，也很难解决问题。患者的真正需求是打交道更多
的住院部的服务态度问题。因此，有必要以此为基础展开对话。
在耳鼻喉科门诊的问题上，无论医方如何道歉，和为此提出今
后的改进措施，都很难说服患者，因为耳鼻喉科门诊只是问题
的一个诱因。

正确的方法是，通过发现患者深层次的抱怨，并接受他的
情绪，更容易看到医疗机构体制需要改善的方向，进而提供令
患者满意的解决方案。

调解的前提是倾听和全盘接纳。如果能够认真倾听和全盘接纳，可以说问题已经解决了一半。在这里，有必要按照"倾听→把握患者的真正需求→寻找满足患者真正需求的方案"这样的步骤来进行。在这个案例中，患者在话语中已经表现出除了耳鼻喉科门诊的问题之外，也对住院部的日常服务态度不满。可以说，这才是不容错过的重要问题。

（五）该案例的调解过程

1. 住院部护士长山本与患者柳田的背靠背调解

（1）第一次见面。

护士长山本：我是护士长，您是想找住院部主任吗？在耳鼻喉科门诊是不是发生了什么不愉快？您能告诉我吗？

患者柳田：（非常生气地说）什么？身为护士长，你为什么不去调查一下呢？耳鼻喉科的护士难道没有告诉你？这家医院真的没有办法了。叫你们的院长或者住院部主任来。

常常听到患者要求"把你们院长叫来"。根据问题的不同，除在涉及重大决策（支付赔偿金等）的情况下，不应该直接让院长出面。由于院长具有决策权，在与患者会谈中，常会被患方要求做出最终决定。院长如果给出一个答复的话，可能会因为时间紧迫考虑不周全而存在一定的风险；如果不回答，可能会进一步激怒患者。在这种情况下，具有一定权限，但是没有最终决定权的人（副院长、医务处处长等）出面比较理想。

护士长山本：我会去问耳鼻喉科门诊医生，我也会与住院部主任联系。但是，我很想先听听您的情况。患者有什么不愉快，我们总是首先倾听患者的意见，看看我们的工作有哪些不到位的地方。

患者柳田：嗯！跟你说也是白说，叫你们住院部主任过来！

护士长山本：（凝视柳田的眼睛，慢慢地说）您是说跟我说没有用，对吗？我们主任不来的话，您就认为问题不能解决，对吗？

患者柳田：嗯！你们都是护士，肯定是一窝的货色，而且一直都是这样。

护士长山本：到现在为止，我还不够了解我们有什么地方做得不好，您可以跟我说说吗？（蹲下来，并与患者的视线平行）如果您不介意，我们准备了一个房间，我们到那边房间去谈谈吧？

在此阶段，获得最低限度的信任是重点。在这里，护士长作为调解员，表现出了自己诚意倾听患者诉说的意愿。这无关乎职务，无关乎个人性格，而是每一位医务人员获取患者信任的必备姿态。患者一旦被接纳，开始倾诉的话，对话自然就会展开。

患者柳田：不！如果院长或者住院部主任来了，我会好好跟他们谈。

护士长山本：我知道了。让我们去接待室听您反映问题吧！（不要显得一副很忙的样子）

患者柳田：（默默点头）

山本护士长在经过护士站时停了下来，写了一张字条指示护士站的护士通知住院部主任30分钟后赶到接待室，而且交代护士站护士，她将在接待室里待上一个小时，有人找她的话，就说她不在。然后，安排护士准备好茶水拿去接待室。

（2）在接待室里。

山本护士长将柳田先生引导到接待室以后，邀请他坐下。接待室最好准备不容易陷下身去的椅子，这样便于调解员前倾身子，认真倾听。

护士长山本：我已经安排了人去找住院部主任过来。在他来之前，您能不能先跟我说一说？

患者柳田：主任不来吗？我不想一遍又一遍地重复同一件事。

护士长山本：是吧。非常抱歉，现在主任有点事在忙，结束后会尽快过来。既然如此，那让我们一起等主任来吧！（这时，护士端来了茶水）请喝茶！（做出邀请的手势）

如果时间很长，请换一壶新茶泡上。这并不是简单的泡茶接待，而是作为医院必须了解患者到底发生了什么事的缓冲过程。有暴力倾向和借此敲诈勒索的案件虽然很少，但是肯定会有。在这些情况下，调解员应该采取别的果断措施应对，因为调解员并不是万能的。调解员的接待可以视为纠纷分流的一种手段，但是要求调解员不能有先入为主的偏见。

患者柳田：嗯！真是拿你没有办法，你真的想听我说吗？

护士长山本：（凝视眼睛）是的，请告诉我您在耳鼻喉科门诊时发生了什么。

这种非语言的应对非常重要。通过眼神交流来传达调解员的感受。

患者柳田：反正看见她们很忙，就是不知道在忙什么。耳鼻喉科打电话给我，所以我就去耳鼻喉科冲洗鼻子和做雾化。可是冲洗鼻子的地方很脏，我只能默默忍受着冲洗完。之后，当我去做雾化时，护士什么也没准备，我坐在椅子上等了几分钟。护士认为我已经来过好几次了，能够自己完成，便离开了治疗室。因为那个地方实在是太脏了，我不想在那么肮脏的地方做雾化，于是我就想等护士回来。

后来，另一位护士回来了，我赶紧把她叫住："护士，你等等！"她竟然连我还没有做雾化都看不出来，说："您做完了吗？"所以，我生气了，回答说："你们没有准备好东西！我还没有开始做！"然后，护士急忙给我做了操作说明，拿出雾化吸入器交给我。可她竟然给我一个含嘴型吸入器！我大喊一声："我不做了！"然后，我回到了住院部。

我应该是在10月19日开始住院的，住院期间感觉医务人员之间的对话很暧昧，一个劲地眉来眼去，真是受不了！我最想说的是，这些医务人员之间还没有形成工作上良好的沟通与合作。即使跟护士长说了，肯定也不会解决什么问题，因为你们都是一伙的。反正，我的意见肯定传达不到医院上层去。所以，我想找主任反映。总之，你们没有很好的工作态度。

一边点头一边仔细倾听的同时，使用镜像（即原原本本复述对方的话语）或者总结的技术重述患者的话语，以便确认您所听到的内容。

护士长山本：（深深地鞠了一躬）真的非常对不起，您是说我们有些同事工作态度不认真呢。当您在耳鼻喉科要冲洗鼻子的时候，发现那里很脏，您忍着冲洗之后，去做雾化，可是做雾化的地方也很脏，而且护士没有为您做任何准备就离开了治疗室。后来，有一位护士进来，结果又错将含嘴型雾化吸入器当作面罩型雾化吸入器交给您了。

调解员不对患者的话语进行否定或者评价，只是在接纳患者话语的同时，配合以确认是否完全听懂了患者的讲述。在这个时候，即使调解员觉得患者的讲述有些夸大不实，也不要在其中加上调解员自己的解释或观点，只是根据患者陈述的内容进行总结即可。这一过程只需要表明调解员在认真倾听即可。换句话说，这不是在"确认事实"，而是在对"患者的说法进行确认"。

患者柳田：哦，真是的，这些人到底在做什么！到底能不能分清楚面罩型与含嘴型？

护士长山本：是的。应该好好分清楚面罩型与含嘴型呢，包括您有没有做雾化，也应该好好确认，是吧？（再次鞠了一躬）真的很抱歉！

当然，对于明显的错误，调解员在一对一的调解阶段可以道歉。如上所述，在准确把握患者的各种说法并全盘接纳之后，可以进行道歉。在这里的道歉，是一种表明倾听和同理心的功能。道歉能够起到多大的作用？这从患者后续的话语中可以反映出来。

患者柳田：谢谢护士长这么说。还有，医务人员上班期间的言语很不严肃，挤眉弄眼，让人看了很不舒服！

调解员如果全盘接纳患者的说法以后，即使是充满愤怒的患者，也不会将自己的愤怒指向调解员，而是开始谈论各种发生的问题。

护士长山本：听了很不舒服呢！您能告诉我，医务人员之间这样的对话发生在什么时候吗？

事实并不总是很清楚，那么就需要调解员通过提问尽可能地挖掘关于事实的相关信息。为了回应"上班时打情骂俏"的说法，调解员需要了解患者到底是在什么场景下看到这一情形。但是，这并不是为了确认事实，而是通过掌握更多的信息来达到深入挖掘患者深层次需求的目的。

患者柳田：什么时候都一样啊！我一直在这儿住院，所以我对这家医院很了解。今天，我们一起去哪儿，要吃什么；昨天，看了什么电视；眉来眼去，闲聊满天飞。看见这些，我有时很想说，上班的时候，要严肃一点，这里还有很多的人在住院。

护士长山本：您听到他们聊一些在哪儿吃了什么，以及昨天看了什么电视节目之类的话题呀？作为护士长，我想有必要对全体成员进行相关的业务改善。

患者柳田：他们总是这样，完全没有改善的意思。所以，找您这个护士长也没有用，这些人不好对付。

护士长山本：您说的不好对付的人是我们住院部的护士吗？（关于信息的挖掘）

患者柳田：是的。还有，我觉得门诊护士与住院部护士的态度截然不同。

护士长山本：怎么个不同呢？（关于信息的挖掘）

患者柳田：也许您已经习惯了，或者您认为这样也合适，反正，在门诊也有这样的护士。最近，住院部的护士虽然很友善，但我觉得他们还是要注意。有些护士擅自替患者做主，门诊的这个护士就是这样的人。我不希望护士擅自替我做主。

护士长山本：您是说护士没有征得您的同意吗？（接纳并确认）。

患者柳田：对！擅自替我做主。比如，规定今天我要洗澡，今天要这样那样。医务人员之间经常聊天。即使是为了详细检查才来住院，其实住院也很痛苦。在这一方面，我希望医生和护士面对患者更加敬业一些。

护士长山本：您是说护士不够敬业呢？（接纳并确认）您说的是医生和护士需要工作更严肃一些，上班闲聊和眉来眼去等行为需要适当控制，面对患者要有敬业精神，对吗？

最后这句话的作用是将主题从单方面接纳转变为对未来的前瞻改进。在此之前，已经收集到有关过去出现了哪些问题以及种种事实的信息；在这之后，将对未来的改进策略进行对话。只有在充分接纳患者的诉求之后，这种尝试才有可能。

患者柳田：是的。我看你们工资也不低吧，作为服务行业，我希望你们能够多尊重患者一些。上班时候的言语以及行为，对每一位患者的情况，都要仔细认真。不仅是在表面上，更要从内心尊重患者，不擅自替患者做主。

护士长山本：上班时候的语言应对以及行为，还有每一位患者的进展情况，都应该仔细认真。我理解得对吗？

患者柳田：是的。护士长，希望你好好管一管。

护士长山本：好的。我明白了您的建议。首先，我会尽最大努力让住院部在上班的时候，讲话有所注意，从谈话内容到上班的态度都要牢记为患者服务的宗旨，把患者摆在第一位。

在您出院前，如果您发现还有其他任何问题，请您不必介意直接告诉我，好吗？

患者柳田：是的。我会的。

到目前为止，就可以看出耳鼻喉科门诊只是引发问题的一个导火线，患者的真正需求是住院部医务人员的日常应对存在问题。但是，在实际案例中，就需要调解员在觉察到患者的表面主张背后隐藏的一些深层次需求的基础上，在对话中坚持不懈地引导患者说出更多的潜在背景，挖掘有用的信息。

护士长山本：主任怎么还没有来？我来打电话给他。

患者柳田：哦。

2. 住院部主任有吉接到电话后来到接待室

通过背靠背调解，患者的情绪已经有所缓和。住院部主任有吉是来听取患者的投诉，并商讨今后的改进意见的。这时，护士长山本作为调解员参加会谈。即使患者要求叫来院长或者住院部主任，在经过此阶段以后，通常也能够较好地解决问题。另外，即使在住院部主任参与调解的情况下，如果前期的调解非常有效的话，通常也不会产生比较过激的对抗。

住院部主任有吉：真对不起，我来晚了。您要跟护士长说的都说完了吗？

患者柳田：哦！已经说完了。

护士长山本：柳田先生，主任，如果不介意的话，我想留下来一起谈谈，可以吗？

患者柳田：没关系的。

护士长通过前面的调解已经获得了患者的信任，因此患者不太可能会拒绝护士长留下来（如果拒绝的话，那么就说明前面的调解没有达到应有的效果）。相反，实际上，在这种情况下患者都愿意前面的调解人员留下来。

住院部主任有吉：只要柳田先生同意，我没有意见。（对柳田先生说）我们的工作如有不当之处，还请您原谅。

患者柳田：（回答住院部主任有吉的话语）你应该听到了一些吧？那我就不必再重复了。

住院部主任有吉：没有听到，具体情况我不知道（即使知道，主任也应该通过患者的叙述来直接了解情况）。如果您不介意，请告诉我相关情况，好吗？

患者柳田：嗯，我有鼻窦炎，所以我要去耳鼻喉科进行鼻子冲洗和做雾化，但是冲洗鼻子和做雾化的地方都很脏，而且耳鼻喉科护士也没有帮我安排，因为我是第四次去门诊，护士就让我自己操作。那个地方太脏了，我一点做雾化的心情都没有。后来，另一位护士回来了，问我："您做完了吗？"当时，我很生气地说："我还没有开始呢！"然后，这名护士给我讲解如何操作，并且给了我一个含嘴型的雾化吸入器。这让我更生气了，联想到平时观察到的医务人员在上班时挤眉弄眼、闲聊等情形，我觉得整个医院都有这样的问题。所以，我决定找住院部主任反映情况。

住院部主任有吉：是这样吗？真的太对不起了！（护士长也在倾听的同时，一边点头表示出很专注，并注意患者的这次叙述内容与前面的叙述所发生的微妙变化）

护士长山本：您说冲洗鼻子和做雾化的地方都很脏呢！

患者柳田：是的。不知道为什么，看见那么脏的地方，我怎么也没有治疗的心情。

护士长山本：也就是太脏了，以致您待不下去呢！

患者柳田：是的。我是能够自己操作的，因为已经是第四次了。但是，我发现护士们平时上班都懒散。比如，对于卧床不起的患者，有些人没有人帮忙就不能自己吃饭（在日本住院，不许家属陪护，所有生活和护理都由护士完成），护士把饭一放说："您的饭，我端来了，先放这儿，我一会儿再过来呢！"当然，护士们早上的确是很忙。

护士长山本：对有些护士的日常行为感到不满吗？比如，上班时的闲聊和医务人员之间交谈时的表情等。而且，您认为这是医院普遍存在的一个问题，是吧？

患者柳田：是的，护士长。主任，不管怎么说，这是医院的问题，我想听听您作为医院代表的意见。虽然护士长应该会转告给护理部门，但我希望您转达给院长，让整个医院妥善处理此事。因为这不仅仅是如何对待患者的问题，而且可能是诱发医疗过失的大问题。

通过调解，患者的主张已经从责备过去的对抗模式变成了面向未来的合作模式。

住院部主任有吉：我明白了。这不仅仅是护理部门的问题，也是整个医院的问题呢！我们还将向院长汇报，以便采取改善措施，让整个医院有所改观。

患者柳田：那就请这样办吧！能够让我们可以放心地住院，住院也是有很大压力的。拜托两位了。

住院部主任有吉：好的，一旦改进措施确定了，我会立即通知您的。

患者柳田：太好了！

护士长山本：我也会在住院部里加以改进，有结果后我会向您报告。

患者柳田：拜托两位了！在这件事上，我可能有的时候反应过度了，真的对不起！

护士长山本：我还没有让高桥护士来向您道歉呢！

患者柳田：不用了，这是整个医院的问题。

护士长山本：这太感谢了。因为，这是医院的全体性问题呢！

患者柳田：我要回房间了。

在这些突发案例中，重要的是不要显示出接待人员很忙或者断断续续进行接待的样子，一定要表现出非常诚恳的态度，以避免不必要的矛盾升级。这看起来似乎非常需要时间，但是考虑到问题可能会再次复发，甚至进一步激化矛盾，多花一些时间是非常值得的。然而，在纠纷影响大的情况下，如果需要预先约定调解的时间和地点，那么必须由充分得到患者信任的调解者事先征得患者的同意。无论哪种情况，调解员本身都必须有足够的时间面对患者。就这点而言，理想状态是医院应该安排有充裕时间进行接待的人员担任调解员。

护士长山本：那，我们一起走吧！主任，非常感谢！

住院部主任有吉：我才应该感谢两位！

在这个案例中，主任与护士长之间的默契配合很关键。双方都应该对调解有所了解，针对患者的投诉共同努力，提出一个可以反映患者真正需求的方案。重要的是，主任和护士长两人不能因为是同一个医疗机构的同事，就相互包庇；或者相反，两人互相攻击，推卸责任。而是要与患者一起合作，努力寻求诊疗体系改进的策略。

在医疗安全管理方面，应该召开相关部门会议，共享信息，就如何防止此类事件的再次发生提出对策。把工作繁忙、人员配置、言语应对等涉及的潜在因素，按照时间顺序一一列出，运用头脑风暴法寻求改进策略。这些都是与医疗纠纷调解紧密相关的步骤。换句话说，可以把它作为患者参与型医疗安全管理的一个重要环节。

二、案例研究：点滴注射过失事件

（一）案件概要

1. 主要人物

护士村川（担任专职护士第二年）

主治医生山口

患者田中（53 岁男性）

院内医疗纠纷调解员铃木（医疗安全管理经理）

2. 案情概述

傍晚时分，在住院部大楼，护士村川将他人的 100 ml 抗生素点滴注射液注入了另一位患者田中体内。护士村川完全没有注意到这一错误。但是患者田中注意到点滴瓶上所写的姓名与自己的姓名不同后，立即呼叫来护士，并停止了输液。那时，药液已经注入了一半。患者田中已经预约了一周后做手术，因此正处于高度紧张状态。而在此时，竟发生了这样的错误，患者田中当然非常生气。在院内调解员铃木的主持下召开调解会，护士村川和医生山口也参加了调解会。在这一案例中，调解员突然被叫到现场，作为患者和医务人员的中间人参与对话，没有机会事先与患者进行一对一的背靠背对话。调解员只是知道在注射点滴时搞错了注射液，并不清楚案件的具体细节。

（二）各方当事者的叙述

1. 护士村川的叙述

唉，是我做错了。我一直以为我是不会出错的，但是今天我忙于应对住院部突发疾病的患者，正在我准备注射时，加藤医生来找我有事，不久又有患者呼叫我去病房，总之我那时正忙得不行。我知道这些都不是我出错的理由，但是我只想知道为什么会发生这些。我有打算要确认患者的姓名啊！还好，这种抗生素不会对身体造成伤害，不会造成任何实质性后果。患者生气是很自然的事，我非常理解。但是，我已经道歉了，也没有造成实质性伤害，我希望田中先生能够原谅我，可是，田中先生……我必须上交关于该事件的报告，田中先生也还在生气。唉！不管如何，我必须向田中先生道歉……好好道歉吧！

2. 主治医生山口的叙述

（对护士村川）你到底在干什么？真是的。我知道村川护士一向很认真，怎么会发生这种事情？但是，我们常说，这不能责怪某个人，而必须从整个诊疗体制进行考虑。即使怎样责备村川护士，我想也不解决问题。而且，她平时工作总是很认真。了解到这些，不管如何，作为患者的田中先生也一定会感到很惊讶吧！我们必须妥善处理这件事。护士村川不应该受到太多的责备，但也要对得起患者田中先生。好吧，调解员铃木来了。我们都拿出诚意好好谈谈吧！毕竟谁也不希望发生这样的事情。幸运的是，这并没有造成实质的损害，这种抗生素也几乎没有副作用。我们可以关注田中先生今后的症状，也应该不会因此受影响。关于这一点，我觉得我可以做出肯定。当然，既然有了过失，就应该好好地把事情说清楚，诚恳地道歉，积极寻求预防今后类似事件再次发生的对策。

3. 患者田中的叙述

这是什么事？本来我对你们医院是很信赖的，但注射错误却是一个根本性的错误，除非特别不注意，否则不会发生这种事情。这与在饭店里端错了菜不一样，这是直接进入人体的药物呢！说到这里，我想起来了，当时护士在准备注射药水时看着别处，正和别的护士聊个不停。嗯，肯定会对身体有影响，既然是药水。这，我该怎么办？生病了，本来是为了做手术才来住院的，可是，竟然把注射液搞错了！我真的很担心！我只是请求你们对待患者仔细些，不要再犯这样的错误了！事后，护士对我说："请放心，这种药不会有影响。"但是，我还是不敢相信。诸如医院篡改病历、隐瞒事故真相等，我们平时也听得不少，这次我又怎么相信医院能够说真话呢？医院是不是隐瞒着什么？"不会有影响！"您说得好轻松，我可不会上你们的当！连这种最基本的操作都会犯错的护士，完全没有资格做护士。如果不辞退，以后还会惹麻烦。即使出面道歉了，那也不是出于诚心。如果护士真的认为对不起，就请辞职吧。我担心自己的身体会受到影响，我真的不敢相信这家医院了。一个星期后的手术，我不做了，我想转到别的医院治疗。我真的没有办法继续在这家医院治疗。但是，我的身体以后会怎样呢？我很担心。无论如何，如果不好好处理这件事，我不会饶过你们。

（三）IPI 分析技能的运用

1. 对表面主张（position）和争论点（issue）的把握

在案例二中，首先列出患者的表面主张、医方的相应主张以及争论点，参见表 5-2。

表 5-2　各方主张和争论点（案例二）

患方的主张	医方的主张	争论点
护士当时正在看别的地方	没有看别的地方	护士操作时的态度
搞错了注射液		对待患者的态度
	防止类似事件的再次发生	医疗体制的改善
辞退护士	做不到	护士的待遇
不是诚意道歉	已经道歉了	道歉的有无
很担心对身体可能会有影响	没有副作用	副作用问题
想转院	没有必要转院	是否转院

请注意，患方的主张"搞错了注射液"和医方的主张"预防类似事件的再次发生"之间没有对应关系。乍一看，这种表面主张似乎是相互交换的对应关系，但实际上，"搞错了注射液"包含了"认真对待我"的主张，属于"对待患者的态度"这一争论点；而医方"预防类似事件的再次发生"，是针对一般的患者提出的改进策略。所以，两者不是一一对应的关系。

2. 对表面主张的整理

下面，来区分一下案例中涉及的表面主张和争论点。

- 护士正在看着别处——事实主张（包括情感表达）
- 搞错了注射液——事实主张（包括情感表达、要求主张：暗含要谨慎对待自己的含义）
- 辞退护士——要求主张（包括情感表达）
- 道歉没有诚意——事实主张（包括要求主张和情感表达）
- 很担心对身体可能会有影响——情感表达（焦虑、愤怒）
- 我想转院——要求主张（包括情感表达）

在此，重要的是，表面主张"很担心对身体可能会有影响"，包含与愤怒不同的情绪。下面，按照不同的形式来进行分类总结。

形式一：

"护士正在看着别处""搞错了注射液""道歉没有诚意"——护士的态度问题

"很担心对身体可能会有影响"——过失带来的对身体的焦虑

"辞退护士""我想转院"——具体要求

形式二：

"护士当时正在看着别处""道歉没有诚意""搞错了注射液""辞退护士"——包含批评、攻击的发言

"很担心对身体可能会有影响""我想转院"——说话时充满焦虑与不安

有多种方式来组合这些主张。再次强调，在实践中，调解员在不知不觉中自然流露出的真诚姿态和无意识地进行各种形式的归类，会因为患者的不同以及案件的不同而不同。因此，自然会有各种各样对主张的分类形式。

3. 察知深层次的真实需求

在这个案例中，应该关注表现患者焦虑和不安的主张。与表面上的要求，诸如攻击性语言、辞退护士或转院等破坏良好医患关系的主张不同，更应该关注患者传达出的质朴的焦虑感。实际上，这需要调解员在对话过程中细心捕捉。但是，正如形式二所示，需要寻求的是关于面向未来的焦虑和改进要求的线索，而不是执着于对过去的谴责性或者攻击性言论。由这样的线索可以推断出患者的深层次真实需求。在对话中，调解员与其关注表面主张上的谴责和非难，还不如密切关注患者对于未来身体的担忧以及如何有效应对（转院是其中的方法之一），而不是表面的责备。

将上面的内容写进圆形图中，如图5-4所示。

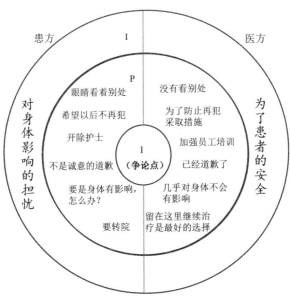

图 5-4 IPI 圆形图（案例二）

（四）解决问题的要点

在这一案例中，患者最关心的当然是护士将他人的药水注射进了自己的体内，对今后身体影响的担忧，加上一周后将要进行手术，本来就处于手术前的焦虑状态，这些都进一步加剧了患者的不安情绪。调解员的任务就是携手医患双方，引导医患双方进行自主对话，双方共同寻找能够切实解决问题的方法。

为此，调解员必须能够敏锐地察知患者深层次的真实需求。首先，认真倾听并全盘接纳患者的叙述，这是非常重要的一步。其次，在围绕诸如"护士当时正在看着别处"或"辞退护士"等只会激化矛盾的表面主张进行讨论时，如何有效地规避矛盾的激化，将对话引向对更深层次需求的把握，这点非常重要。

下面，将给出一个没有调解员在场，调解进展不顺利的情形，与一个在调解员的主持下，满足医患双方需求并成功调解的情形。

（五）该案例的调解过程

接下来将根据该案例，展开没有调解员介入而且医务人员也对调解不了解的示例，以及富有经验的调解员介入的调解示例。

1. 调解失败的示例

（患者田中、护士村川、医生山口进入接待室并开始对话）

患者田中：这是什么鬼事！还说搞错了也不会有影响。为什么连这么基本的操作都会出错呢？（针对护士村川）你没有资格在医院工作。山口作为主治医生也知道，我一直就很怕痛，讨厌点滴和采血之类的。但是，这次却被这个护士扎了两次针，而最后竟然搞错了药液。

护士村川： 真的非常对不起！这件事我应该负责任。真的非常对不起！今后我一定会多加小心，不让类似的事件再次发生。我真的很对不起您！

此时，再三重复地做出道歉并没有什么意义，除非在道歉之前或者道歉的同时能够接纳患者的感受，否则单方面的道歉通常只会遭到对方的拒绝。如果有调解员介入的话，调解员在接纳患者的同时，也会带动医方积极展开对话。

患者田中： 这不是道歉就能解决的问题。在准备输液时，你是心不在焉，一直在看着别的地方吧？你是和从旁边经过的护士聊个不停吧？你甚至没有确认我的姓名，对吧？

护士村川： 不，我想我当时确认过您的姓名。我不是一直在聊天，而是有一位护士来找我有事，然后就……

患者田中： 大家看看，她只是在找借口，并没有道歉的诚意。

如果事先没有对患者的情绪进行充分的接纳，这些理由只会被患者当作借口，并加剧医患对抗的升级。即使医方的理由是合理的，也是一样。所以，调解员必须接纳患者攻击性语言背后的情感表达。

医生山口： （询问村川护士）你真的核对过田中先生的名字吗？

护士村川： 是的，我的确核对了。

患者田中： 你没有核对。你这是什么意思？

围绕同一争论点，就相互对立的事实真相进行确认，只会使纠纷进一步激化。

医生山口：关于这一点，我们将进一步核实。医院的诊疗体制存在哪些问题，我们将仔细调查……

患者田中：现在我们不说这些！我问的是对我的身体会有什么影响？别人的药液注入了我的身体啊！

即使医方单方面提出诊疗体制和患者安全的改进措施，正处于愤怒情绪中的患者通常也不可能接受。改进对策只有在纠纷大大缓解之后才能提上讨论议程。

医生山口：不会有影响，这是一种名为磷霉素的抗生素，所以不用担心。您可能会有腹泻、腹胀、恶心等副作用，但是您不必担心。这种抗生素对于肾功能不全的患者以及孕妇要慎用，但是，对于一般患者不会有问题。请您不必担心。

患者田中：你说的这些，我不敢相信。你们是不是有所隐瞒呢？真的是这种药吗？别人的药液一半已经注射进去了。我再也不能信任这家医院了，我要求转院，下周我还要做手术呢。

医生山口：我们没有隐瞒任何东西。几乎没有副作用，您不用担心。您在我这儿看了这么久，我了解您的情况。所以，我认为最好还是在这儿进行手术。

患者田中：不用了。我要转院，关于这件事你们需要做出适当的赔偿。等我手术过后，我会再来找你们谈。现在，让我去办理转院手续。（说完，患者起身离开了接待室）

不管关于药物的副作用，还是关于转院的可能性，都是医方单方面的解释说明，这对于患者来说，难免会有一种企图强行说服自己的感觉。结果，相互之间的猜疑不仅没有很好地消除，反而进一步加深了。在这个案例中，从一开始就没有针对患者主张背后的真正需求和患者最关心的问题进行过对话。只有充分接纳了患者的情绪和需求后，道歉和解释说明才能有效。调解员的介入正是为了推进这一程序，同时确保医方正确应对。

2. 成功调解示例

（调解员铃木被叫来后，调解员将患者田中、护士村川、医生山口引导进入接待室）

调解员铃木： 很抱歉，这次真的是让您担心了。我是医院内部工作人员，作为调解员负责促进患者与医生之间的对话。护士村川和医生山口也将介绍相关情况，现在先请田中先生讲讲具体发生的情况，（对患者田中）您有什么疑问可以很直接地说出来，我会邀请医务人员诚恳地回答。大家欢迎我加入你们的对话吗？

即使在这种调解员被突然叫来的场合，首先也要说明调解员自己的角色，然后向双方确认是否允许调解员参与对话，尤其是需要征得患者的同意。在大多数情况下，患者会同意调解员介入对话的；如果双方意见不一致，以患方的意见优先。

患者田中： 无论如何，这是一件非常荒谬的事情。如果你们不给出一个满意的答复，我是不会甘心的。（面对调解员）你也是医院的工作人员，与护士和医生难免相互包庇。但是这次为了讨个公道，最好让医院更多的人知道，所以，我同意你参加会议。

调解员铃木：谢谢您同意我参加会议，我也想听听田中先生的意见。您有什么都可以跟我谈一谈，包括发生的情况，当时您的感受，可以吗？

在对话刚开始时，请勿提出确认事实真相的问题，而应该提出包括患者的感受在内的，可以广泛回答的问题。

患者田中：没有别的事，就是输液时搞错了注射液。输液错误，非常糟糕哦！为什么连这么基本的操作都会搞错？这位护士已经没有资格继续留在医院了。真是太不像话了！山口医生应该知道，我非常害怕输液以及采血之类的疼痛。可是这次输液时，护士扎了两次针，结果还拿错了别人的输液瓶。

调解员铃木：您是说，您不喜欢打针，但是却被扎了两次，还被注射了别人的药液，是吧？

患者田中：是的。连这样的基本操作都会出错，我不敢相信医院会有这样的护士。除非她辞职，否则我没有办法安心。好了，我要求转院。

调解员铃木：您认为连这样的基本操作都会出错，是不可以原谅的，对吧？您能不能给我们讲讲输液时更多的细节呢？

首先，接纳患者的情感并尝试拉近与患者之间的心理距离。最重要的是，将完全对立的表面主张，例如辞退护士以及转院等先搁置下来，通过继续提问以获取更多的信息。这样的话，就可以把握患者的真实感受和深层次需求，进而找到真正解决问题的对策。

患者田中：那天傍晚时分，这名护士来到病房，跟我说该注射抗生素了。她给我打了一针，但是没有很好地扎入，而且还和路过的护士聊个不停，不仅东张西望，甚至也没有确认我的姓名。这种态度当然无法好好扎针，以致将输液瓶也弄错了。你们面对的是人的身体，竟然连患者的姓名也没有确认，只顾聊天，还神不守舍！

护士村川：不是这样。我确认过您的姓名，也没有东张西望……

患者田中：不，那时你正瞧着别处。

调解员铃木：（面对患者田中）您是说她没有确认您的姓名，是吗？我们让护士村川说说当时的情形，好吗？

患者田中：哦，我也想问问她当时是怎么想的。

调解员铃木：村川，您能告诉我们输液时的详细情况吗？

通常，围绕关于事实的完全对立的主张极有可能加剧双方情感的冲突（尽管有时候有必要澄清与医疗或法律相关的事实）。调解员铃木的这句发言并没有围绕"护士正瞧着别处"进行提问，而是为护士提供了一个广泛叙事的机会，借此与患者分享诸如背景等众多潜在的、不为人知的信息。

护士村川：是的，那天傍晚我在为田中先生输液时拿错了药液。非常不应该，恳请田中先生原谅。当时有一位新入院的患者需要我过去，那时实在是太忙了！就在这时，有位患者呼叫我过去，实在是忙！正当我要给田中先生注射时，我们医院的一位护士正好路过，因为有事便进来找了我。我这绝不是为自己找借口，但是……不管怎么说，出现这样的错误是非常不应该的，恳请田中先生原谅！

调解员铃木：（对村川护士说）你认为犯了这样的错误，实在是不应该，请求田中先生宽宏大量，对吗？

护士村川：是的，我是这样想的。

此时，护士已经多次表达了道歉之意，调解员就应该在对话中进行确认，以达到将护士的道歉之意分享给患者的目的。当然，即使患者的反应不会因此立即改变，确认这类缓和医患关系的想法也很重要。即使患者不能够立即接纳护士的这份善意，至少调解员已经接纳了，也可以起到对护士关怀的作用。

患者田中：你不需要为自己找任何借口，诸如我很忙或者当时有护士来找我，无论如何都不可原谅。

调解员铃木：不管由于什么原因，对于这一输液过失，您都不会原谅呢？您是怎么注意到药液是别人的呢？

在调解初期，重要的是在拉近与患者之间心理距离的同时，通过提问更深入地挖掘和拓展潜在的相关信息。

患者田中：在我已经输了一段时间后，我无意中看了一下瓶子，发现上面竟然写的是别人的名字。我太惊讶了！平时也能听到医院里出现各种各样的过失。

调解员铃木：您觉得出了大问题了……您很惊讶，是吧？

患者田中：是的。药都已经输进去了一半。如果全部都输完的话，那更糟糕了！还好我自己注意到了。本来，在输液开始后，护士也应该不时来看一看，看看针有没有插好，有没有输进去。可是，护士没来，如果不是我自己注意到有问题，全部药水就都输进去了。

调解员铃木：是您自己发现了问题呢！本来护士应该注意到这些问题的，是吧？

患者田中：是我呼叫了，护士才过来拔掉的。护士也只是说搞错了，竟然都没有一句道歉的话。后来，也只是口头上表示请求原谅，谁知道她心里是怎样想的？这些基本的操作，请不要再弄错了。

护士村川：我是非常诚恳地请求您原谅，非常非常对不起您，这些完全是我的不对。

医生山口：真的非常对不起，作为主治医生，发生这样的事情，我感到无比痛心。我们以后将竭尽全力改善诊疗体系，以防止类似事故的再次发生。

患者田中：现在不要说这些！以后如何改善都没有用，药液已经注入了我的身体！万一发生了什么事，我该怎么办？我已经不想在这里做手术了，我要转院。

防止类似事件的再次发生是解决问题的有效办法。但是，提出预防对策一定是在患方自己提出这样的请求或者情绪对立已经得到大大缓解之后。在这些问题仍没有解决的早期阶段，提出预防对策很容易被患方看作是将自己的问题一般化，没有引起特别对待，很可能会遭到患方的排斥。

调解员铃木：别人的药液注入了您的身体，真的很担心呢！目前，您的身体有感觉到什么异样吗？

患者田中：现在是没什么，不过我总觉得非常疲惫，没有力气……将来会有什么影响，也不好说呀！

在这儿，调解员已经意识到患者的深层次需求是担心别人的药液注入了自己的身体所造成的影响。因此，后续将通过进一步提问获取关于患者的状况，并促进医方对此进行解释说明。

调解员铃木：您感到疲惫、无力呢！对身体今后的影响也非常担心呢！这样的话，我们问问山口医生这种药物有哪些副作用，好吗？

患者田中：我当然也想知道清楚。

调解员铃木：谢谢田中先生。山口医生，这种抗生素到底是一种什么样的药物？

在医疗纠纷中，由于患方对医方的不信任，患者通常不会接受来自医方单方面的解释说明。因此，在敦促医生做出解释说明时，请务必事先征得患方的同意，确保该解释说明是双方共同关心的问题，并予以分享。

医生山口：这是一种非常常见的抗生素，与当初开给田中先生的抗生素相比，它的副作用还更小，对人体几乎没有什么影响。

患者田中：我不敢相信您说的这些话。我不知道它会不会产生副作用，我也不知道你们是不是有所隐瞒。

调解员铃木：是的，确实让您很担心呢。山口医生，您能给我们再详细讲一讲关于这一药物的特性吗？

医生山口：好的。这是一种名为磷霉素的抗生素。我当初是开给另一位患者的，在那位患者的病历中也有详细说明，因此您可以进行核实。但是，如果是肾功能不全的患者以及孕妇，则应小心。总的说来，它是一种常用药物，副作用很小。大多数副作用仅限于腹泻、腹胀和恶心。

调解员铃木：田中先生，您现在有这些症状吗？

患者田中：没有这样的症状……

医生山口：这样的话，我认为没有问题。但是，您还是很担心呢！

重要的是，不但是调解员，而且参与其中的医方人员都要对患者进行接纳，并做出回应。

调解员铃木：刚刚田中先生说最近常常感到疲惫、无力，这些又该如何解释呢？

医生山口：我认为这可能是原发疾病的结果。但是，的确将别人的药液注入了自己的身体，任谁也会很担心的。

患者田中：您说得太对了！我真的很担心，毕竟这是别人的药液……

调解员铃木：为了打消您的忧虑，您看我们有什么可以做的吗？

调解员已经将患者的担忧作为了患者的深层次需求，并在接纳的基础上，向医生征求意见以帮助患者克服焦虑。对话的方向，已经从最初的谴责过去所发生的过失转变为面向未来积极寻求解决方案。

医生山口：刚刚田中先生告诉我们他想转院，我想这是很自然的想法，因为输入了别人的药液。

患者田中：山口医生，您说得对，我当然会想转院。

医生山口：是的，我认为大多数的人也会这样想。如果您担心医院对这种药物有所隐瞒，担心可能是危险药物的话，您可以核对一下您病历上写的是不是磷霉素，然后再核对另一位患者病历上写的关于磷霉素的详细说明。

患者田中：不用吧……

作为医方，也不要否认患者的感受（比如隐藏在要求转院背后的想法和感受），而是需要认真加以接纳。在此基础上，为了打消患者的担忧，还应该积极采取相关对策。这样，也是给患者在转院等问题上有一个自省和重新认知的过程。

医生山口：这样，您也担心今后磷霉素是不是有副作用，以及以后是不是还有别的情况出现，包括手术前的检查，这些都由我来具体观察和解释说明吧！田中先生已经在我这儿看了这么久，我对他的情况比较熟悉。我想尽我所能，您看如何呢？

患者田中：好吧，既然山口医生这么说了……我的担忧，是人之常情吧？如果山口医生能够理解我，能够仔细照料我的话，在这儿做手术也是可以的。到现在为止，一直是山口医生给看的病……

调解员铃木：出了这样的事，任谁也会很担心的！那么，您继续在这家医院治疗吧！另外，您还有其他什么想要商量的吗？

如果在调解的初期阶段就围绕转院等表面主张进行讨论的话，将会形成完全对立的状态。但是，如果能够巧妙避开转院的问题，聚焦于患者的深层次需求，并积极寻求应对的方法，转院问题也会顺理成章地得到解决。此外，调解员要时刻关注患者是否另有其他的顾虑。

患者田中：村川护士，我刚刚说得可能有一点重，你还很年轻，就把这次事件当作一次很好的教训吧。

护士村川：是的，我会尽全力避免再次犯这样的错误。

医生山口：我在想医院的诊疗体制上是不是存在问题，也应该在医院层面采取措施加以改善，以防止此类事件的再次发生。

患者田中：是的，真的拜托你们了，一定要认真对待患者。山口医生，我的手术还是要拜托您。

从这个案例中也可以看出，只要满足了患者的真实需求，那么诸如转院、指责护士的过失等表面主张也就自然而然地解决了。此外，在这里，诚心诚意表现出来的关于患者安全的对策也被患者积极地接受了。

调解员铃木：谢谢田中先生！谢谢山口医生和村川护士！（对医生山口）今后对田中先生的照料以及手术，就拜托您了！

第六章

道歉制度在修复性正义中所起的作用

　　修复性正义不仅重视经济损失的赔偿，同样重视精神损害的修复。精神修复要求加害者对因自己的言行辜负了他人的信任或者冒犯了他人而进行自我谴责，即道歉。通过道歉说明加害者意识到了自己的错误，意识到了自己带给受害者的侵害有多深，并保证今后不再侵犯受害者的利益，才有可能进一步获得受害者的谅解。这种方式对促使加害者悔过自新，平息受害者及周围民众的愤怒，促进加害者与受害者及周围民众的和解，都具有重要意义。

　　医患关系自古以来就是性命相托的极度信任关系，信任危机是造成医疗纠纷的根本原因。道歉始于怀有歉疚之意。如果医务人员给患方造成了损害、痛苦、失望或者不便，医患之间的正常信任关系就会出现障碍；当事医务人员就应该为自己的行为、自己的无能为力和对患方造成的影响而道歉。如果医务人员不懂得道歉，这个障碍就会继续横亘在那里，直至双方信任关系破裂，进而产生各种各样的医疗纠纷。

　　应该特别注意的是，加害者的道歉既非加害者参与修复性正义程序的要件，也非修复性正义程序终结的要件，也非修复性正义程序的目的；另外，不可有意或无意地强迫加害者道歉，而且从域外进行修复性正义的经验及实证研究可知，加害者在经过修复性正义程序后，道歉往往是自然形成的结果。所以，加害者并不需要假装道歉。

在本章中，将从道歉的理论、美国的研究动向以及道歉与诉讼的关系等角度讨论医疗纠纷中的道歉制度。首先，将对道歉行为进行深入分析，在重新认识道歉行为的基础上，从理论上探究道歉的构造和功效，并商讨今后应该采取的措施。

一、不同类型的道歉

（一）什么是道歉

当不良事件发生时，医方应不应该道歉呢？每当不良事件发生时，这一问题就会反复考验当事医务人员。很多医务人员虽然经历了数不清的这种场合的考验，但是到底应该怎么做，心里还是没有底。为了让医患关系有所缓和，近来主张积极道歉的趋势越来越明显。另一方面，也能听到对道歉就是承认过失，反而会激化医患矛盾的声音。对此，有些律师主张不要道歉，有些律师主张应该积极道歉。面对医疗不良事件时，医方到底应不应该道歉呢？

1. "表达同情"和"承认过失"

首先，来看一下在日常生活中遇到的道歉情形。在道路上驾车行驶时，由于没有认真看前方，一不小心撞上了前方停在红灯前的车辆，这时我们自然会道歉。在这种情况下，可以说道歉意味着承认对刚刚发生的不愉快事件存在过失。但是，道歉的含义仅仅限于这些吗？

考虑下列情形。在一列满载乘客的地铁上，由于列车的摇摆导致你没有站稳，不小心踩了旁边人一脚。在这种情况下，许多人自然都会说"对不起"。还有，因为恶劣天气而取消航班时，航空公司通常会这样广播，"为给您带来的不便深表歉意"。在这些情况下，是否像第一种情形一样道歉被认为是承认自己存在过失呢？

在满载乘客的地铁上，由于车身的摇晃导致"我"踩了旁边的人一脚，责任不应该全部归咎于"我"吧。由于天气恶劣，航班被取消，航空公司也是无法左右的吧。在这两种情形下，行为的施与者都没有过失。但是，在这些情形下道歉却是很自然的，当然也是行为的接受者可以接受的。

考虑到上述这些情形，应该说道歉的含义不仅局限于"承认过失"。在这些情形中，踩了旁边人一脚的"我"，取消航班的航空公司，以及被踩了脚的旁人，由于航班取消而困守机场的旅客，他们都与不利行为直接相关。换句话说，即使行为的施与者不存在过失，但由于他们是行为的直接参与者，也应该对因该行为而遭受损害、痛苦、不便的人表达"同情"，这就是道歉的另一层含义。也就是说，除了承认过失以外，还应该通过道歉对因为自己参与的行为而遭受不利影响的人表达"同情"（sympathy）。

在此，将道歉的含义分为"承认过失"以及"表达同情"两大类型。在这里，"表达同情"包括表达同情（sympathy）、遗憾（regret）和慰问（condolence）；"承认过失"包括承认过失（fault）、失误（mistakes）、错误（error）和责任（liability）。实际上在很多情形下，这两种含义是不能绝对分开的。在上述车辆追尾、拥挤的地铁上踩了他人的脚和取消航班的情形中，道歉的含义是一个从"承认过失"逐步过渡到"表达同情"的过程。

换句话说，日常道德不仅要求"对过失进行道歉"，还要求"即使不存在过失，也要对遭受不利的人表达同情"。

在医疗纠纷中，主张"不应该道歉"的观点就是立足于道歉含义的"承认过失"方面。但是，不管是否存在过失，都应该对患方遭受的不利影响进行道歉。如果不道歉的话，将会被患方指责为非常冷漠，没有诚意。而主张"应该道歉"的观点认为，在存在过失的场合，应该既"承认过失"又"表达同情"；在不存在过失的场合，则应该为他人遭受的不利影响而"表达同情"。

从日常道德角度看，在适当的场合主张道歉是更为自然的做法，不会引起不必要的道德分歧。但是，道歉不仅仅是道歉者单方面就可以完成的行为，它是道歉者与被道歉者双方共同作用的结果。接下来，将围绕这一点展开分析。

2. "道歉行为"和"接受道歉"

实际上，"道歉行为"不是成功道歉的充分条件，而只是构成成功道歉的必要条件。实际上，道歉成功与否并不取决于道歉是否有诚意和是否恰当，而是取决于遭受不利影响的一方对此的回应。

设想一下以下情形。有一些犯罪受害者虽然收到了犯罪者的道歉信，却一直没有打开。即使加害者的家属通过变卖财产试图提供金钱赔偿，但坚决拒绝接受金钱赔偿的受害者也是存在的。在医疗纠纷中，即使医方愿意做出道歉，也可能会被人问"你是想用道歉来敷衍了事吗"，或者可能被人理解为"道歉就意味着承认自己存在过失"。这些情形表明，道歉的成功与否取决于遭受不利影响的一方如何看待道歉及其后续回应。

　　首先，"接受道歉"不是一个被动的行为，而是一个主动的行为。处于愤怒中的受害者"接受道歉"这一过程，包括接受对方所显示的表达同情的姿态，并愿意在某些程度上给予宽恕。因此，要让受害者"接受道歉"，需要受害者的心理处于较好的稳定状态，以及已经做好了面对加害者的心理准备。"接受道歉"的前提条件是医患双方已经从敌对状态转变为接纳与宽容的状态。尚未到达这一阶段的受害者，呈现的自然是拒绝接受道歉并继续进行敌对。道歉方的道歉只有在遭受不利影响的一方接受道歉的情况下才能成功地进行道歉。因此，遭受不利影响的受害者与加害者之间的良性互动以及受害者可以接受道歉的心理准备是非常重要的。

　　其次，应该指出的是，道歉行为通常包含道歉方对接受道歉方有所"要求"。也就是说，诸如"我都已经这样道歉了，对方为什么还不肯原谅"，隐含着"对方应该接受我的道歉"的含义。受害者通常对这一点非常敏锐。在许多情况下，无法接受道歉是因为受害者的心理状态还处于因事件造成的极度困扰和痛苦之中。如果道歉者不理解这一点，加上在做出道歉行为时暗含"要求"，那么这　道歉行为不仅会被视为没有诚意，还叫能会让纠纷进一步恶化。

　　再次，接受道歉者可能会解读出"表达同情"以外的含义。在不存在医疗过失的情况下，旨在表达同情的道歉行为可能会被患者解读为"承认存在过失"。为了避免这一解读的发生，通常建议对道歉词作精心设计。如果有必要的话，可以在事前进行相关信息的公开，而且整个医院的态度也很重要。

　　最后，轻易道歉可能会造成诉讼上的不利。也就是说，道歉不仅对受害者，而且对诉讼、媒体以及公众都会产生影响。

3. 道歉与媒体、诉讼的关系

不仅在医疗纠纷中，在媒体上也经常能看见由于过失而低头致歉的场景。从道歉的角度看，尽管其中有"承认过失"的含义，但这种仪式性道歉通常被认为是大众媒体和整个社会必不可少的环节。如果没有这样的道歉仪式，将引起民众的进一步批评。所以，在有些缺少公开场合下的这种仪式性道歉，广大民众是不会答应的。然而，即使举行了这样的仪式，社会民众和遭受不利影响的当事者仍然能够意识到这仅仅是一种仪式，很难说这是对个人特定损害、痛苦做出真诚回应的道歉。即使这种仪式性道歉是不可缺少的，也不能指望它具有道歉的积极作用，应该说，它只是作为医疗案件报道的一种程式化仪式而具有重要意义。对于遭受不利影响的受害者，它并没有什么实质意义。

下面将讨论道歉与诉讼的关系。在医疗界似乎有一种担心，即"在医疗纠纷中，如果道歉的话，会被认为是承认自己存在过失，进而对以后的诉讼产生不利"。那种不应轻易道歉的主张通常是基于这一观点。当然，在美国已经有了一部名为"道歉法"的法律规定，即"事故发生时向受害者表达的道歉，不得在以后的诉讼中作为证据使用"。美国是一个诉讼多发的国家，即使在民事案件中陪审团也可以进行事实的认定，因此《美国道歉法》并不适用于具有不同法律环境和法律制度的日本。实际上，在日本大多数情况下，道歉似乎受到了积极评价。[1]例

---

[1] 有学者总结道歉对日本诉讼的影响："'悔改'、'认错道歉'在量刑时会被作为轻判的重要根据。被告人'狡辩'时，因有'无罪推定'原则，法庭不能因此重判，但'悔罪'，'认错道歉'时可以轻判。"参见王云海："'江歌案'与日本的司法文化"，载《法律适用（司法案例）》2018年第2期。

如，如果进行道歉则相应地减少精神损害赔偿；如果没有道歉，则要相应地增加精神损害赔偿。因此，幸运的是，在日本道歉时不必要考虑对诉讼的影响，只需做到对面前的受害者进行自然合理而真诚的道歉即可。

（二）道歉是一个过程

综上所述，从日常道德的角度出发，无论是否存在过失，以自然和真诚的方式道歉都是一种自然的行为，是对受害者的适当回应。在存在过失的情况下，道歉"承认过失"的含义更多；在没有过失的情况下，"表达同情"的含义则会更多。不管哪一种都是一种理所当然的行为，不会对诉讼产生不利，而且通常会被患方认为是一种善意而予以积极接受。

但是，如上所述，在两种情况下会遇到一些障碍。一种是在患者尚未具备接受道歉的心理准备下过早做出道歉，另一种是将"表达同情"的道歉解释为"承认自己存在过失"。

在前一种情况下，有必要再次做出合理而诚恳的道歉；而在后一种情况下，有必要认真斟酌道歉的措辞，以避免患者产生误解。当然，企图仅仅通过设计、斟酌道歉的行为来达到道歉效果，这是有限度的。

因为，为了使道歉方的"道歉行为"与遭受不利的患方的"接受道歉"相结合，不仅是作为关键点的道歉行为，而且是这样的道歉行为在纠纷发生后怎样的背景下，以及做出道歉的过程如何都很重要。同样是诚恳、真挚的道歉，可能会被接受，也可能会被拒绝，或者被误解为承认存在过失。这不仅取决于如何道歉，还取决于医疗机构在纠纷发生后整个过程中的应对姿态，以及是否对遭受不利的患方进行了充分的接纳。

换句话说，道歉必须被视为超越单一道歉行为的"一系列过程"。在下文中，将通过介绍美国的道歉法来考察作为"一系列过程"的道歉，如何能充分发挥其积极作用。

二、道歉法在美国

前面已经对道歉行为进行了理论分析。为了使道歉发挥积极作用，不仅是"道歉行为"，而且是"接受道歉"都必不可少。在日常道德层面，"道歉"并不一定意味着存在过失，还存在"表达同情"的情形。

近年来，美国对道歉法的关注越来越高。过去，一旦发生纠纷绝对不道歉；现在，已经转变为积极推行道歉，这一趋势已经非常明显。日本东京大学特聘副教授垾冈健一翻译出版了哈佛大学的《医疗纠纷真相解释与道歉手册》，对美国的道歉法进行了介绍。本节将介绍美国在促进道歉方面的各种尝试及其影响。

（一）道歉法（Sorry Law）

在美国，名为"道歉法"（Sorry Law、Apology Law）的立法正在迅速兴起。这是证据法的一种，即在医疗纠纷发生后，医方向患方做出的道歉，不可以在其后的诉讼中作为承认其存在过失的证据而使用。

在过去，道歉被认为是承认过失，所以不管如何都不可以道歉。实际上，这种文化也渗透于日常生活中。在医疗纠纷中，更是反复强调不可道歉。

这一文化实际上是受到英美陪审团制度的影响。早期，是否存在医疗过失是由法官根据法律来进行客观评价的，与是否进行道歉并不直接相关。后来，在陪审团制度下，由于事实认定不是由法官来决定，而是由一般民众所组成的陪审团来决定的，因此便出现了"道歉等同于承认过失"的简单推理。为了避免陪审团出现这样的审判风险，于是便形成了不能道歉的行为模式。是故，有必要制定法律，规定在纠纷中即使发生道歉，也不会在以后的诉讼中被用作自认过失的证据。

道歉法首先于1986年在马萨诸塞州通过，但当时似乎没有产生太大的影响。此后，道歉法于1999年在得克萨斯州、2000年在加利福尼亚州立法后才开始引起高度关注。2005年，道歉法处于立法高峰期，仅在这一年就有伊利诺伊州和康涅狄格州在内的13个州予以立法。截至2020年3月，该法已在美国37个州和华盛顿特区通过，并且仍有一些州正在考虑予以立法。

道歉法可分为部分道歉法和完全道歉法，部分道歉法所保护的仅限于同情、遗憾或者安慰，而完全道歉法在部分道歉法的基础上，将承认过失和责任也被纳入保护范围。大多数立法采用的是部分道歉法，即在发生纠纷时"表达同情"的道歉不能在诉讼中作为自认过失的证据。[1]科罗拉多州进一步规定，即使医生为他的过失而道歉，在之后的诉讼中也不可以作为证据使用。像这样实施完全道歉法的州已经达到了5个。

在21世纪初期，这项立法得到广泛传播的原因，一方面是在纠纷发生时，不论在任何情况下都不道歉的非人道做法恶化了纠纷；另一方面，包括道歉和公开揭露在内的医患沟通制度的确立有效预防了无谓纠纷的恶化和诉讼的发生，并对建立良好的医患关系产生了积极影响。

---

〔1〕 晏英："域外道歉制度在医疗纠纷解决中的功能及立法启示"，载《医学与哲学（A）》2017年第8期。

在道歉法以外，即使是先进的医疗机构和保险公司也正在建立包括公开揭露和诚挚道歉在内的医疗纠纷预防与处理机制。例如，科罗拉多州的一家保险公司 COPIC 要求所属全体医生都要接受关于如何道歉以及公开揭露的培训，鼓励医生积极进行道歉。但是，它的特点是将目标限制为"除死亡案件以外的赔偿额不超过 30 000 美元的相对轻微的案件采用无过失医疗损害补偿"。采用该计划以来的 4 年间，诉讼案件已减少到只有两例。[1]尽管该补偿制度仅限于相对轻微的案件，但是目前正在考虑在总结前期成功经验的基础上逐步放宽限额。

在美国最具开拓性的道歉法应该算是肯塔基州列克星敦的退伍军人医院。自 20 世纪 80 年代后期开始，该医院就鼓励采取道歉和公开揭露的方式解释所发生情况以及提出改善措施，一直很成功。该制度甚至为患者公开了关于请求赔偿时的方法和程序的信息和建议。自引入该制度以来的 17 年间，该医院平均年度赔偿额仅为 16 000 美元，而美国所有退伍军人医院的平均年度赔偿额为 98 000 美元。处理时间仅为 2~4 个月，而以前的处理时间平均值为 2~4 年。

此外，密歇根大学医院自 2002 年采用道歉方式并进行公开揭露制度以来，年度律师费用已从 300 万美元降至 100 万美元，诉讼案件数量也减少了一半。

(二) 调解程序的引入

此外，近年来引起高度关注的调解程序也被纳入道歉和公

---

[1] Richard C. Boothman et al. , "A better approach to medical malpractice claims? The University of Michigan experience", *Journal of Health & Life Sciences Law*, Vol. 2, No. 2 (January 2009), p. 147.

开揭露制度中。匹兹堡大学医学中心从 2004 年开始引入调解程序。在州最高法院和州长的支持下，医疗纠纷调解专家 Kidwell 设计了该程序。如果患者就医疗纠纷向医院投诉，则同意在诉讼前进行调解；调解不能解决问题时，可以提起诉讼。当发生问题时，则在医院外的第三方调解员的帮助下，患方和医方进行对话，医方公开信息并解释说明发生的情况及其原因。在此基础上，传达医方为防止类似事件的再次发生所采取的改善措施。当然，鼓励医方进行诚挚的道歉，这些都是在诉讼中无法获得的。在 2004 年的最后几个月，共进行了 77 次调解，达成了 68 项协议。此外，自 2006 年以来，已开始了院内医疗纠纷调解（Intermediation）的尝试，将纠纷解决的关口前移。如果相关科室不能解决患者的投诉，则进入院内早期调解程序（Early Mediation）。从最初的科室应对到院内调解，再到第三方调解，该体系已被约翰·霍普金斯医院和宾夕法尼亚州的德雷克塞尔医院采用，并取得了成功。约翰·霍普金斯医院体系也是由 Kidwell 先生设计完成的，这一体系与本书著者和田仁孝向日本政府建议的体系基本相同，包括公开揭露、鼓励道歉以及第三方调解的介入等。

（三）"道歉"联盟（Sorry Works! Coalition）

现在，美国正在全力推进道歉运动，其中"道歉"联盟（Sorry Works! Coalition）最为显著。[1]该组织由医生、律师、保险公司和患者权益保障员（Patient Advocater）组成，于 2005 年 2 月开始活动。作为对医疗危机的一种回应，目前正在积极促进医疗信息的完全公开和主动道歉的实施。

---

　　[1]　信息来源：https://sorryworks.net/founder，最后访问日期：2020 年 8 月 14 日。

"道歉"联盟的程序是，首先在不良事件发生后，基于根本原因分析法（Root Cause Analysis，RCA）进行评估；如果不能达到标准，则承认错误并主动说明所发生的情况，诚挚道歉，进而寻求改进策略，最后进行赔偿。列克星敦退伍军人医院就是属于该模式，除了建构这一体系外，还为政府提供关于医疗公开揭露、道歉法等的立法建议，并为医疗机构提供培训，经常举办研讨会议。"道歉"联盟的提议得到了伊利诺伊州的积极响应，该州于 2006 年制定了一项立法，以实施该模式。这些团体的活跃以及实际成效，是对过去的医疗危机管理的不同理念进行改革的推动力。

（四）道歉与公开揭露

现在，在美国发生医疗纠纷时鼓励道歉的运动仍然很活跃。但是，在这里应该注意的是，其目的是通过道歉安慰患者即受害者的痛苦，这与对患者敷衍了事、用道歉来掩盖事实真相完全不同。这是该运动，包括鼓励道歉、促进医疗公开揭露、引入全新的医疗纠纷预防与处理体系的基本前提。这就是道歉运动总是与医疗公开揭露紧密结合在一起的原因。

目前，这种尝试已被成功地纳入立法，并且在发生不良事件时须向患者公开医疗信息的立法开始普及。自 2004 年以来，内华达州、佛罗里达州、宾夕法尼亚州、新泽西州、佛蒙特州等地的此类立法也已经开始。希拉里·克林顿和巴拉克·奥巴马作为总统候选人时，也提出将医疗公开揭露和道歉法作为改革医疗体系的措施。[1]在此必须明确的是，道歉运动、医疗公

---

〔1〕 Hillary Rodham Clinton & Barack Obama, "Making patient safety the centerpiece of medical liability reform", 354*New Eng. J. Med.*, 2205-08 (2006).

开揭露以及调解这些尝试，对医方来说是件好事，同时也能够满足患方的需求。

三、道歉对诉讼的影响

上文已经分析了道歉作为社会行为的构造，并介绍了美国的道歉运动。那么，日本法院如何处理医疗案件中的道歉呢？首先，将对医疗案件中是否区分"承认过失"的道歉与"表达同情"的道歉进行考察；然后，讨论在美国兴起的鼓励道歉运动是否适用于日本；最后，分析医务人员都非常关心的道歉对诉讼的影响趋势。

作为一名年轻的医生和法学院研究生的山崎祥光正在进行的一项研究，为医务人员的这种焦虑提供了参考答案。下面，将在精查涉及道歉的医疗案件的基础上，展示至少在司法领域的实践证明道歉是被民众看好的。

（一）为何对道歉犹豫不决？

道歉是修复医患之间因不良事件而中断的信任关系的第一步。但是，当患者真正发生不良事件时，医方是否能够毫不犹豫地道歉呢？对道歉的犹疑不决也许会进一步加剧医患之间的矛盾。

对道歉犹豫不决的背后有多种因素，但主要原因是医方担心道歉可能对之后的诉讼造成不利影响。正如上文所示，道歉法已经在美国的许多州得以立法。换句话说，道歉法正是为了克服一直以来由于道歉使医方在诉讼中处于不利地位而进行的立法。在美日之间，不仅存在道歉文化与陪审制度上的差异，还存在裁判制度上的不同。例如，在日本只有法官才能进行裁判。[1]但是，在美国有陪审团制度，陪审团可以进行事实认定，[2]那么，是否可以说"道歉都会让医方在之后的诉讼中处于不利地位呢"？接下来，将讨论道歉对日本医疗诉讼的影响。

（二）在日本的医疗诉讼中是如何对待道歉的？

1. 医疗诉讼的类型和构造

医疗诉讼有两种类型：民事诉讼和刑事诉讼。表6-1列出了每种医疗诉讼的种类与法律构成要件，可以看出，两种类型要求的判决要点存在很大的差异。

表6-1　医疗诉讼的种类与法律构成要件

	民事诉讼	刑事诉讼
当事者	原告（患者·家属） →被告（医务人员·医疗机构）	检察官 →被告人（医务人员）
追求的法律目标	金钱赔偿	刑罚[3]

---

〔1〕　日本刑事诉讼中虽然也引入了陪审员制度，由普通公民担任陪审员。但是，只有在重大的刑事案件中才配置陪审员，在因为工作过失导致死伤的医疗案件中，一般没有陪审员参与审判。但是，在由于安乐死等引发的杀人罪中，适用陪审员制度。因为道歉基本上都是出现在因为工作过失而导致死伤的医疗案件中，是故陪审员参与的医疗诉讼案件不在本研究范围内。

〔2〕　在美国，医疗诉讼属于侵权法领域。事实认定由陪审团做出，在违法行为中的重要事实包括过失（negligence）与损害（damage）两个方面。

〔3〕　在日本，由于工作上的过失导致的死伤罪处以5年以下的徒刑、监禁，或者100万日元以下的罚金，参见《日本刑法》第211条。

续表

	民事诉讼	刑事诉讼
法律判断要素	①损害的发生（金钱可衡量的损害、死亡、身体机能障碍、医疗费的增加、精神的痛苦等）②存在过失（医务人员违反注意义务，造成对患者的损害）③过失与损害存在因果关系（因违反注意义务而造成损害的发生）	①对患者生命、身体的损害（损害法律上的利益，不用金钱来衡量损害，造成了死亡或者身体机能损伤）②存在过失（与民事诉讼基本相同）③过失与损害存在因果关系
法律后果[1]	违法行为、债务的不履行（判断要素基本相同）	工作上的疏忽致死致伤罪

2. 道歉的含义

虽然都是道歉，但是也有不同的含义，既有"让您受苦了""太痛苦了"之类表达同情的道歉；也有"竟然发生这样的事，非常对不起您"之类对境况、处境表示同情的道歉；还有"是我的不对，请您原谅"之类表达医务人员承认过失的道歉。

从法律的角度来看，正如上文分析所见，道歉可以分为与过失、责任不直接相关的"表达同情"的道歉，以及愿意承担责任的"承认过失"的道歉。但是，在许多情况下，对当事者双方来说，道歉的含义并不明确。

3. 诉讼中的道歉与过失

在诉讼中使用的道歉可以分为以下两种情况。

（1）用作证据。

首先，道歉可以作为表6-1中"法律判断要素②存在过失"

---

〔1〕 在日本的医疗诉讼中，主要适用《日本民法》第709条违法行为所导致的损害赔偿、第415条的债务不履行以及《日本刑法》第211条工作过失导致的死伤罪等。

中的证据。换句话说，法院把道歉看作是医务人员是否存在过失的证据之一。[1]

（2）特殊的判断方式。

● 过失的推定

对于过失的有无，本来在民事案件中必须由患方来证明，而在刑事案件中则必须由检察官来证明。但是，如果采用"过失推定"的特别判断方式的话，则认为道歉是意味着承认过失；这样，则反过来要求医务人员必须证明自己不存在过失。

● 违反诚信原则

特别是在为承认过失而进行道歉时，即使是同一个人，在诉讼中为过失的有无而进行争执也会出现前后不一致的行为；但是，基于基本诚信原则，在诉讼中为过失的有无而出现前后不一致的情况应该是不允许的。

（三）对判决案例的调查与讨论

基于上述分析，著者着手调查了到 2007 年为止日本所有最高法院、高等法院和地方法院发布的医疗案件判决案例。[2]

1. 方法

首先，在医疗案件中，道歉是否引起特殊判断方式的变化。

---

〔1〕 在理论上，"过失"应该是法院经审判而下的结论，而不应该是事实。因此，即使当事方承认自己有"过失"，也不能作为直接证据使用，而只能作为"存在过失"的间接证据。

〔2〕 以公开的医疗案件的判决为例，实际上在提起诉讼之前，有相当多的案件已经经过了和谈。即使提起诉讼，也有 50% 以上的案件以和解或者撤诉等形式解决而没有到达判决阶段（在 2016 年的医疗诉讼中，判决率为 35.0%，诉讼上的和解为 53.3%，撤诉为 5.1%，其他为 6.7%）。参见最高裁判所事务总局："裁判の迅速化に係る検証に関する報告書"（2017 年 7 月），30 頁。

也就是说，分别对从道歉中推断出存在过失与因为道歉而不允许就是否存在过失进行争执的判决案例进行一一调查。当然，这一调查很难覆盖所有的判决案例，在此仅限于日本最高法院的判决案例。[1]

其次，调查了所有在判决书中提到道歉的医疗诉讼案件，并考察在判决书中是如何提及道歉的。具体来说，采用"道歉"作为关键词对所有医疗诉讼案件的判决进行搜索。[2]表 6-2 是这七个案例的摘要以及为什么选择这些判决案例的理由。

2. 提及"道歉"的判决案例

表 6-2 提及"道歉"的判决案例

	①2007 年 5 月 31 日 东京地方 法院（民事）	②2006 年 4 月 26 日 东京地方 法院（民事）	③2002 年 4 月 12 日青 森地方 法院弘 前支部 （民事）	④2005 年 10 月 11 日甲 府地方 法院 （民事）	⑤2006 年 9 月 20 日东 京地方 法院 （民事）	⑥1994 年 9 月 28 日 宇都宫 地方法 院（民 事）	⑦2001 年 10 月 29 日 横 滨地方 法院 （刑事）
类型	并发症	漏诊	判断失 误或者 并发症	并发症	异物 残留	掉落	搞错患 者对象

---

〔1〕 无论是民事诉讼领域，还是刑事诉讼领域，提起上诉都是按照"地方法院→高等法院→最高法院"的顺序进行审理，最高法院的判决不管是对其他法院还是对审判实务均具有重大影响。

〔2〕 利用最高裁ホームページ（http：//www.courts.go.jp），以及 TKC 法律情报データベース（http://www.tkclex.ne.jp）进行检索。除了"謝罪"，还使用了其他关键词，例如"申し訳ない"等进行了检索，但没有找到任何判决案例。由于判决的医疗诉讼案件太多，本研究对于涉及"道歉"的判决案例可能有所遗漏。

续表

	①2007年5月31日东京地方法院（民事）	②2006年4月26日东京地方法院（民事）	③2002年4月12日青森地方法院弘前支部（民事）	④2005年10月11日甲府地方法院（民事）	⑤2006年9月20日东京地方法院（民事）	⑥1994年9月28日宇都宫地方法院（民事）	⑦2001年10月29日横滨地方法院（刑事）
事例概要	采血后，出现血肿及神经损伤症状	检查时未发现肺动脉重叠处阴影，直径约1cm，约1年后发现肿瘤并切除，术后3年未复发	一过期妊娠的肥胖孕妇，有胎头骨盆不均衡的嫌疑，卧位分娩经产道娩出，导致脑性麻痹，2年后儿童死亡	在肝动脉内留置药盒导管过程中发生大动脉解离，导致死亡	子宫肌瘤摘除术中纱布残留，经数年不孕治疗后手术发现残留	因腹部恶性肿瘤住院的两岁儿童，从有床栏的病床上掉落，引起脑内出血，手术后3个月死亡	二尖瓣反流的患者和肺切除的患者调换进行了手术
道歉内容	看了有血肿的胳膊，采血护士进行了道歉，但对道歉是"表达同情"，还是"承认过失"有争议	在判决书中记载了医生承认自己的过失并向患者道歉的	一个月后，院长承认对分娩判断有误，应行剖腹产并做出了道歉（可	对由于合并症导致的死亡进行了解释说明，并表示道歉（可以认为是表达	以院长名义进行了道歉，对纱布的残留进行反省，并表示为防止类似事	没有道歉	被告在承认是事实的基础上进行了道歉（道歉内容不得而知）

续表

	①2007年5月31日东京地方法院（民事）	②2006年4月26日东京地方法院（民事）	③2002年4月12日青森地方法院弘前支部（民事）	④2005年10月11日甲府地方法院（民事）	⑤2006年9月20日东京地方法院（民事）	⑥1994年9月28日宇都宫地方法院（民事）	⑦2001年10月29日横滨地方法院（刑事）
			内容〔1〕	以认为是承认过失的道歉)	同情的道歉)〔2〕	件的再次发生将努力改进诊疗体制	
判决上的争论	对过失的有无进行争论	对存在过失，即在当时没有发现这一点上不存在争议	对诊断上有无过失存在争议	对过失的有无进行争论	对纱布残留没有争议	对过失的有无进行争论	对过失的有无进行争论
法院对道歉的判决	道歉不作为自认的证据	考虑到已经做出了道歉，因而减少了精神损害赔偿的金额："根据被告向原告已经道歉等情	在认定过失、阐述事实和医学专业知识的同时，承认负有责任	道歉只是作为认定了事实，而没有明确道歉在该案例中对判决	因为做出了道歉而减少了精神损害赔偿金额	在认定存在过失的基础上，考虑没有进行道歉，增加了精神损	考虑到已经进行了道歉，适度减刑

〔1〕　道歉内容为"症状很异常，如果当时能够迅速诊断出来，对肉体和精神的损害都会小很多，非常对不起"。

〔2〕　在死亡后大约第十天，就治疗中因为大动脉解离而导致患者死亡向患方表示了道歉，之后在向死者亲属作说明时，也说患者是因为并发症而去世的。

续表

	①2007 年 5 月 31 日 东京地方法院（民事）	②2006 年 4 月 26 日 东京地方法院（民事）	③2002 年 4 月 12 日青森地方法院弘前支部（民事）	④2005 年 10 月 11 日甲府地方法院（民事）	⑤2006 年 9 月 20 日东京地方法院（民事）	⑥1994 年 9 月 28 日宇都宫地方法院（民事）	⑦2001 年 10 月 29 日横滨地方法院（刑事）
		况，对原告精神损害的赔偿费判定为 400 万日元"	并做出了道歉	所起的作用		害赔偿金额	
判决结果	在原告告知形成了血肿后疏于处理，存在过失，赔偿误工费和精神损失费共计约 100 万日元	对于当时没有及时发现存在过失，赔偿精神损失费 400 万日元	赔偿对应行剖腹产存在的过失而造成的逸失利益和精神损失费共计约 5000 万日元	对于应该慎重操作导管进行赔偿，赔偿精神损失费约 2800 万日元	赔偿因纱布残留而进行的不必要的治疗所产生的医疗费以及精神损失费共计约 900 万日元	因没有固定床栏，赔偿精神损失费约 500 万日元	在交接患者时没有确认患者姓名，手术室护士处监禁刑 1 年，缓期 3 年执行；其他医生处以罚金 30~50 万日元

3. 结果

在日本最高法院的判决案例中，不存在由于道歉而改变过失推定、基本诚信原则等判断方式；同时，也没有将道歉作为自认证据的案例。表 6-3 展示了判决书中包含"道歉"的案例。

表 6-3　判决书中包含"道歉"的案例（到 2007 年为止）〔1〕

	民事	刑事	合计
地方法院	26 件（原告主张：10 件；事实认定：16 件）	3 件（事实认定）	29 件
高等法院	1 件（原告主张）	2 件（事实认定）	3 件
合计	27 件	5 件	32 件〔2〕

在这些提及"道歉"的判决案例中，因道歉影响精神损失费计算的有 6 件，〔3〕用于其他判断的有 9 件。〔4〕

4. 关于结果的讨论

（1）道歉是否是存在过失的证据？

在日本最高法院和高等法院医疗诉讼案件的判决中，没有

〔1〕　原告主张是指在原告的主张下才认定的道歉，而事实认定是指法院作为判决前提的道歉，作为判决前提的道歉在诉讼中无疑更显重要。

〔2〕　到 2007 年 5 月为止，共有 38 件，其中 6 件或者与主题无关，或者是法院劝告当事者采取包括道歉在内的和解措施，故不在本研究范围内。另外，日本最高法院为 0 件。

〔3〕　其中 2 件因为没有道歉而相应地增加了精神损失费，其余 4 件因为进行了道歉，则相应地减少了精神损失费。没有道歉的 2 件分别为在医疗机构内的掉落（表中第⑥件）以及投药错误后隐瞒事实真相。进行了道歉的 4 件分别为，体内异物残留 2 件（其中包括表中第⑤件）、漏诊 1 件（表中第②件）、牙科的印模材料过热导致在咬合时口腔灼伤 1 件。

〔4〕　其中 5 件属于刑事案件，都呈现出因为进行了道歉而减轻惩罚的倾向（包括表中第⑦件）。4 件属于民事案件，分别是采血后出现血肿及神经损伤症状 2 件（包括表中第①件）、胎头骨盆不均衡经产道娩出后脑性麻痹 1 件（表中第③件）、股动脉导管插入后形成血肿 1 件。

一个案例把道歉作为承认过失的证据。在地方法院中，只有两起案件认为道歉是对过失的承认。[1]鉴于目前每年约有 1000 多起医疗诉讼案件，其中有近一半的案件能够得到判决，可以说涉及道歉的医疗诉讼案件非常少。从上述分析可以看出，目前对于道歉作为自认证据的担心其实没有必要。[2]

根据上述调查的结果，没有把"表达同情"的道歉当作是"承认过失"的道歉的现象；区分"表达同情"与"承认过失"，并认为"表达同情"的道歉不能作为自认过失的证据的有 2 件。[3]也就是说，"表达同情"的道歉不能作为自认过失的证据。

在刑事审判中，不存在把道歉作为是自认过失的情况。相反，有一个判决案例指出，坦白与道歉对于自认过失并无实质意义。[4]因此，道歉不能被视为自认过失的证据。

（2）是否存在由道歉而推断出自认过失的判断方式呢？

日本最高法院没有采用诸如过失推定、违反诚信原则等特殊判决方式的案件。即使在涉及道歉的高等法院和地方法院的

---

〔1〕 2 件是 2000 年 5 月 26 日名古屋地方法院的判决以及表中第③件。

〔2〕 也可能是因为医务人员基本上没有过歉。此外，虽然道歉不能作为直接证据，但有观点认为，道歉可能会对法官的自由心证产生影响。但是，即使原告提出要求道歉，法官也可能不会写入判决书中，所以，道歉不太可能成为法官的判决证据，即道歉违背了审判原则这一观点很牵强。

〔3〕 2 件分别是 1984 年 2 月 23 日东京地方法院的判决以及表中第①件。前者是在团体之间进行交涉遇到困境时所写下的，但是被认为不是行为人的真实意思表示，不能成为自认过失的证据；后者对道歉是"表达同情"还是"承认过失"有争议，但不认为道歉是自认过失的证据。

〔4〕 "被告的过失有无并非取决于被告本人事后是否承认过失。要立足于由关联证据所确立的事实关系来客观判断当时被告的行为。所以，这种被告的供述（对检察官询问的供认与道歉）在本案中不具备重要意义。"（东京地方法院 2001 年 3 月 28 日判决）

判决中，也没有一起案件具备这样的判断方式。[1]

（四）积极道歉将有益无害

目前，几乎没有人关注日本医疗诉讼中医务人员的"道歉"行为。此外，在存在过失的情况下，由于道歉自认过失反而减少了精神损失费，反映出在诉讼中道歉受到正面看待。当然，道歉作为自认过失的情况也还是存在的。

由此可见，在日本不能说道歉会带来在诉讼中的不利影响；相反，在某些情况下，不道歉反而会带来不利影响。因此，应该说医务人员在收集信息并针对是否存在过失做出判断后，根据实际需要决定是否道歉，是比较理想的做法。

但是，仍然存在以下问题。基于以上分析，在决定是否进行道歉时，尤其是承认过失时，有必要判断医务人员是否存在过失。问题在于，由谁和基于什么样的基准做出这样的判断。

此外，在自认过失进行道歉时，还必须考虑为患者提供适当的经济补偿。为什么呢？既然承认不良事件是由于医务人员的过失而导致的，适度补偿患者（包括承担患者的医疗费等间接补偿）才是合乎情理的做法。那么，这是不是前后矛盾的观点呢？关于该类补偿，重要的是由医疗机构在与保险公司合作的基础上，有组织地加以应对（包括经济补偿）。

另外，在道歉表达同情的情况下，有必要考虑各种情况，避免让道歉看起来就只像口头说说而已，结果反而影响了医患之间的信任关系。较为理想的做法是，在不良事件发生后立即

---

〔1〕　关于违反诚信原则，医方自认负有过失，而在后来的诉讼中却对是否存在过失产生了争议（表中第③件）。

表示出同情，对不良事件的出现表达道歉之意，同时承诺将会查清事实真相，这样才能发挥道歉的应有作用。

过去经常被医务人员极力避免的道歉，在今后，通过医疗机构有组织地澄清事实真相，并在必要时毫不犹豫地道歉，可以有效维持医患之间的信任关系，这也将为医务人员创造出更好的医疗工作环境。

四、建立有效的道歉机制

(一) 关于日本的"还原真相·道歉手册"

有报道称，全国社会保险协会联合会将采用由东京大学医疗政策人才养成讲座特聘副教授埴冈健一翻译和推广的哈佛大学《医疗纠纷：还原真相·道歉手册》。正如上文所述，在美国和日本的医疗纠纷解决中正在同时推进公开揭露和鼓励道歉运动。

日本社会保险中央医院院长斋藤寿一说，他们医院长期以来一直在推行公开揭露和鼓励道歉的措施，这一措施在医疗机构内的医疗纠纷早期解决中作用很明显。除此之外，许多其他的先进医院也在采用包括必要道歉在内的医疗纠纷解决程序，而从来没有强调过"不应该道歉"和"不应该披露信息"。各地经验的汇集以及从中获取的知识，成为构筑较为完善的初期应对程序的良好契机，埴冈健一副教授等人的尝试和全国社会保险协会联合会的这一行动都具有非常重要的意义。

由于被全国社会保险协会联合会所采用，哈佛大学的《医疗纠纷：还原真相·道歉手册》引起了人们的关注。尽管不是一个本质问题，但是该书围绕"手册"的这一命名引起了一场小范围的争论。斋藤寿一院长也曾经对和田仁孝教授说过，叫作"手册"不好，这与医疗纠纷解决的宗旨不相符。后来，在"普及医疗纠纷调解与道歉"研讨会上，这一点也被与会者提出来了。

实际上，该"手册"的英文原标题是"When Things Go Wrong：Responding to Adverse Event"，其中并没有"手册"之类的词汇。翻译这本书的埴冈健一副教授使用"手册"一词，是考虑到它在日本医疗机构普及中的影响，因此"手册"并不是原书的宗旨。

关于这个小小的争论，其实争议本身并不重要，重要的是它反映出日本的医务人员开始认真考虑医疗纠纷的早期应对策略，以至于他们甚至对"手册"这一用词都有质疑。

面对医疗的不良结果，患方不是需要"手册式"的程式化道歉，而是寻求医方在以诚挚的心态体察遭受不良医疗后果的患方的不安与痛楚基础上的一种纯真、质朴的道歉。临床一线的医务人员强烈地感受到的这种真挚、质朴的道歉，才是今后制度改进的方向，这也是对道歉本质的还原。

（二）是为了早点了事，还是为了修复受损的关系而道歉？

上文通过对内科医生山崎祥光关于涉及道歉的医疗判决案例研究的分析，表明在日本法院并不存在将道歉看作是自认过失的倾向。

但是，问题在于如何正确看待这一倾向。既然日本的法院不将道歉与自认过失相联系，那么，是不是就可以爽快地道歉，早点了事了呢？或者，把道歉看作是与公开揭露相结合，作为修复医患关系的一环呢？

正如上文所述，对于遭受不良医疗结果影响的患者，想要的是医方发自内心的真诚的道歉，而不是程式化的工具性的道歉。即使在医方不存在过失的情况下，对于意外遭受不良医疗后果的患者，医方也需要进行"表达同情"式的道歉。仅仅停留于早点了事的、程式化的道歉，也很容易被患方看穿。

道歉不是为了早点了事，也不是为了暂时安抚患者、抑制医疗纠纷的发生，而是为了修复因医疗不良事件而受损的医患关系，建构起最基本的医患信任关系。这绝不是一项特别策划、强求的工作，而是许多医生在为挽救患者付出巨大的努力之后，仍然发生不良结果时，他们深切地感到"遗憾、痛心"的人之本性的自然体现。

总之，在日本并不存在在法庭上将道歉作为自认过失证据的倾向。因此，在医疗纠纷发生后，医方为重建医患信任关系，诚恳地做出道歉是非常自然，也是非常必要的回应。

(三) 对道歉的两种考虑

但是，除了在法庭上以外，关于患者如何对待道歉的问题也始终存在。当医疗不良事件意外发生时，无可否认的是，即使是道歉作为真诚的"同情表达"，也存在患方将道歉作为医方自认过失的风险。因此，在医方并不存在医疗过失的情况下，医方是应该进行道歉以"表达同情"，还是应该尽量避免道歉呢？对此必须加以认真分析。

1. 避免道歉的情况

在不存在过失的情况下发生医疗不良结果，如果连"表达同情"的道歉都没有的话，首先，也不能否认它可能引发患者的愤怒并引起医疗纠纷甚至诉讼，对于已经处于高度情绪化的患者来说尤其如此。需要重申的是，最终在诉讼上对该事件如何认定，也会给医方和患方带来很大的精力负担。

其次，在某些事态不明朗的情况下，如果患方并没有提出任何问题，而医方的道歉则可能引起患方的怀疑，并进而引发医疗纠纷，这一风险的确是不可否认的。但是，即使患方一开始并没有提出任何疑问，事情也似乎已经解决了；可是，由于患方继续不断地从各种途径搜寻信息，患方开始感到怀疑，并且最后得到该医疗机构内部揭发的证实，从而让真相浮出水面的案件也是存在的。在这种情况下，当初没有进行道歉和自我揭露将成为医患对抗和纠纷难以解决的根源。

也就是说，即使在不存在医疗过失而发生医疗不良结果的情况下，当初因为没有及时道歉，而后来患方从周围环境收集的信息中使问题浮出水面的话，没有道歉会严重损伤患方的感情，并使医患纠纷进一步加剧。

2. 进行道歉的情况

相反，如果医方及时进行了道歉，事态又会怎样发展呢？在这种情况下，肯定存在引起患方怀疑的风险。结果，最初并没有意识到任何问题的患方可能会因为医方的主动道歉而怀疑医方存在过失。在这种情况下，医方应该对事件发生的原委进行详细地解释说明，并明确告知这一医疗不良后果并不是由于过失而导致的。但是，以上这些难道就是医方在医疗不良结果发生后的全部应对吗？正如哈佛大学的模式所表明的那样，医疗纠纷的早期应对应该是鼓励道歉与公开揭露相互结合、同时推进的。

如上所述，如果进行道歉并且引起患方的疑虑的话，则需要医方基于真诚的解释说明以消除患方的误解，安抚患方的情绪。另一方面，如果医方没有进行道歉的话，甚至连对话的可能都难以确保，则医患之间的信任关系面临崩溃的边缘。

所以，不管在哪种情况下，道歉对于医方来说都是负担最小的，也是诚恳面对患方的行动体现。道歉既不应该是为了应付医疗纠纷早点了事的策略性选择，也不应该是医疗纠纷早期应对的全部，而应该是重建因医疗不良后果而受损的医患之间信任关系的第一步。

（四）道歉的挑战和展望

首先，如何构建提供道歉的机会与场所。正如上文的分析，"接受道歉"是一个能动的过程，没有"宽恕"就不可能"接受道歉"。许多处于情感悲伤、混乱中的患方，是无法进行对话的。因此，必须接近患方，在关怀患方的同时，让患方在自我疗愈（包括宽恕）的方向上逐步前行。患方在品格上的自我完善也是非常必要的。道歉方在道歉的同时，是无法给对方提供自我疗愈、自我完善援助的。因此，有必要设置院内医疗纠纷调解员，作为第三方构建医患之间诚挚道歉和进行信息公开的场所。

其次，医疗机构的管理层必须充分了解这一制度并在机构中贯彻执行。在患方提出过分的或者无理要求的情况下，医疗机构保护好员工并努力重建与患方的信任关系，并向管理层提供此类指导和支持，将是医疗纠纷成功解决的关键。

再次，正确理解道歉的目的，对于每位医务人员而言都是至关重要的。许多医生常常对情绪激动、无论如何道歉都不肯原谅的患方感到束手无策，认为这些患方是为了金钱而来或者干脆提起诉讼为好。对于这一类患方，希望能够继续付出更多的耐心来认真对待。当亲人失去生命时，人们往往无法轻易地克服这一伤痛。对于深陷伤痛中的患方，医方的一个微小的举动、一句不经意的话语，都可能引起患方极大的怀疑。在理解与同理心的基础上再向前迈进一步是非常重要的。

有些人认为这么折腾还不如提起诉讼。有此想法的人是没有经历过诉讼，经过多年漫长的诉讼，即使胜诉了，这一过程给双方心灵留下的阴影都无法抹去。对于这些案件，也许将对话稍稍向前迈进一步，对医患双方来说都是极为乐见的解决方案。

此外，除了极端情况之外，认为患方是冲着金钱而来的想法都是错误的。患方需要的是真诚的对待，而不是金钱。关于对事实真相的追究，与其说是对客观情况的追求，不如说是希望通过这一过程，了解医务人员当时的所感所想，寻求医方的真心话语。当这些都寻求不到，当医方都不予理睬，当这些都不得不放弃时，患方只能寻求经济赔偿。即使在这种情况下，金钱本身也不是患方的目的，而只是在寻求不到医方诚意和道歉时无可奈何的替代品。患方做出此类选择，通常都伴随有医方缺少有效的早期应对。

道歉既不是抑制纠纷发生的工具，也不是程式化的手续。不管医方有无过失，在面对医疗不良后果时，医方感到遗憾和同情的质朴表达才是至关重要的。只有医方的这一人性慈悲与患方对医疗不良后果的悲叹的结合，才可能缔造出真诚道歉的契机。

最后，特别强调的是，受害者原谅加害者或接受加害者的道歉是程序进行所可能带来的自然结果，所以，千万不可有意无意地强迫受害人接受道歉或让受害者原谅；同样地，也不可

强制加害者道歉。加害者不是出于真诚悔悟表示的歉意，反而
会对受害者造成再次伤害或者引起受害者的愤怒，背离修复性
正义意促进当事者关系修复的本质。

第七章

修复性正义下的医疗纠纷调解新发展

在报应性正义中，纠纷解决的主角是国家公权力，用惩罚的方式来表达对侵害行为的不满，这只会对加害者产生消极影响。惩罚方式实际上成为一种"社会身份被罢黜的仪式"，国家不仅直接从当事者身上"偷走"了冲突，而且夺走了受害者所应获得的赔偿以及受害者、社群直接参与、直接了解和阐明规范的机会，这两点都不利于加害者回归社会。

修复性正义关注的另一个核心是将被侵害行为所破坏的社会关系修复到一种和谐的状态，而不是仅仅对加害者苛以重罚、威慑，使其不再犯。在修复性正义中，侵害行为不再是对国家秩序的破坏，更是社会关系中受害者与加害者之间的个人冲突。受害者与加害者处在平等的位置上，受害者也有参与处理侵害行为后果的权利，当事者更加直接主动地参与纠纷解决过程，更加关注受害者以及他们的需求和所希望的制度。

侵害行为发生前的社会关系未必是和谐的社会关系，也有可能潜藏着冲突和危机，比如因怀恨在心预谋故意伤害。因此，修复性正义不是要将社会关系修复到侵害行为发生前的状态，而是要修复或者建构社会关系的和谐。

本章将考察日本修复性正义调解程序在自我调解、患者接待窗口、知情同意、临终生命伦理抉择、医疗机构文化塑造、居民共创调解，以及社区医疗振兴中的展开，分析医疗纠纷调解对于社会关系的修复和重新建构的有益尝试。

一、调解与医疗机构文化的转型

日本医疗纠纷调解的普及带来了很多新的变化。自 2003 年日本医疗机能评价机构开展医疗纠纷调解课程以来，已经过去 17 年了。在此期间，课程逐渐被医疗机构和医务人员接受并得到进一步传播，当初意想不到的一些积极效果也逐步显现出来。

首先，医疗纠纷调解的实施和医疗纠纷调解员的设置促进了整个医疗机构对话文化的养成。另外，医疗纠纷调解的理念和技能不再局限于医疗投诉和医疗纠纷发生的场合，在知情同意、病情告知、与患者日常交流，甚至日常诊疗活动中都得到了广泛应用。

（一）医疗纠纷调解的推广

当初开发这套医疗纠纷调解课程，主要设想是当发生医疗纠纷时，调解员与患方背靠背接待，然后为医方提供关怀和对话技能，以及从调解的开展到后续课程的跟踪反馈等一系列过程，重点在于训练医务人员面对患方时应有的态度和行为，以及如何处理医疗纠纷。

但是，就课程开发者而言，由于调解原本是人际关系调整的通用模式，因此调解不仅适用于纠纷发生后的应对，而且适用于临床医学领域的很多场合。

以促进对话为主要目的的这套医疗纠纷调解课程，其理论基础与叙事医学一样，都是社会建构论，[1]可以说这是社会建构论在两个不同领域的应用而已。叙事医学的诸多理念也可以广泛应用于医疗纠纷调解，并且这些调解技能也可以应用于基于叙事医学理念的日常诊疗现场。两者的基本构想都是打破医生作为"专家"以及患者作为"外行人"的身份限制，患者作为行动主体，与医生共同创造"医疗行为"，医生尊重患者的"疾痛"（illness）[2]和"叙事"（narratives）。

实际上，许多参加过医疗纠纷调解员培训的参与者反映，医疗纠纷调解不仅能帮助医务人员面对医疗纠纷中的患方，而且这些调解应有的理念与技能在医务人员与患者一对一的诊疗过程中也有重要作用。在下文中，将在介绍一种新的调解模式，即自我调解模式的基础上，考察医疗纠纷调解在各种场合的应用，分析其对医疗机构对话文化的形成以及对医疗安全管理的积极影响。

（二）自我调解理念

自我调解模式是由山形大学中西淑美副教授提出的（与英

---

〔1〕 社会建构论认为，"现实"不是客观存在，而是每个人经由自己的观点和言语"看见"或者"讲述"所构建的结果。因此，医务人员的专业观点与患者的日常生活观点应该是平行对等的"观点"，并且强调通过对话来共创医疗过程。可以参阅叙事医学相关书籍。

〔2〕 哈佛大学人类学教授阿瑟·克莱曼（Arthur Kleinman，中文名凯博文）在其著作《疾痛的故事 苦难、治愈与人的境况》中，首先对疾痛（illness）与疾病（disease）进行了区分，他认为疾痛与疾病有联系也有区别。疾病是生物医学所关注的身体部分病理学问题，而疾痛指的是患者及其家人，乃至更广的社会关系，是如何接受病患事实，如何带病生活的，又是如何对付和处理病患的症状以及由之引起的各种困苦烦恼的。比起疾病，疾痛是一种个体更深层次的体验，首次从人类学的角度对叙事医学进行了开拓。参见［美］阿瑟·克莱曼：《疾痛的故事 苦难、治愈与人的境况》，方筱丽译，上海译文出版社2010版，第1页。

语 Self Mediation 的概念略有不同)。

在课程开发时,中西淑美副教授提出,在将自我调解模式运用于医务人员与患者一对一的情况下,医务人员既作为医疗工作者一方,同时又肩负起调解员的角色。

且不说那些对待患者态度不佳的医生,即使是那些努力亲切地以通俗易懂的方式对待患者的医生,实际上也只能让患者达到50%的满意。如果仅仅是从医生到患者的单方面说明,无论如何力图"通俗易懂",在患者的心目中都不会是一个满意的沟通。一个有效的沟通,不是站在医生的角度来听取患者的话语,而是应该原原本本、不加任何评判地全盘接纳患者的话语。换句话说,对话必须是双向互动的,并且应该以调解员而不是以"专家"的身份进行倾听。通过从调解员的角度进行倾听并促进对话,这一互动正是共同创建"医疗行为"的过程。

医疗纠纷调解的理念和技能,可望将单向的医患沟通转变为接近患者、真诚接纳患者心声的交流。这样,医务人员本身在具备调解员心态和技能的情况下,犹如促进自己与患者之间对话一样,这一过程被称为自我调解。这一调解模式迅速扩大了调解的应用范围。也就是说,从这一角度看,调解与其说是一种制度设计,不如说是医疗机构的软实力。

(三) 医疗临床现场的各种应用

医疗纠纷调解的理念和技能可以应用在医疗临床现场的很多场景中。下面,将一一分析阐述。

1. 患者投诉窗口、院内调解员与调解

医疗纠纷调解的理念和技能对于患者投诉窗口工作人员以及院内调解员都是必不可少的。实际上,许多参加过医疗纠纷调解员培训的从事患者接待的医疗机构事务人员，以及医疗辅助人员都正在不断运用这些理念和技能。不仅在投诉和纠纷发生的情况下，而且在各种咨询中，都需要对患者具备亲和力，以及真诚对待的心态与技能。但是，如果培养"亲和力"和"真挚心态"仅仅停留在理论或者口号层面的话，不管医生多么努力，想要具备"亲和力"和"真挚心态"都很难。

这套调解课程提供了一个训练面对患者的技能，而不是技巧。对于院内调解员，既要掌握自我调解的技能，又要掌握在医生与患者陷入僵局时进行调解的技能。在海外，英国国家医疗服务体系（NHS）所属医疗机构中设置有患者咨询与联络处（Patient Advice & Liaison Services，PALS），美国多家医院设置有患者支持部（Patient Advocacy），也都是在从事医疗机构内的医疗纠纷调解工作。

医疗纠纷调解培训对于患者投诉窗口和医疗机构内调解都是非常必要和有用的，这点从以往参加过培训的医务人员在现场的运用中已经得到了明确的证实。此外，还有许多医疗机构的行政人员（例如医疗安全管理人员）接受培训。就基层行政而言，调解对于基层纠纷的解决应该可以大有作为，这也是今后课程需要大力推进的一个方向。

2. 知情同意

知情同意是调解运用的场景之一。医生对风险的单向解释说明，患者往往无法直接理解。在实践中，这类对话通常会造成误解。比如，医生对患者说"某药物的副作用发生概率为5%"，假如此时医生本来想要强调的是"风险非常高"，可是患者却可能将其理解为"几乎没有风险"。在这种情况下，当这5%的副作用风险不幸发生在患者身上时，患者却说"我没有听到医生说有风险啊"。当然，"5%的风险"仅从外行来看，它的意思的确是表示"安全的"，因此患者说"我没有听到医生说有风险啊"也不是在说假话。

在这类场合，医生就需要具备调解员的理念与必要的技能，从调解员的角度进行自我调解，促进与患者的深层信息共享。

3. 临终抉择伦理调解

关于临终抉择存在各种方法，调解作为其中的一种，首先在美国被提出来。在可能的情况下，患者本人、家庭成员、医疗人员坐在一起，由调解员来促进参与者之间的对话，通过信息共享达成共识。根据美国的经验，在医疗团队参与时，医务人员在听到家庭成员的不同观点后，常常会引起抉择分歧。在这种情况下，通过调解促进信息共享，促进成员间的深入对话是非常有效的。

4. 日常诊疗与自我调解

从这个角度来看，毋庸置疑，调解仍然适用于日常诊疗等很多临床现场。参加过医疗纠纷调解员培训的医生，从调解员的角度，将所学的调解技能运用于日常诊疗现场，都收到了非常满意的效果。在这一过程中，患者不再仅仅是作为医生的说明对象，而是作为信息共享、"医疗行为"共建的主体，因而才能获得较高的满意感。

（四）调解与医疗机构对话文化的养成

1. 医疗机构领导层的变化

院内医疗纠纷调解制度的引入，带来了医疗机构服务态度和医疗机构文化的改变。参加医疗纠纷调解员培训的医生很多是院长、副院长或者科室主任等医疗机构的管理者，通过医院领导层对调解理念和技能的掌握，推动整个医疗机构对话文化的养成。由此可见，医疗机构的领导层参加医疗纠纷调解员培训是非常有意义的。

2. 从院内医疗纠纷调解员处获益

在引入院内医疗纠纷调解制度的医疗机构内，由于调解员活跃在投诉和纠纷处理现场，即使医生不愿意，调解员的设置也增加了医务人员面对患者的机会。因此，通过调解员促进医患之间的对话，能够解决在医生与患者一对一的情况下不能解决的问题，以及加深医生对患者思想和观点的理解，通过深层次的信息共享，消除医患之间的认知分歧。

调解员的这些努力，反过来能够促进医务人员进一步对调解工作的支持，减少医务人员在解决医疗纠纷时面对患者的抵触情绪，并且也将在潜移默化中学习到调解员面对患者的应有理念和技能。

在医疗机构内如果有非常得力的医疗纠纷调解员的话，就能够影响整个医疗机构面对患者的态度，以及有利于涵养医疗机构的对话文化。实际上，这一结果已经在一些调解工作很出色的医院和设置了调解员的全国社会保险协会联合会所属的医疗机构得到证实。

3. 对全体员工的教育和熏陶

调解的理念与技能已经不仅仅局限于医疗纠纷发生后的应对，还广泛应用于医疗现场的各个方面。不仅对调解员本人，甚至对全体医务人员都具有熏陶引领作用。各医疗机构关于调解的培训，呈现出从高层管理人员逐步向中低层职员依次展开的态势。在许多情况下，不少医疗机构每年都会开展连续的医疗纠纷调解培训，对医疗机构内调解文化的形成起到了良好的推动作用。该类医疗机构的数量已经增加到 20 多个。

在这种情况下，调解培训的主要目标已经不是医疗纠纷发生后的应对，而是包括日常诊疗在内的各种诊疗现场促进医患对话、信息共享和以患者为中心医疗的实现，实现"无论何人，在何时何地都具备调解员心态"的目标。

4. 应用于医学教育

这些调解的理念和技能既然是医务人员面对患者的必备能力和能够重塑医疗机构对话文化的妙方，那么不用说，这些理念和技能也可以被视为所有医务人员的必备素质，进而将其纳入医学教育的内容当中。实际上，在日本，有医科大学正在就将该课程纳入教学计划展开研讨。

关于在医疗机构中培养面对患者的文化存在各种各样的学术主张，但还基本只停留在理论与口号层面，往往无法扎实落地。扎根于实践，根据诊疗现场的特征建立起来的这套能够广泛应用于各种医疗场合的医疗纠纷调解模式是一个很好的选择，并且可以通过将其引入医学教育课程中，进一步为促进医疗机构文化的转型做出贡献。

（五）对医疗安全管理的启示

下面将讨论调解与医疗安全管理之间的关系。

不用说，医疗行为是贯穿于各种对话之中的。在几乎所有的医学专业知识运用场合，比如开展手术、开出治疗处方等，都是以对话作为前提的。与患者的良好沟通是实现医疗安全必不可少的前提，医务人员之间的沟通也是如此。因此，除非共享和适当地传输信息，否则要预防医疗纠纷的发生和实现令患者满意的医疗安全管理就缺乏前提条件。

可以说，沟通是医疗安全的基础。调解可以说是与叙事医学基于同一理论前提，即社会建构论促进信息共享的模式。这一对话促进模式超越了通常的沟通理论，倡导在实践中充分接纳患者关于疾病的诉说和对问题的阐述，并促进更深层次的信息共享。

要经常留意自我调解模式适用的广泛性，调解绝不应仅仅局限于医疗纠纷发生后的应对，对医疗现场众多领域促进对话和共享信息都有贡献潜力。

二、与患者和居民共创调解

不必认为调解仅适用于医务人员。这是因为医疗是患者和医务人员面对面的活动，因此，医疗纠纷调解自然是一般民众，即广义的患者可以参与并共同创建的。这一构想与患者参与型的医疗安全管理理念密切相关。下文将介绍医疗纠纷调解的新方向，即患者与一般民众共同创建的调解。

(一) 共创调解的各种尝试

在日本，医疗纠纷调解员的培养和认定之所以仅仅局限于医疗机构内的职员，是为了避免与法律的规定相抵触。因为《日本律师法》第72条规定，"不具备律师资格者不可以有偿代理他人与对方当事者进行调解等活动"。但是，正如前文所述，该套课程所倡导的调解理念和技能，其实是可以应用于很多场合的。除了医疗纠纷发生后的应对，还包括取得患者的知情同意、医疗告知、日常诊疗的应对等。

即使由于法律上的规定，普通居民很难以第三方的身份参与医疗纠纷的处理，但是在其他情况下，不是医务人员也是有可能以调解员的身份参与的，而且现在这一需求表现得越来越强烈。实际上，日本医疗纠纷调解员协会也在推进"与患者和居民共创调解"项目，在 2009 年 3 月举行了第一次关于该专题的研讨会之后，又举办了多次，研讨会充分展现了该项目的成果。通过这些尝试，可以看到未来患者和居民采取各种调解方法的可能性。此外，从提高医疗安全这一更为广阔的视野来看，医疗纠纷调解可以说是患者参与医疗的一种形式。下面，将具体分析这些尝试。

1. 日本千叶振兴地方医疗会所开展的调解培训

日本千叶县东金市是由于医生人数锐减而导致地方医疗瘫痪的地区之一。NPO 法人千叶振兴地方医疗会自 2005 年以来一直与千叶县县立东金医院以及政府合作开展促进地方医疗振兴的活动，具体地说，在东金医院的实习培训中允许居民参与实习，促进居民、患者与医务人员之间的双向沟通和理解。毋庸置疑，这与医疗纠纷调解中促进"患者与医务人员之间的对话"宗旨密切有关。因此，著者和田仁孝在与一直热衷于医疗纠纷调解的东金医院院长平井爱山先生和千叶振兴地方医疗会理事长藤本晴枝女士商量的基础上，开展了由医生、护士和居民（包括医疗不良事件的受害者家属）参与的调解培训，并以医疗现场发生的案例作为素材开展了角色扮演。

这里显示了医疗纠纷调解应用的几个新特点。首先，医生与患者之间的对话，经由居民即广义上的患者参与，发展出了一种新的调解推广方向。不仅使医务人员，而且使患者和广大居民参与其中，可以从普通居民的角度指出问题，并加深医患双方相互理解，可以说开展的正是患者参与型医疗安全教育。其次，这也为患者和居民即广义上的患者，提供了加深对医务人员、医疗现场了解的机会。向患者和居民开设医疗纠纷调解培训也是全新的尝试，但是该培训不仅仅局限于单向的信息灌输，而是让患者和居民通过参与角色扮演实实在在地了解医务人员的所感所想，患者与居民也能在一定程度上了解医疗纠纷调解的理念和技能，有利于促进医患之间的友好对话。东金医院通过让患者和居民参与医疗纠纷调解培训，为医患之间对话文化的养成提供了良好的训练机会。

2. 儿科医疗与调解培训活动

儿科是一个容易出现医生荒的领域。为了改善这一紧急状况，抚养孩子的普通妈妈开始行动起来——在兵库县县立柏原医院成立了保护儿科协会，以东京、山口为据点成立了"保护儿科·保护儿童"协会。

鉴于对医疗纠纷调解的浓厚兴趣，"保护儿科·保护儿童"协会在 2008 年，县立柏原医院保护儿科协会在 2009 年 3 月举办了角色扮演为中心的医疗纠纷调解培训。因为是以普通居民作为参加对象，因此对培训做了一些特别的安排，从日常熟悉的人际关系素材入手，通过角色扮演来传授医疗纠纷调解的基础知识。

这里体现了医疗纠纷调解的几个新特点。通过学习调解的理念和技能，居民能够在充当患者时将其灵活应用于与医务人员之间的对话，在向作为普通居民的母亲提供医疗信息和进行医疗谈话时，也可以运用这些调解理念和技能。在讲座和分发宣传册之前，居民可以与医疗机构合作，为普通患者提供免费的医疗咨询活动。从广义上讲，这里呈现的是作为潜在患者的居民参与医疗体制的过程，它将成为医疗体制变革的强大动力。因此，上文中介绍的自我调解模型，在向作为普通居民的焦虑不安的母亲提供医疗咨询或医疗建议时可以得到很好的应用。当然，也存在普通居民充当医疗机构与患者之间的调解员的尝试，这将在下文中进行分析。

3. 植入型心脏复律除颤器患者协会（ICD 之家）与调解

下面将围绕植入型心脏复律除颤器（Implantable Cardioverter Defibrillators，ICD）患者协会（ICD 之家）引进医疗纠纷调解培训展开讨论。ICD 之家的部分医务人员已经接受了面向医务人员的医疗纠纷调解培训，将来将就 ICD 之家出现的现实问题展开训练。

在 ICD 之家，开展由有相似经验的患者面向焦虑不安的同病患者提供咨询和建议的活动。在该领域，专家的数量远远少于患者的实际需要量，由于医生的日常工作异常繁忙，无论医生多么竭尽所能想要认真、仔细地对待每一位患者，都显得力不从心，无法满足需要。俗话说，久病成医。在这种情况下，有经验的患者非常了解医生的情况和医生所作的解释说明的含义，能够设身处地地理解患者的困惑和问题所在。这些有经验的患者所扮演的角色类似于调解员，不仅向同病患者提供咨询，而且在某些情况下，在同病患者看诊时陪伴在身边，实际上发挥着调解员的作用。这些努力，无论对医生，还是对患者都有很大的好处。

但是，目前即使在患者同意的情况下，医疗机构也不愿意有外界的人陪伴在场。将来，似乎有必要在知情同意以及日常诊疗现场安排具有一定专业知识和具备一定医疗纠纷调解基本理念与技能的患者，为诊疗活动提供支援。这正是居民参与医疗体制的一种表现。

除此之外，日本医疗纠纷调解员协会还在协商与多个患者团体和居民团体（例如儿童癌症患者协会）合作进行医疗纠纷调解培训，并且计划将医疗纠纷调解进一步在患者和居民中普及。

（二）调解与患者参与的医疗安全管理

如上所述，患者和居民参加医疗纠纷调解培训，将成为支持患者改变当前医疗体制的主要推动力。医疗纠纷调解所呈现的新的方向，可以总结如下：

（1）患者和居民共同参与医患对话教育；

（2）通过患者和居民了解医疗纠纷调解的基本理念和技能，可以有力促进医患之间的良好对话；

（3）利用医疗纠纷调解为患者和居民提供医疗咨询；

（4）在取得知情同意等情况下，患者作为调解员介入诊疗现场。

可以说，医疗纠纷调解在居民参与医疗体制活动的很多方面都可以得到广泛运用。当人们谈论"以患者为中心"的医疗时，通常只会聚焦于得到患者的确认与同意，得到对于自己开展的手术和自用药品的相关知识，以及参与到各种需要的场合；但是，"以患者为中心"的医疗应该是多层次的。医疗机构的管理与运营，以及参与区域医疗的重建都是极其重要的内容。在这些领域，掌握了一定的医疗纠纷调解理念与技能的患者，包括潜在患者的参与，可以起到很好的推动作用。

这种多层次的患者参与医疗体制的模式也是医疗安全管理的多层结构模型。上文中提到，在医生与患者一对一的日常诊疗场合，医生在掌握了一定的医疗纠纷调解的理念与技能之后，可以促进与患者的对话交流和信息共享，进而减少由于沟通不到位而导致的医疗纠纷甚至是医疗事故的发生。此外，如果患者也拥有一定的医疗纠纷调解的理念和技能，那么这种医患对话的质量就会大大提高。从微观层面来讲，患者的参与将有助于改进医疗安全管理。

在医疗机构层面，患者参与式医疗纠纷调解培训的实施，也将促进整个医疗机构的医患对话和信息共享文化的养成。对于特定病种，除了专业高深的医学专家参与外，还可以聘请具有一定患病经历的同病患者作为调解员，参与医患对话并担当谈话见证。患者和居民作为调解志愿者在各种场合的介入能够带动医疗安全管理水平的提升。

此外，在宏观层面，随着以患者为中心的医疗的推广，医疗和医疗机构信息的公开，以及医疗机构与居民共建活动的开展，建立更好的区域医疗服务和特别科室的医疗服务都成为可能。反过来，这些努力又助推医疗安全管理背后医疗体制的改善。

由患者和居民参加的医疗纠纷调解为医疗安全管理等方面提供了一系列全新的尝试。可以说，医疗纠纷调解不仅在医疗现场连接着医生与患者，而且对于更广泛的患者与医疗体制之间的对话亦具有重要意义。

三、调解与社区医疗的振兴：以产科和儿科门诊为例

（一）通过对话预防纠纷

佐佐木孝子女士既是医疗事故的受害者家属，也是日本医

疗纠纷调解员协会的理事，目前她正在努力推广医疗纠纷调解，她在书中说：

"如果医方诚恳地做出回应，认真对待患者的话，谁也不会提起诉讼。我们寻求的不是法律解决方案或经济赔偿，相反，我们需要的是医务人员基于人之本性的自然而然的表现。如果寻求不到这些的话，我们只能像以前那样提起诉讼。"

可以说，这是所有医疗事故受害者的共同感受。无论其表现形式如何，一开始并不会是对抗态势，只是真诚地渴望得到医方真心诚意的对待和对事实真相的了解。但是，不能否认的是，由于基于不同的认知框架，由认知差异而导致医疗纠纷的发生有时是不可避免的。即使受害者善良、正直，医方也开诚布公，发生医疗纠纷的风险仍然存在。

院内医疗纠纷调解就是在真相披露的前提下，通过促进对话来消弭认知分歧和推动信息共享，并鼓励医疗机构认真接纳受害者的心声，同时防止不必要的医疗纠纷的发生。这与中立第三方医疗纠纷调解机构完全不同，后者是以已经发生的医疗纠纷作为对象，而前者不是重在纠纷的"解决"，而是力图通过促进对话来避免纠纷的发生，以及建立起真诚的信任关系。因此，这套课程并不仅仅局限于表象的语言沟通和接待的行为技巧，而是要通过课程培训，努力培养对受害者关怀和对受害者深层感受进行充分接纳的理念。当然，医患能够进行真挚而充分的交流，不用说，其前提是医方对事实真相开诚布公，不隐瞒、不欺骗。

公开揭露和医疗纠纷调解所产生的良好社会效益已经得到研究数据的证实。客观数据表明，在爱媛县医师会和全国社会保险协会联合会等所属医疗机构规模化引入院内医疗纠纷调解制度后，医疗纠纷发生的数量正在逐渐减少。值得注意的是，这里指的不是"纠纷解决数量"增加了，而是"纠纷发生数量"减少了。

研究还表明，在一些单个引入该制度的医疗机构中，因为认知分歧而引发的纠纷发生数量也在减少。[1]可以说，"纠纷发生数量"的减少而不是"纠纷解决数量"的增加，正是消弭认知分歧，倡导真诚对话的调解模式不断推广所带来的可喜变化。这也是对受害者要求查明事实真相，开展真诚对话，而不是引发对抗或者冲突的有力回应。

可以说，佐佐木孝子女士作为受害者家属的愿望，都充分浓缩和体现在这套医疗纠纷调解制度中。当然，不仅是佐佐木一家，推动这一制度向前发展的还有许多医疗不良事件的受害者及其家属基于自身遭遇而发出的诚挚呼唤。

（二）作为社区聚会场所的产科和儿科诊所

如果医疗纠纷调解的功能不仅仅局限于事后纠纷的解决，那么基于促进对话和提供关怀的宗旨，这套制度的运用场合就可以超越医疗机构而开拓出很多的发展方向。请注意，调解在狭义上是由中立第三方介入的纠纷解决程序，但在广义上被作为第三方促进对话、修复关系的制度建构，这一含义在英语中尤其明显。这种广义上的调解理念被付诸实践的新领域之一是通过调解来振兴社区产科和儿科诊所的富有挑战性的尝试。

以以患者为中心的医疗和振兴地方医疗为目标，寻求与患者合作的产科和儿科诊所已经在全国范围内展开了活动。以京

---

〔1〕 特集"広がり見せる医療メディエーション"，载《日経ヘルスケア》2009 年 9 月号，34–39 頁。

都为据点的桥井康二医生开办的桥井妇产科诊所，正是以这套医疗纠纷调解的理念和技能为基础，正在不断探索其发展。

根据桥井康二医生的说法，产科和儿科诊所在社区中的作用不应仅仅局限于提供医疗等本职服务。产科和儿科诊所应该是提供支持亲子关系良好发展机会的场所，也应该是提供社区中的人们相聚在一起讨论关于"孕产妇""育儿"话题机会的场所。因此，产科和儿科诊所能够为改善社区中的人际互动关系和亲子关系做出贡献，也可以推动居民对产科和儿科医疗进行正确认识，并在社区中促进儿童权益保障文化的养成。

在这种背景下，桥井康二医生将医疗纠纷调解视为达到上述目标的关键手段，积极与日本医疗纠纷调解员协会合作，并为此推出了一系列项目。这些项目都是围绕医疗纠纷调解这一中心多层次展开的。下面，将对此展开讨论。

（三）诊所里的自我调解

通过医疗纠纷调解的学习，能够促进诊所的每一位职员——从医生到护士，面对患者的理念和态度发生改变。这与一般意义上的院内医疗纠纷调解的目的大致相同。但是，在小型医院和诊所中，并没有设置调解员这一职务。在大型医院中不仅设置有医疗纠纷调解员，而且还通过调解来培养整个医疗机构对话文化的养成，进而带动每一位医务人员进行改变。因此，小型医院和诊所也应该在日常诊疗等各种场合，拥有医疗纠纷调解的应有理念和技能。正如上文所见，医疗纠纷调解不仅仅局限于事后的应对，通过自我调解模式也能够内化为医务人员在日常医疗护理中所拥有的心态和能力。这样，就能够有力改善医疗的整体质量。许多接受过这套课程培训的医务人员认为"自己已经有了很大的改变",事实上已经证明了这一点。

2009年9月,桥井妇产科诊所与日本医疗纠纷调解员协会合作,在东京举办了为期两天的专门针对产科诊所的调解教育培训。来自全国各地的产科医生和工作人员参加了培训,培训以来自医疗现场的案例为素材进行角色扮演为重点,从日常诊疗到投诉管理都有展开。尽管诊所与医院有所差异,但是培养面对患者的真诚对话姿态是相同的。因此,对诊所的培训可以看作是这套调解制度向前发展的一个延伸。

(四) 孕产妇和儿童学习医疗纠纷调解

但是,桥井康二的尝试并不止于此。初级产科和儿科诊所的患者需求不仅包括分娩和疾病的治疗,而且还涉及缓解育儿的烦恼和焦虑等问题。这些育儿的焦虑情绪有时候甚至会导致对婴幼儿的虐待。在桥井康二医生为这些母亲通过调解提供缓解焦虑情绪机会的同时,有些母亲通过学习调解,能够更好地了解孩子的需求,并逐步培养面对孩子的正确心态和自信,从而有助于防止虐待婴幼儿事件的发生。

也就是说,在初级的产科和儿科诊所,不仅医务人员学习医疗纠纷调解,这些母亲也学习医疗纠纷调解,进而促进医务人员与这些母亲之间的合作,从而建立一个没有焦虑情绪的、顺畅的亲子关系。

实际上,在美国和英国,尽管是面对小学的家长教师协会[1](Parent Teacher Association,PTA)的成人教育,也会教授面对孩子时所需要的调解技能,还推出了很多针对儿童调解和冲突

---

[1] 家长教师协会,在我国通常叫作家长委员会,简称家委会。

管理的教科书或者绘本。就儿科而言，不仅是针对母亲，孩子也可以通过游戏来获得调解的相关知识，受到调解教育。有的医院儿科已经开始了这方面的尝试。比如，山形大学中西淑美副教授曾经为大阪大学的楠木重范医生创办的儿童癌症患者组织"儿童化疗之家"主讲过医疗纠纷调解培训课程，医务人员和患者母亲一同参加了培训。今后，将朝着受训者包括儿童在内的方向发展。

关注对方的深层次需求，促进双方对话的调解理念，无论是医患关系，还是亲子关系，应该说是所有人际关系良性发展的基本理念。从某种意义上说，这种调解的发展是自然形成的产物。

（五）作为社区人际关系聚集地的产科诊所

同样，不用说，就像 PTA 一样，调解也能够超越单个的亲子关系，起着建立起当地社区人际关系枢纽的作用。首先，调解是促进社区人际关系和谐的一种模式。在美国，在环境问题和社区内纠纷等各个领域，尝试进行着以社区和志愿者为主导的调解。社区产科诊所是在社区中比学校更早成为社区居民互动的场所，可以通过医务人员和患者之间的合作为振兴社区医疗和建构和谐社区人际关系提供机会。

社区产科诊所的这些活动，与上文中介绍的关于医疗机构与患者和居民共创调解项目的方向是一致的。尤其是，县立柏原医院保护儿科协会以及"保护儿科·保护儿童"协会等关于产科和儿科的这些组织，从自身作为患儿母亲的角度来回应同病患儿母亲的焦虑与担忧，无疑对振兴地方医疗有着重要的推动作用。

前文已经介绍了居民团体与日本医疗纠纷调解员协会联合举办培训的情况，除了在关西地区的桥井等产科诊所针对医务人员和孕产妇的调解培训计划正在制定以外，关东地区也正在计划对孕产妇和产科诊所的医务人员开展调解培训。

产科和儿科诊所的母亲们参与的调解培训与上述居民团体开办的调解活动结合，进一步推动了产科和儿科以及地方医疗的振兴，为医患之间良性互动关系的建构做出了应有的贡献。

同样，作为本地区人际关系聚集地的不仅仅局限于产科和儿科诊所。在农村地区，各类诊所和卫生所都很可能成为这一区域人际关系的集结地，而调解在其中起到了关键作用。现在，桥井妇产科诊所经常会收到大量来自全国各地希望参加调解培训的咨询。

基于调解理念的这些调解"草根"运动，让民众看到了医疗纠纷调解发展更广阔的前景，医疗纠纷调解在民众中的认知度逐步提高。现在，每年进行的医疗纠纷调解培训达到100多场，已经成为日本医疗界的基本制度。

四、将调解引入知情同意过程中

（一）知情同意与知情同意书

对知情同意重要性的认识，已经是老生常谈了。根据日本律师会联合会的定义，知情同意是指"基于准确的信息，由本人（患者）负责任地选择检查或治疗等医疗行为的过程"。换句话说，它是在获得足够的解释说明之后，以患者的自愿为前提所做出的选择，而不仅仅是被动地"同意"。

该定义本身应该说没有问题，但是一旦将其引入到医疗现场，就有可能产生"意想不到的"风险。首先，关于"由本人（患者）负责任地选择"。通常，当强调"自我责任"时，潜在责任方常常试图以此逃避责任。在发生不良结果时，潜在责任方可以说"那是您自己的选择"，以受害者已经同意来对责任方本应承担的责任进行推卸。

此外，为了满足上述"基于准确的信息"，医方准备了涵盖大量各种风险的知情同意书，并加以说明。结果，医方花费了大量时间，患者也签署了知情同意书，医方的目的就达到了。虽然知情同意书的条款非常重要，但也应该注意其存在一定的局限性和滥用风险。

从法律角度看，同意和选择的要点在于本质上是否是患者自我决定的。知情同意书虽然重要，但也不过是一种补充材料。知情同意书上本人的签字是不是实质有效，需要对包括病历和护理记录在内的内容进行全面的认定。所以，并不是说签署了知情同意书就没有问题了。法院也应该密切关注医方通过使用知情同意书征得患者的表面同意而逃避责任的现象。

几年前，日本东北大学法学院副教授兼心内科医生米村滋人在报纸上就谈到了这一点：

知情同意书被视为医疗行为正当化的"证据"，在法庭上也常常被作为医方主张的有力补充。但是，这种认识真的正确吗？……即使签署了知情同意书，在法律上也存在同意无效的情形；在另外一些情况下，推定同意也是存在的。所以，并不是说无须过问是否存在违反说明义务。医生的解释说明是否适当，这点很重要。知情同意书作为诉讼中的文件之一，仅仅是为了便于证明而已……在美国，除非在合同中写入所有内容，否则将承担相应的法律责任。但是，在日本却不一样。关于这一点，是不是很多人没有认识到？在日本，医疗机构增加知情同意书的内容往往是出于策略性的考虑，即为了"对诉讼有利"。

（二）判决案例的启示

那么，为了获得合理有效的知情同意，说明时应该包括哪些内容呢？2001 年，日本最高法院关于"乳房温存疗法"[1]的争议有一个判例。关于"手术"的知情同意是这样阐述的："对于该疾病的诊断（疾病名称和病状）、预定实施的手术内容、与手术相关的风险，以及可选择的治疗方案，对于这些内容和利弊得失、预后负有说明义务。"在阐述了一般原则后，继续展开分析："即使对于超越己方治疗水平的治疗方法，该治疗方法已经在相当多的医疗机构中实施了，并且存在大量的先例，医生之间对该治疗方法也有着良好评价；而且，当事医生如果知道患者可能会适应，并且患者对自己是否适应、有无接受的可能性有着浓厚兴趣的话，即使当事医生对该治疗方法做出的是负面评价，并且不想实施该治疗方法，医生也有义务在医生已知的范围内，对该治疗方法的内容、患者适应与否的可能性、采取该治疗方法对患者的利弊得失，以及能够开展该治疗方法的医疗机构名称和所在地理位置进行告知。"

换句话说，治疗方法包括手术的具体情况和患者的主观意图，这些都是衡量医生在签署知情同情书时是否违反说明义务的标准。从该判决案例可以看出取得知情同意时所要求的一般

---

[1]　所谓"乳房温存疗法"是指"在确保肿瘤根治性的同时，尽可能地保持乳房的完整性和美观性"为目的的乳腺癌治疗方法。这种方法一般适用于直径小于 3 厘米的肿瘤，只将肿瘤和肿瘤周围 2 厘米左右的正常组织局部切除，术后必要时进一步追加放射线照射治疗。

标准。也就是，即使没有达到医方的治疗和检验水平，如果患者提出要求，医生也负有对该治疗方法进行详细告知的义务。

因此，重要的是，根据每一个病例的不同，有必要在考虑诸如患者的主观意图等具体情况的基础上征得患者的知情同意。可以说，知情同意实质有效的前提是对于每一个病例和每一位患者都应该具体考虑知情同意的内容。医方不是要专注于准备整齐划一的知情同意书，而是应该针对眼前的这个患者和病例采取个性化的知情同意手续。

（三）知情同意的两种模式

关于知情同意，学者提出了两种模式，即事件模式（event model）和过程模式（process model）。

1. 事件模式的局限性

基于此，下文将在讨论事件模式的基础上，重新建构这一模式。

事件模式强调的是在现场做出的知情和同意。大多数知情同意，至少在言语上都侧重于事件模式。即以提供充分且准确的医疗信息，以及患者本人自我意愿下的决定两个要件为主，是一个"信息提供→独立判断→自主决定"的过程。

但是，这一模式并不一定总能适应现实情况。不仅是医方，即使从患者的角度看，也会对这一模式感到不自然。首先，关于"提供足够的医疗信息"。即使医方已提供了充分而准确的医疗信息，但是对于患者来说，通常也难以理解。如果是购买电器或者日常用品，人们能够根据自己的使用需要选择适合自己的物品。但是，对于医疗信息，即使医方逐一提供了，对于不具备医学专业知识的患者，通常也没有办法仔细斟酌和做出有把握的决定。虽然医方可以努力使用通俗易懂的语言进行解释说明，但这对提升患者的理解并没有明显的改善，有时反而增加了理解的歧义。也就是说，专业信息只有在拥有非常深厚的专业知识的前提下才能很好地加以利用，并不是提供了专业信息就可以做出恰当的抉择。

另外，即使说是患者的自我决定，但如果所解释的信息并不能被患者完全理解，所做出的决定也可能不切实际。加之，每一位患者都是生活在自己特定的家庭或社会关系之中，出于对环境因素的考虑，他们可能在日后会做出与最初意愿不同的决定。也就是说，作为非医学背景的患者，即使医方进行了解释说明，当医生要求患者进行自我决定时，通常患者也会感到束手无策。

但是，这并不意味着没有必要提供足够的医疗信息，也不意味着没有必要尊重患者的自我决定权。相反，为了让患者有效利用所提供的医疗信息，并结合实际情况做出适当的决定，有必要考虑该模式到底还缺少什么。可以说，事件模式是必不可少的，但这仅仅是一个起点。

2. 过程模式的意义

与事件模式不同，过程模式试图将知情同意视为一个连续的医患交往的过程。这里的关键之处在于"对话"。

单向传递信息（比如只是解释说明）不属于"对话"。如上文所见，在单向信息传递中，只提供信息谋求另一方的理解，对于非专业人士而言，这些信息仍然是"难以理解"的。在此，必须形成一个信息提供、理解和决定双向互动的"对话"模式。

首先，真正的信息提供和理解，不能简单地针对字面或者语言表面的意思来进行。为什么呢? 因为信息总是在个人各自解释的基础上来接受的。举一个简单的例子。例如，假设医生解释说，某种抗癌药物副作用的发生率为5%，即每20名患者中就有1名发生副作用，医生的用意当然是"使用这种高风险药物需要小心啊"，带有警告的意味。但是，患者可能会认为"5%的发生率，说明是安全的药物，可以放心使用"。在此，即使签署了知情同意书，但最初提供的"信息的含义"与接收到的"信息的含义"也截然不同。

为了使信息提供成为真正的"信息共享"，必须尽可能多地倾听患者的想法、背景因素、已知和未知情况的过程。不仅仅是寻问"您有什么问题吗？"或"您听懂了吗？"还应该以更加积极的态度去聆听。所谓"对话"是以双向交流为前提的。因此，信息提供不能仅限于字意表面的传达，还应该将其中蕴含的内容表达出来。在患者理解医生谈话内容的同时，医生也可以理解患者的想法。

做出医疗决定时也同样需要如此。在尊重患者自我决定权的同时，通过"对话"了解患者的家庭背景、社会背景，与医务人员共同做出决定，才能做出真正适合自己的自我决定。

可能有的医务人员会说，在医疗现场没有这样的时间。是的，的确如此，这也就是为什么主张采用过程模式的原因。这种"对话"不能仅仅局限于签署知情同意书的那一刻。如果能在日常医疗过程中进行良好"对话"，则医方将逐步加深对患者状况、感受以及如何对待医生的解释说明的理解。患方也是一样的。但是这一系列医患互动和对话过程的重要作用却被把知情同意当作一个事件，即事件模式埋没了。尽管在紧急抢救的情况下，征求知情同意的情况有所不同，但即使这样，事后与患方之间的互动与对话同样非常重要。

综上所述，即使把知情同意嵌入整个过程中，仍然很难在签署知情同意书时做到在双方充分理解和同意的基础上做出最佳的选择。因此，有必要将调解引入到知情同意的过程中。

（四）将调解引入知情同意过程中

调解是一种模式，可以推动医患双方之间的对话，促进医患之间的相互理解，并设身处地地关照对方深层次的需求。上文已经指出了医疗纠纷调解在医疗纠纷发生后的初期应对、投诉管理到日常诊疗，甚至是在儿科、产科中所具有的广泛作用。但是，仍然可以说，知情同意是医疗纠纷调解能够发挥最大作用的场合之一。

最近，日本国立医疗机构在近畿地区举办了一场医疗纠纷调解培训。这次培训将调解通过角色扮演的方式引入到知情同意的过程中，使学员们体会到了其中的实效。当有调解员介入时，调解员可以关注到沉迷于解释和倾听的医患双方没有注意到的可能产生误解的地方，以及患者的主观因素和社会背景、医方的背景情况，进而通过适当地提问，挖掘和补充各方的相关信息，促进彼此进一步了解，最后形成共识。

实际上，在取得知情同意的场合，很多情况下有护士在现场。在多数情况下，多安排几位医务人员在场，主要是为了防止意外事件或者一些过激言论发生时，可以作为见证和提供帮助。但是，在场的医务人员如果作为调解员参与知情同意对话的话，知情同意的质量将会得到显著提高。在接受医疗纠纷调解培训之后的伊藤达郎说，将调解员安排到知情同意的过程中，患者的满意度得到了显著提高，并计划今后针对知情同意开展角色扮演的培训。

尽管签署知情同意书是基于法律的一个必要条件，但如果仅仅是为了获得知情同意书上的签字并以此作为提防患者日后不承认的手段的话，那真是本末倒置了。知情同意书在法律上是必不可少的，但这仅仅是起点。从那以后，良好的互动与耐心细致的解释说明仍然非常必要。而调解将有望在知情同意过程中发挥其应有的作用。

五、临床伦理抉择中的调解

医疗纠纷调解并不是以"争执"为前提的。即使发生了医疗纠纷，医方诚挚面对遭受不良医疗后果的患方，运用医疗纠纷调解的理念和方法为患者提供后续援助，以防止纠纷的进一步恶化，并借此加强医疗安全管理。但是，即使是这样，调解也只是以"认知分歧"的存在为前提。这种"认知分歧"的存在在医疗纠纷调解中被称为冲突。人们常常将"冲突"和"争执"彼此等同，但是"冲突"具有更广泛的含义。从这个最广泛的意义上讲，医疗纠纷调解的研究必须抓住"冲突"这一概念，而"认知分歧"是"冲突"而不是"争执"。

必须以存在"认知分歧"这一冲突作为前提。无论是在医疗纠纷发生场合还是在知情同意场合，在作为专业人士的医务人员和作为医学门外汉的患者之间都必然存在"认知分歧"。这就是为什么医务人员必须在考虑和尊重患者认知的角度和认知分歧的同时，努力做到信息共享的原因。在这一过程中，调解也可以发挥应有的作用。因此，对"认知分歧"的认识是与医疗安全管理密切相关的。

下面，将从如何利用调解来克服"认知分歧"这一角度进行讨论。

(一) 临终治疗方案决定时的应用

在生命伦理和临床伦理困境下, 尤其是在临终抉择伦理中需要调解来进行化解。

根据日本厚生劳动省进行的一项调查, 在讨论患者临终时的治疗方案时, 最常见的困难是"家庭成员之间的意见很不相同", 其次是"无法确认患者本人的意图"和"不清楚患者及其家属是否理解了医方的意见"。[1]

该项调查是为了把握"高龄老人临终咨询援助金"的现状而进行的, "咨询援助金"是根据由医务人员与患者及其家属进行商讨后写成的申请材料进行计算的。在这一过程中, 关于如何具体操作, 决定过程中应考虑的标准等已经颁布了一些指导性原则, 但是在实践中该如何进行商讨, 即关于对话程序、对话模式没有做出规定。

在以临终抉择伦理为首的生命伦理和临床伦理领域, 目前法律标准和抉择准则、抉择程序都还有待建立。当然, 这些是必不可少的基本制度。但是, 无论立法如何完备、指导原则如何周全, 在实践中与具体抉择直接相关的关于如何呈现复杂而多样的生活的对话, 才是最为重要的。对患者及其家属, 以及应对的医务人员而言, 重要的是在指导原则下情感和各自想法相互交流和彼此接纳。调解作为这种实时对话的过程模式将会

---

〔1〕 日本厚生労働省の调查报告书:"平成 20 年度诊疗报酬改定结果检证に係る调查・後期高齢者にふさわしい医疗の实施状况调查 2—後期高齢者终末期相谈支援料に係る调查", www. mhlw. go. jp/shingi/2009/05/dl/s0520-4f. pdf 访问日期: 2020 年 8 月 14 日。

非常有用。

(二) 临床伦理抉择与调解理念

下面讨论一个虚构的案例。

川上先生接受抗癌药物治疗已经一年多，但由于疾病本身的发展和副作用的影响，他的身体状况正在逐渐恶化。即使改用另一种抗癌药，也不能期望有太大的效果，并且同样可能发生副作用。如果停止化疗并考虑缓和疗法的话，那么会比现在的情况好一些。医疗团队在通盘考虑用药情况和患者的整体状态的基础上，决定实施缓和疗法。但是，在听完医生的上述决定后，患者希望"尝试另一种抗癌药"，而患者的妻子则希望"患者在最后的时光里安静地和家人生活在一起，免受不必要的痛苦"。

这是清水哲郎教授在讨论临床伦理问题时使用的一个案例。[1]在这种情况下，清水哲郎教授认为，无论是"尊重患者的自我决定权"，还是"因为对患者有害无益，否决患者的自我决定权"，在只有一位医生面对一位患者（或者家属）的情况下，基于某些标准和一定的原则所做出判断和抉择都是不合理的。

关于医学伦理已经建立了一套基本原则（比如自主原则、有利原则、不伤害原则、公正原则），并据此判断案件，但无论规则多么详细，在多样化的生活面前，都难免存在局限和困境。需要注意的是，在这种情况下，医生可能只会从患者所生活的复杂而丰富的背景中截取符合医方认知框架的部分来做出判断。

---

〔1〕　〔日〕清水哲郎："臨床倫理という営み"，金沢大学編《講義録·研究者になりたい人のための倫理−先端科学を中心に》（2006），41—52頁。

例如，在矛盾和犹豫、焦虑和希望的交织中，患者有一次发出"让我早点死吧"这样的感叹，那么很可能"停止延长生命的治疗"的基准就在医方的认知框架中得到了重视。

这与法律工作者从医疗现场复杂而繁多的相互矛盾和纷乱的现象中截取与法律规则有关的一部分，并运用该法律规则进行判断的结构相同。丰富的现场感和生活情景都被舍弃掉。

清水哲郎教授还对不是基于抽象的标准，而是根据各个具体案例，运用临床伦理四象限法"医疗适应性""患者意向""生命品质"和"周围环境状况"进行分析判断的方法提出疑问。经过临床伦理四象限法整理分析之后，按照什么原则去处理，该方法却没有给出答案。

基于这一局限性，清水哲郎教授提出的临床伦理态度是从试图理解患者及其家属语言背后的想法、人生观和价值观开始的。比如，对于患者的想法"即使会很痛苦，我也想尝试一种新的抗癌药"，第一步是去追问患者为什么会有这个想法。

与其说川上先生期望这种新的抗癌药会产生效果，还不如说是希望用与疾病斗争到底的决心来换得妻子和家人的宽恕（请原谅我，我已经很努力了，但是我还是要先离去，真的对不起了），所以才决定再辛苦也要尝试新药。通过巧妙的提问，可以挖掘患者深层的具体需求。而妻子则可能更真诚地希望丈夫与家人平静地度过最后的时光，而不希望丈夫继续受苦。

所以，可以看出丈夫的心态"非常对不起妻子，我在最后应该留给妻子和家人什么呢"，与妻子的心态"在丈夫最后的时光里，我们应该留给丈夫什么东西呢"是相通的。只不过为了实现这一目标，存在"通过新的抗癌药来与疾病作斗争"与"通过缓和疗法平静地度过最后时光"方法上的差异。

顺便说一句，如果作为一位学习调解的读者，就会很容易看出清水哲郎教授提出的临床伦理方法与本书倡导的医疗纠纷调解的理念，以及通过 IPI 分析患者表面主张背后的真正需求的方法是异曲同工的。也就是说，可以从相同的角度来研究临床伦理与医疗纠纷调解。

（三）临床伦理与医疗纠纷调解的结合

清水哲郎教授还为临床伦理的实际应用提出了一些可资利用的实践工具。

首先需要一套伦理原则。上文已经指出了医学伦理基本原则的局限性，但这并不意味着伦理原则是不必要的。伦理原则虽说很必要，但是清水哲郎教授认为，伦理原则的内容不应该是"指令去做什么"，而应该是"应该采取何种理念和心态去面对"。在此基础上，清水哲郎教授提出了以下原则：

P1：尊重对方作为独立的"人"

R1-1：共同建构医疗行为，共同参与医疗抉择

R1-2：陪伴在身边（不加评判地、原原本本地接纳患者的想法和感受）

P2：最善原则

R2-1：尽量使对方受益

R2-2：不干扰他人的充实生活

P3：公平原则

R3-1：不对第三方造成不公平

R3-2：尽可能地利用社会资源

由于篇幅所限，无法在此进行详细讨论。有兴趣者，敬请阅读清水哲郎教授的文章。

第二项工具是核查表。它为医务人员在具体伦理抉择过程中设计出了标准的操作要点。清水哲郎教授提出的这一抉择过程，与上文中著者提出的知情同意过程基本相似。这并不是说怎样才是合理的标准，而是面对身处纷繁复杂生活中的不同患者进行抉择的过程。

从上面的分析可知，清水哲郎教授将临终伦理抉择形成共识的过程定位为"从双方信息共享到寻求共识"的过程。

即使提供了这些临床伦理原则以及伦理抉择过程中的核查要点，但是在具体过程中应该如何进行对话的课题却依然没有解决。因此，调解模型或者说是引入调解员来对医患双方提供对话援助，著者认为可以有效填补这一空白。通过加入具有相同理念和方法的调解步骤，就可以构建一个适合临床伦理和生命伦理的对话模型。实际上，在美国已经开始了类似的尝试。

(四) 来自美国医院伦理委员会的启示

在美国，关于生命伦理广泛组建了医院伦理委员会（the Ethics Consult Services，ECs）。宾夕法尼亚大学奥特曼·菲斯特 (Autumn Fiester) 教授曾经在《咨询模式的失败：为什么应该采用调解而不是咨询模式》[1]一文中引用Fox等人的研究结果[2]指出了ECs存在的问题。除了许多ECs成员没有受过适当教育这一背景外，调查还显示，ECs所提出的有关伦理问题的建议，经过多数表决制而获得认可的情况并不少见。有49%的ECs在

---

〔1〕 Autumn Fiester, The Failure of Consult Model: Why "Mediation" Should Replace "Consultation", *American Journal of Bioethics*, Vol. 7, No. 2 (2007), pp. 31-32.

〔2〕 Fox, E. , S. Myers, and R. A. Pearlman. Ethics consultation in U. S. hospitals: A national survey. *American Journal of Bioethics*, Vol. 7, No. 2 (2007), pp. 13-25.

部分案例中采用了多数表决制，在处理的一半以上案例中，多达20%的ECs采用多数表决制。菲斯特教授认为，自然而然地进行多数表决制就意味着存在意见分歧，在这种意见分歧的情况下，通过多数表决制来决定生死攸关是不恰当的。菲斯特教授的观点是有道理的。由于这些因素的影响，数据也还表明多数表决制实际上在该领域中使用不多。因此，必须用寻求共识的调解模式来代替这种咨询模式。因此，菲斯特教授开设了生命伦理调解课程，并已在美国各地举办了100多场培训。[1]

　　该模型还将尝试由哥伦比亚大学法学院的卡罗尔·里布曼教授和蒙蒂菲奥里医疗中心的护士南希·迪弗在纽约推行生命伦理调解教育。[2]2008年，日本医疗纠纷调解员协会邀请卡罗尔·里布曼教授进行了演讲。此外，2009年3月，早稻田大学将向来自世界各地的法学院学生展示生命伦理调解课程，此后与美国院校之间的生命伦理调解教育的协作一直在不断推进。那么，生命伦理调解与一般的医疗纠纷调解有何不同呢？

（五）临床伦理调解、生命伦理调解的特征与未来

　　正如清水哲郎教授所倡导的，在临终伦理抉择的情况下，调解是将患者、患者的妻子、家属成员和医务人员召集在一起进行的。但是，根据卡罗尔·里布曼教授的观点，生命伦理调解与一般的医疗纠纷调解不同。在医疗团队为患者提供医疗服务时，每个家庭成员和患者通常会从不同的医护人员那里获得

---

〔1〕　信息来源：https：//medicalethicshealthpolicy. med. upenn. edu/faculty－all/autumn－fiester，最后访问日期：2020年8月14日。

〔2〕　Carol B. Liebman，Nancy N. Dubler，*Bioethics Mediation*：*A Guide to Shaping Shared Solutions*，United Hospital Fund（February 2004）。日本医疗纠纷调解员制度的共同创立者中西淑美副教授曾接受过该培训。

不同的信息，进而形成各自不同的观点。共享来自不同方面的信息以及消弭信息鸿沟，这将是生命伦理调解的第一步。在一般的医疗纠纷调解中，调解从接纳患者的想法并听取患者的诉说开始。但是，在生命伦理调解中，首先，医生应陈述其观点，然后在综合医生观点的基础上，开始聆听患者及其家属的诉说。关于这一点，著者认为没有必要事先假定这样的流程，未来的工作是有必要根据生命伦理问题的特性来分析和构建关于生命伦理调解的程序。另外，在临床伦理问题上，不能忽视生死观以及风俗文化的影响，有必要构建一套日本独有的生命伦理调解方法，同时将其与临床伦理抉择结合起来。

日本医疗纠纷调解员协会已经与卡罗尔·里布曼教授和菲斯特教授合作开发出了适合日本的临床伦理、生命伦理调解模型，现在中西淑美副教授每年都在开展临床伦理调解系列培训。

六、关于引入患者权益维护者制度的思考

下面，将讨论与医疗纠纷调解相关的患者权益维护者制度（Patient Advocate，PA）在日本引入和开发的情况。在日本，一些医院已经设立了诸如患者权益服务部（Patient Advocacy Services）这样的部门，并且已经有医疗纠纷调解员活跃在这样的部门。但是，在某些情况下，这样的部门可能只是基于名称字意的印象，因此有必要基于 PA 的现状进一步厘清认识。

（一）PA 的多样性

PA 主要是由美国为了赋予患者在医疗服务中应有的地位发展而来的。但实际上，在角色、活动内容和地位等方面存在着

极为不同的分歧。尤其是在美国，由于每个州制度的多样性，以及以民间为主导允许出现试错的可能，故很难将模式进行统一。所以，在考虑将 PA 引入日本时，有必要考虑其实际情况，以及在何种意义上对其进行推广。接下来，分几个不同的方面来考察 PA 的多样性。

1. 名称的多样性

首先，名称本身并没有任何正式统一的规定。除了患者权益维护者制度（Patient Advocate）以外，还有患者代理人（Patient Representative）、健康权利维护者（Health Advocate）、患者协调员（Patient Coordinator），等等，不一而足。当然，各种各样的名称也与各自所担任的不同角色相关联，这将在后面的文章中阐述。基于这些名称的共同点也就是力图站在患者的立场上，故在下文中将其通称为 PA。

2. 设置的机构不同

虽然都叫 PA，但是设置的机构却大相径庭，主要有如下几种情况。

（1）政府机构中的 PA：这是由行政机关设立的，为了维护患者的权益而提供各种服务。主要由护士和社会工作者担任，提供与老年保健医疗制度（Medicare）和医疗补助制度（Medicaid）有关的援助。

（2）医疗机构内的 PA：被医疗机构雇用，在医院中开展活动的 PA。其中的大多数，与其说是患者权益的维护者，还不如说是为患者提供服务的人员，以没有医学知识背景的社会工作者和客户服务人员为主。著者和田仁孝在 2007 年采访过的贝斯以色列女执事医疗中心医院（Beth Israel Deaconess Medical Center）和阿宾顿纪念医院（Abington Memorial Hospital）的 PA，类似于日本患者咨询窗口的作用；不同之处在于，院内的 PA 开展服务是以维护患者权益作为主要理念。但是，由于院内的 PA 是医疗机构的雇员，因此难免陷入维护患者权益与医疗机构权益的两难困境，并且在很多时候不得不屈从于医疗机构方面的需要，进而引发民众对院内的 PA 能否最大限度地保障患者权益，对 PA 的公平性的怀疑。[1]

（3）保险机构的 PA：主要是在公共保险系统中为患者提供建议和支持所设立的 PA。同样，在这种情况下，由于 PA 与保险者之间存在利益关系，民众对其公平性存有疑虑。但是，在如何使用复杂的保险制度为患者提供建议方面发挥着一定的作用。

（4）非营利性患者支援团体的 PA：针对癌症和其他疾病组成了各种患者支援组织，开展各种支援患者的活动，并且在组织中设立了 PA 人员。在一对一对患者进行支援的同时，通过设置 PA，以组织的名义为患者的权益保障做出贡献。[2]

（5）作为独立民间团体的 PA 组织：不同于针对不同病种所组织的患者支援团体中的 PA，这一组织是由 PA 组成，开展多种多样的患者权益维护、PA 培训教育以及提出相关政策建议等活动。其中许多 PA 组织是非营利性的，独立于各个医疗机构和保险公司，可以说这在患者权益维护方面是最为理想的组织

---

〔1〕 美国医院协会内设置的院内 PA 组织为：Society for Healthcare Consumer Advocacy of the American Hospital Association，载 https：//www. aha. org/websites/2012-10-12-society-healthcare-consumer-advocacy，最后访问日期：2020 年 7 月 2 日。

〔2〕 这类组织很多，比如，National Association of Healthcare Advocacy Consultants，参见 https：//www. nahac. com；Alliance of Professional Health Advocates，参见 https：//www. aphadvocates. org/；Health Advocate，参见 https：//members. healthadvocate. com/Account/；Organization Search Patient Advocate Foundation，参见 http：//www. patientadvocate. org/，最后访问日期：2020 年 6 月 5 日。

形式。另外，也有作为民间营利性组织的 PA 团体。

（6）作为 PA 的医疗工作者：到目前为止，担任 PA 职务的人才多种多样。除此以外，还有一种观点，即认为"所有医疗工作者都必须是 PA"。2008 年，在美国针对护士短缺提出的法案中，有一项提出"必须承认维护患者固有权益是护士的权利和义务"。例如，在取得知情同意时，"护士有权充当 PA"。[1]"所有医疗工作者都必须是 PA"这一观点具有非常重要的启示意义。

3. 活动的多样性

上文已经对设置 PA 的机构进行了分析。设置的机构不同，PA 所扮演的角色也不相同。接下来，尝试从不同的角色定位来对 PA 进行分析。

（1）一般权利保护：PA 除了针对个别患者进行援助活动以外，还通过提供政策建议推进患者权益保障理念和活动，以及负责患者权益维护者的培训教育。当然，PA 的最初起点是癌症等不同病种的患者团体对患者权益的维护和促进活动。即使到现在，这种努力仍在积极地进行之中。有些 PA 所在的组织将对个别患者的援助活动结合在一起，也有的是单独分开的。日本的患者团体也有类似现象。

（2）对个别患者权益的维护：主要是从保护患者权益的角度出发，处于患者与医疗机构之间帮助患者与保险公司进行谈判，使患者能够得到适当的医疗；有时在患者因为患病而遭遇不公平的解雇时，帮助患者与原就职单位进行谈判。维护患者权益是 PA 最重要的内容，因此可以说非营利性的独立的 PA 组

---

〔1〕 S. 864: National Nursing Shortage reform and Patient Advocacy Act.

织才最适合提供该种服务。在日本，可以说行政机构设立的医疗安全援助中心、医疗机构的医务社会工作者以及区域医疗协作室[1]都起着这方面的作用。但是，与美国独立的 PA 组织不同，日本的 PA 设立于行政部门或者医疗机构中，与设立机构有着千丝万缕的联系，故在直接推进患者权益保障方面显得很薄弱。

（3）为个别患者提供服务：除了上述最基本的患者权益维护内容以外，以此宗旨为核心，还开展对医疗服务和医疗支付等咨询服务。也就是说，这种 PA 以为患者提供直接服务为主要内容，院内设立的 PA 和患者协调员就是这样的角色。在日本，PA 与患者咨询窗口、医务社会工作者等角色是重合的。此外，在民间机构中的 PA 也起着类似的作用。

（4）解决问题：近年来，出现了定位于专门解决问题的 PA。例如，为了援助癌症患者而成立的非营利性的 PA 组织"患者权益基金会"（Patient Advocate Foundation）在其网站的主页上宣布："我们的使命是帮助患有慢性病的不可逆转的危及生命的患者消除医疗上的障碍，诸如医疗费债务、保险的利用、与就职单位的问题等，提供有效的调解和仲裁服务。"[2]这一类 PA 作为第三方帮助患者解决纠纷。

如上所述，即使它们都被称为 PA，它们的援助对象和工作

---

［1］　区域医疗协作室，正如其名，是医院为了进行地区间医疗协作而设置的业务部门。所谓地区间医疗协作，是指根据地区内各医疗机构的特色，推进职能分工和专业化，在该区域内联合提供优质、高效医疗服务的体系，是为了解决在大医院里轻症患者集中，候诊时间过长，或是重症患者在诊疗上不花费过多的时间等而设立的。区域医疗协作室起到让患者能够找到适合自己病情的医疗机构的作用，承担着与区域内的医疗机构相互联系、协调和援助的作用。

［2］　Patient Advocate Foundation，载 http：//www. patientadvocate. org/，最后访问日期：2020 年 4 月 21 日。

内容也极为不同，并且没有正式的资格认定以及标准化的培训教育体系。在将 PA 引入日本的医疗服务时，不是单单引进这个组织的名称，而是要针对日本医疗服务的多样性，考虑在何种意义上才有必要引入 PA 制度。

（二）日本引入 PA 组织的方向

在过去的这些年里，院内医疗纠纷调解制度发展迅速，各种医疗团体、各地医师会和医疗行政机关纷纷引入这一制度。通过医疗纠纷调解的传播，医务人员和医疗机构的心态和行为的变化只有得到了患者的认可，才能算是真正有效。类似于"所有医务人员都应该是 PA"的想法与医疗纠纷调解中"所有医务人员都应该有调解员的心态"相类似，对医务人员面对患者的态度和行为的变化都将产生积极影响。

另一方面，在促进医务人员进步的同时，对患者的社会支持系统却仍然不足。医疗机构内的医疗纠纷调解员不做任何判断或评价，只扮演搭建医患双方自主对话平台的角色。即使有院内医疗纠纷调解员的帮助，仍然存在医患之间专业知识和社会资源上的巨大差异。为了使医疗机构内的医疗纠纷调解更好地发挥作用，有必要另外建构对患者的社会支援系统。

那么，在日本，怎样才能有效地发挥 PA 这一组织的作用呢？如果日本要发挥好 PA 这样的患者权益维护组织的有效作用，哪种形式更有效呢？在日本现行制度下，著者认为 PA 的设置不应该在医疗机构内，而有必要设置为独立于医疗机构，并以财政支持为主要活动经费的组织。原因如下：

1. 关于 PA 在日本的作用

无法将海外的 PA 体系原原本本地移植到体制环境迥然不同

的日本。日本的院内医疗纠纷调解员制度也是在参考海外制度的基础上，根据日本的特色而构建和发展起来的。PA 制度应该也不例外。为此，有必要进一步认识 PA 在日本所应起到的作用。海外 PA 的地位和作用各不相同，因此有必要从日本的需要出发，借鉴其中的有益部分进行建构。

从这个角度出发，首先，PA 制度的建构有必要避免与日本已经确立的制度职能相重叠。例如，正如上文所述，美国医疗机构内 PA 所具备的职能，在日本已经有患者咨询窗口、医务社会工作者、区域医疗协作室、医疗纠纷调解员等履行了。即使将 PA 引入到医疗机构中，也不可避免地与某些已有的制度职能相重叠，意义不大。还不如将 PA 设置为承担已经在维护患者权益方面人员的继续教育，以及将来需要的维护患者权益人员的培养教育工作。

在日本，患者团体也在开展相关的政策建议和患者支持活动，只是没有把这些活动称作 PA 活动而已，这些活动都是 PA 的重要内容。有少数的患者团体作为 PA 组织的萌芽，提供着零散的 PA 服务，但是日本离 PA 组织的广泛存在还有很长的路要走。将这些已经萌芽的 PA 组织整合在一起，构建一个非营利性组织，以维护患者权益为宗旨，一方面，为维护患者权益提出政策建议，提供 PA 人才的培训教育；另一方面，为个别患者提供维权和解决具体问题的服务，以弥补日本缺少独立的 PA 组织的遗憾。

这样，参照海外 PA 所起的多样化的作用，在避免与现行制度重复设置的基础上，针对日本的薄弱环节设置独立于医疗机构的 PA 组织是日本的良好选择。

2. 医疗服务体制的差异

有必要考虑美国和日本之间在医疗服务体制上的差异。在这方面，也可以发现日本设置医疗机构内 PA 面临着一些困难。

在美国的医疗机构中，除了一部分公立医院以外，普通医生是自由职业者，并没有受雇于医疗机构，而是和医疗机构形成纵向的合作协议。医生与医疗机构之间是签约制，医生利用医疗机构作为平台提供医疗服务，在医疗机构内部行医。医生和医疗机构各自独立面对患者、保险公司或政府。而另一方面，PA 却是医疗机构的正式雇员，而不是独立的外部人员。因此，在医生与患者之间，PA 可以相对独立地居于第三方的位置。也就是说，具有合同关系的医生与作为医疗机构正式雇员的 PA，同医疗机构处于不同的关系中。因此，医疗机构内的 PA 在面对医生时，可以比较容易地站在患者的立场。因为是医疗机构的正式雇员，所以在为患者提供援助时，即使与作为外部人员的医生存在利益冲突，也不会陷入进退两难的尴尬境地。

但是，在日本，医生是医疗机构的正式雇员。如果将 PA 设置在医疗机构内，则 PA 和医生作为同一家就职单位的同事，就有着共同的利益关系。与医疗机构内的医疗纠纷调解员致力于在医疗机构内真诚对待患者，为医患双方提供自主对话的平台不同，如果院内 PA 站在"维护患者权益"的立场，必然与医疗机构之间存在难以化解的角色和利益上的冲突。

在美国，由于医生是自由职业者，独立于医疗机构，所以院内 PA 比较容易坚守"维护患者权益"的理念。但是，在日本，由于医生是医疗机构的正式雇员，引入院内 PA 的做法是不切实际的。另外需要注意的是，即使在美国，院内 PA 由于存在与雇主，即医疗机构的利益关系，民众对院内 PA 公平性的怀疑之声也时有耳闻。所以，在日本，与其在医疗机构中倡导"所有医务人员都必须是 PA"的观点，还不如将重点放在对现有制度下担任 PA 职能的人员以及将来需要的 PA 人员的教育培训上。

3. 设立独立的 PA 组织的必要性

上文基于日本的制度环境和医疗服务体制现状，阐述了设置院内 PA 并不是一个好选择。关于 PA 活动，著者已经反复提到有必要建立一个 PA 活动的支持机制。

通过构建独立的 PA 组织，可以在开展维护患者权益的理念、教育和人才培养等一般课题的同时，也可以为将来构建日本所欠缺的、明确地站在人人平等地维护每一位患者的立场提供支援做好准备。这种支援体系，应该包括从法律工作者的角度提供法律建议，从医疗工作者的角度提供医疗建议，以及对患者和不良医疗后果的受害者的心理援助等，基于患者角度的多种需求的服务。

实际上，在英国已经存在与日本的医疗体制和医疗服务现状相适应的 PA 服务模式。

(三) 英国 PA 服务体系的启示

自 20 世纪 70 年代以来，在英格兰，英国国家医疗服务体系（National Health Service，NHS）属下的医疗机构被要求设置投诉经理（Complaint Manager）。投诉经理是医疗机构的工作人员，通常由护士担任。投诉经理负责与医疗安全部门进行协调，处理患者的投诉和医疗事故等问题。与日本的医疗纠纷调解员不同，投诉经理站在医疗机构的立场处理问题的色彩比较强烈。此外，到这里为止，都是相当于日本的患者咨询窗口的患者咨询联络服务中心（Patient Advice and Liaison Service，PALS）在为患者提供帮助。这些都类似于日本的患者咨询窗口和院内医疗纠纷调解员的职能。

问题从这里开始。在英国，上述所有服务均由医疗机构内的工作人员提供。众所周知，为了捍卫患者的权益，必须有独立于医疗机构的组织。因此，英国也建立了独立机制，这是日本所欠缺的。

《英国健康与社会保障法案》规定，国家有义务为对 NHS 医疗服务不满意的患者提供援助，且必须提供独立的患者权益捍卫（Advocacy）服务。为此，政府已将援助服务外包给民间的患者支援组织独立投诉维权服务处（Independent Complaints Advocacy Service，ICAS）。这样，患者就拥有一个可以免费享受的独立于医疗机构的 PA 服务体系。[1]

2007 年，著者和田仁孝在伦敦访问 ICAS 时，6 名 PA 人员作了详细的介绍。但是，除了一名 PA 人员原来是护士以外，其他几位都是没有医学背景的人员。而且 ICAS 是独立机构，便于从捍卫患者权益的角度开展活动。PA 与 NHS 缔结的劳动合同以数年为一周期，ICAS 在英国各地都设有分支机构，为寻求帮助的民众提供了非常便利的条件。

在美国，2007 年通过的一项法案要求国家向为患者提供支持服务的组织提供财政支援，以排除民众接受医疗服务所遭遇的障碍，并借此改进医疗质量。[2]应该说，在日本所需要的不是一个职能重叠和公平性欠缺的院内 PA，而是一个独立的、以捍卫患者权益为单一目的的、更加公正的公立机构，就像英国这样。

---

〔1〕　ICAS 设立的患者援助服务组织，诸如 http://www.pohwer.net/our_services/independent_1.html.

〔2〕　H. R. 1883: Patient Advocacy Act of 2009.

如果能够将患者咨询窗口和院内医疗纠纷调解员对医疗方面的改善，与对患者方面的适当援助结合起来，那么医患之间信任与对话的体系就能真正地构建起来了。

七、调解与叙事医疗安全管理

下面，将讨论医疗安全管理与调解之间的关系。实际上，2010 年 10 月 15 日至 16 日在日本广岛举行的第 48 届日本医疗与医院管理学会学术年会上，参与调解推进工作的与会者举办了题为"叙事医疗安全管理"（Narrative Based Safety Management，NBSM）的会议分场。这也是对医疗纠纷调解如何贡献于医疗安全管理这一过程进行理论化、系统化的首次尝试。

医疗纠纷调解与医疗安全管理之间存在什么样的关系？医疗纠纷调解可以在多大程度上推动医疗安全管理？以及调解可以加强医疗安全的有益经验能否理论化？两者有哪些可以相互借鉴的理念和方法？下面，将围绕广岛的这次学术会议进行回顾总结。

（一）医疗纠纷调解与医疗安全管理之间的关系

实际上，关于医疗纠纷调解与医疗安全管理之间的关系，著者和田仁孝作为日本医疗纠纷调解员制度的创立者，在创立之初就已经意识到这一点。日本医疗机能评价机构医疗安全推进协议会教育课程委员会主任、横滨市立大学教授桥本迪生，在这次学术会议上报告了其中的经过。

随着人们对医疗不良事件的日益关注，医疗界一直在全力以赴地提高医疗安全性。当时的观点主要是为了改善和确立制度性的系统应对。后来，就系统应对而言，医疗安全产生了一定的效果，但是仍然存在一些无法填补的遗憾。这就是患者与医务人员之间的关系，以及医务人员之间的特定性问题的研究。以前也曾试图填补这一空白，但是大多数仅限于肤浅的沟通技能，效果并不理想。在这个时候，遇到了著者和田仁孝提出的调解概念，并在扎实理论背景的基础上构建了医患关系的模型，可以较好地填补这一空白。著者和田仁孝的研究引起了日本医疗机能评价机构的关注。

也就是说，在桥本迪生教授的医疗安全蓝图中，从一开始就包含医疗纠纷调解这一要素。此外，医疗纠纷调解员培训课程的开发者中西淑美副教授从发展之初就强调，调解与医疗安全有着相互促进的本质关系。考虑到这一点，不用说，为了确保医疗安全，必须以促进充分医疗信息共享的方式，进行医患之间以及医务人员之间的对话。还有，如果患者和医务人员在不良事件发生后进行了良好的对话，则有可能从患者的角度得到关于医疗安全的启示，而不仅仅是从医务人员的角度来看待事件。另外，面对患者的医务人员从该过程中也可以学到很多东西。著者认为，患者与医务人员之间的良好对话和和谐关系的建立过程中所包含的关于医疗安全的启示，可以补充利用常规方法从体制角度所看到的医疗安全的启示。但是，桥本迪生教授在其报告中指出，应从关系构建和制度体系两个方面来重视医疗安全管理。

这样看来，医疗纠纷调解与从体制角度研究医疗安全管理是兼容的或者说至少是相互补充的。但是，行文至此，针对医疗纠纷调解与医疗安全管理的关系并没有做出详细的论述。为了深入讨论这一点，先来看一下对活跃在现场的医疗纠纷调解员与医疗安全之间的关系所做出的评价。

(二) 医疗纠纷调解对医疗安全的影响

经常从医疗现场的调解员和管理人员那里得知，调解通过改善对不良事件发生后对待患者的态度以及在日常诊疗中对待患者态度的改变，为医疗安全做出了贡献。根据日本医疗纠纷调解员协会 2012 年对已经经过了资格认定的医疗纠纷调解员进行的调查（参见图 7-1），位列医疗纠纷调解所取得的效果的第三项为"确保医疗安全"。还有，诸如"面对患者的态度""与患者的日常应对质量"这些排名靠前的项目都是对医疗安全有贡献的。值得特别注意的是，在这些项目中"提高医疗纠纷解决的质量"得到高度评价。

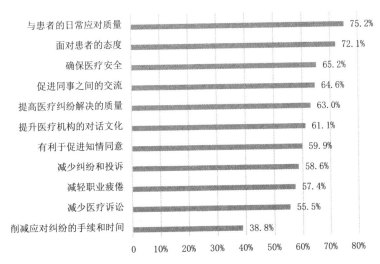

图 7-1　医疗纠纷调解成效（全体 n=319）

因此，很明显，调查以及调解员的发言都表明，医疗纠纷调解为医疗安全做出了重要贡献，那么这是为什么呢？下面，将逐步展开讨论。首先，讨论医疗安全所涉及的范围。

（三）安心安全医疗服务与医疗安全

关于医疗安全的定义有各种各样。在医疗领域，医疗安全除了在预防不良事件意义上狭义的患者安全与医疗安全的含义以外，还应该包括提供使患者感到放心的医疗服务这一内容。可以说，从广义上讲，就是保证医疗质量。实际上，即使提供了安全的医疗服务，如果不能消除对患者的焦虑，有时也会引发意想不到的问题。这些误解、纠纷的发生常常需要付出一定的时间和人力成本来解决，这在一定程度上冲销了狭义上医疗安全所取得的成效。只有打造能够让患者安心接受医疗服务的环境，才可能使医务人员安心地提供医疗服务。

对于患者来说的安心医疗与对于医务人员来说的安心医疗可能在某些方面有所不同。对医务人员而言，安心医疗应该包括工作环境等方面，也就是包括其服务的对象，即患者。所以，可以说患者和医务人员的安心医疗是相辅相成的。

这样，围绕患者和医务人员的安心医疗，不用说，旨在促进患者与医务人员之间的对话，并构建信任关系的调解本身无疑就是一种医疗安全的新的尝试。这就是使用其他的分析方法很难做到的、从诉说和对话中找出潜在风险，并将它们与安全医疗联系起来的 NBSM 之所以重要的原因。在这次学术会议上，尼崎医疗生协医院的医疗安全负责人游道桂子女士在学术报告中也强调了这一点。从医疗纠纷调解的角度看，医疗安全应该包括"安心"这一要素。

（四） 不良事件的预防与医疗纠纷调解

医疗纠纷调解不仅有助于广义上的医疗安全，就狭义上的医疗安全，即预防不良事件而言，调解也以多种方式做出有益贡献。

1. 构筑预防不良事件的对话

在上文中，已经多次指出，医疗纠纷调解是一种用于调整医患关系的软件设施，不仅对处理不良事件事后的应对有用，而且在日常诊疗场合也很适用。例如，在取得知情同意的过程中，通过使用调解模式可以加深患者和医务人员之间的信息共享，这样信息被错误理解与传达而导致不良事件发生的可能性就较小。实践经验表明，许多不良事件都是由于沟通不到位而造成的，在这一点上调解具有显而易见的预防作用。总之，医疗纠纷调解对医疗安全的首要贡献在于，可以通过在日常医疗护理中进行的自我调解和在各种场合下进行调解来弥合由于沟通不到位所造成的认知分歧，进而预防不良事件的发生。

2. 从患者和医务人员的叙事中寻求关于医疗安全的建议

即使发生了不良事件，也可以在随后的调解应对中获得有关医疗安全的启示。不良事件发生后，常常会使用各种方法来寻找事件发生的体制原因。但是，这种客观分析方法常常忽视事件直接当事者（患者、医务人员）叙事的具体内容，仅在表面上展开分析。然而，通过与医疗纠纷调解以社会建构论为共同理论基础的叙事方法的分析，是可以在这种具体的背景叙事中揭示无法通过体制和客观方法识别的风险的。叙事研究的方法与客观分析方法不同，但是具有一定的普遍性，从中可以得出对医疗安全的普遍启示。许多医疗纠纷调解员似乎认为这是调解促进医疗安全的现象。在具体的案例、患者和医务人员中也许可以看到这一点，但是必须对此进行理论化的建构。后文将对此进行论述。

3. 通过各当事者认知的改变促进医疗安全

经常有医疗纠纷调解员反映参与不良事件处理的医务人员本身也可以在与患者面对面的应对和叙事过程中学习到很多有益经验。在这方面，同样不是基于表面的对话，而是由于调解实现了包括背景叙事在内的深层次的信息共享。因此，医生能够以感同身受的方式理解患者的认知背景，并由此觉察到自身的认知局限。换句话说，叙事研究方法有助于提高作为个体的医疗工作者的医疗安全意识，而不是局限于从体制等一般意义上来促进医疗安全。通过对这些事件的积累，可以在一定程度上进行理论化建构。

现在，如上所述，在预防性调解（例如在知情同意的过程中）的情况下，调解将直接有助于推进医疗安全，但其在处理不良事件中的作用是通过叙事关联到个体质的维度的变化。关键在于，这种患者与医务人员之间通过"叙事交汇"所带来的认知的改变，可以超出一般的启示意义，升华成可用语言概括的理论化的分析方法。

关于这一点，山形大学医学部中西淑美副教授在这次学术会议上，围绕 NBSM 这一概念提出了尝试性分析思路。

（五）NBSM 的基本理论

在下文中，将按照中西淑美副教授学术报告的顺序，对将调解过程中对话与医疗安全的启示紧密联系起来的 NBSM 的构想，从概念到基本理论以及具体分析方法，进行逐一阐述。就像 EBM（循证医学）对应于 NBM（叙事医学）一样，该理论期待贡献于与有组织的客观医疗安全分析方法相对应的基于叙事的医疗安全方法。

首先，其理论基础是社会建构论。简而言之，就是立足于"现实是通过叙事建构的"这一观点。例如，日本人的发音，通常无法清楚地区分英语中的 R 和 L。美国人对日本人的这一现象会觉得不可思议："为什么这么不同的发音，你们日本人会区分不清楚呢?"无论是美国人还是日本人，到达耳膜的 R 和 L 发音的波长是一样的，只是 R 和 L 的波形不同。美国人在学习英语的过程中，掌握了区分两种不同波形"体系"的方法。日语则不同，日本人将 R 和 L 也拼作"ラリルレロ"（日本的五十音图），而美国人的拼法却完全不同。这样，即使是听觉等基本的感觉，也都深受文化体系的"影响"。

人们在认识社会现实时，有意识和无意识地应用各种认知框架。认知框架随着文化、时代、性别和经验的不同而有差异。患者和医务人员根据不同的认知框架将医疗世界构建为一个叙事框架。毋庸置疑，科学上的认知只是其中的一个现实。对于医疗纠纷调解比较熟悉的读者可以比较容易理解这一观点。

在对"现实"的认知建构中，"叙事"这一概念非常重要。在社会建构论中将"叙事"分为两大类型，在此将其称为"典型叙事"和"非典型叙事"，以下依次进行分析说明。

典型叙事：在瞬息万变的时代，人们不能像婴儿一样从头开始认识世界。每个人都存在许多反映世界固有认知的框架，人们使用已有的认知框架去建构对周围世界的形象。这些既存的认知框架称为典型叙事。例如，典型叙事"吸烟有男子汉气概"转变为"吸烟有害健康"，随着时代的改变而变化。此外，存在典型叙事"医生是救死扶伤的天使"，但也存在相反的典型叙事"现在的医生都很黑"，典型叙事之间也会出现相互矛盾、分裂和欠缺的现象。也就是说，在发生医疗不良事件时，也会出现由诸如"医院是个骗子"和"请将医疗信息公开和真诚的对待患者"之类的典型叙事所构建的当事者的不同认知。

　　非典型叙事：这是指在当事者的言说中内藏的叙事。它是NBSM所要直接分析的对象。当然，此时的当事者也会有典型叙事，只是它深埋在非典型叙事之下，一般不易察觉。非典型叙事通常非常混乱，缺少内部一致性和系统性，有时甚至会产生矛盾。在许多情况下，当情感纠葛非常混乱时，患者常常以愤怒的叙事来表达悲伤和痛苦。

　　反复修正的对话：患方和医方都使用自己选定的典型叙事来建构医患之间的对话，对话的重要意义对于已经学习过调解的读者来说非常容易理解。当事者的对话只是叙事分析方法的起点。从医生的角度看，患者的对话不是表面肤浅的叙事，而是患者内心深处的想法和情感的表现。同样，从患者的角度看，患者的叙事是未经表达整理的深层次想法和情感不断通过对话进行整理、修正的过程。当然，反过来说，医生的叙事也是患者不易看见的医生的想法和情感不断通过对话进行整理、修正的过程。

　　换句话说，这是一个当事者和调解员将对方的对话当作叙事结构来分析，并通过反复对话来促进双方叙事的修正，进而改变认知结构的过程。当许多医疗纠纷调解员通过反复对话改变医生的认知时，医生的叙事结构也在发生着变化。通过这样的方式，就有可能获得有关医疗安全的建议。

有时候可以更直接地从患者和医务人员在不良事件发生后的叙事中看到体制上存在的医疗风险隐患。各自的叙事结构中存在哪些分歧和误解、风险发生的概率、与不良事件之间的关联，这些都可以从叙事层面进行分析，为医疗安全提供有益的启示。

从社会建构论的观点看，叙事和认知的改变都是单个的、一次性的事件，试图从中得出一般性的建议似乎与其本身的基本观点背道而驰。基于此，尝试对定性数据进行一定的客观分析似乎很有意义。接下来，将介绍这种分析方法的初步理论。市面上已经有许多关于社会建构论和叙事理论的书籍，但是需要补充的是，诸如叙事疗法之类的入门书可能更容易理解和有帮助。

（六）NBSM 程序

NBSM 的过程尚未全部完成，只简单介绍一下。在这里，将对不良事件发生过程的叙事进行分析。

1. 原始材料的准备

如果进行了调解的话，将对话过程作为素材。如果没有进行调解的话，则将患者的访谈以及对医务人员的访谈等作为原始材料数据。

2. 通过复线轨迹等效性模型（Trajectory Equifinality Model，TEM）进行分析

首先，按时间顺序列出数据，并使用被称为 TEM 的定性研究方法提取要点。在 TEM 中，首先，设定到达点，比如将"不良事件的发生"等设置为到达点，即 TEM 中所称的等效点。在

此，"不良事件的发生"与"避免不良事件"是两极化等效点。接下来，再提取并确认到达该等效点的路线。到达等效点可以有多条路线，而确定遵循哪条路线的点被称为分支点。如果关注当事者的叙事的话，经常能够挖掘出使用客观分析方法所不易发现的不同路线、隐藏的路线和分支点。该分支点正是发生风险的点，必须加以有效控制。搜寻这样的分支点是第一步工作，只不过在 TEM 中是用"社会取向"这一概念来描述发生分支与做出选择的要素。通过 TEM 提取叙事中的"分支点"以后，就可以利用调解技能对该叙事结构进行分析了。

3. 叙事结构分析

由于篇幅的关系，在此省略对叙事结构详细分析方法的介绍，仅列举一个简单的示例。

（1）医务人员的叙事结构。

例如，假设做了并非绝对必要的检查而导致不良事件的发生。当然，对于检查本身的执行，做出检查的决定也是重要的分支点。但是在这里，向患者提出的诊断名称对患者来说未必就是最适应的，为什么向患者提出这样的诊断名称？这就是第一个分支点。当医生在为患者选择诊断名称时，医生的认知叙事结构到底是怎样的呢？当然，医学的叙事是基础。但是，假设存在若干个合适的诊断名称的话，医生向患者提出的诊断名称只是一个合适的诊断名称而不是最佳的诊断名称，是因为所选择的这个合适的诊断名称在医疗保险的报销方面对患者更为有利，而且假设患者在事前的对话中谈到自己在生活和经济方面都很困难。医生充分考虑到患者的这一现实处境后，为患者选择了该诊断名称。在这个分支点上，导致医生选择这个诊断名称的认知构造，不仅包括医学上的叙事，还包括各种叙事，比如患者的经济状况。这样的叙事结构安排是符合医生的职业特点的。另外，假设医生能进一步深入倾听患者关于经济状况的叙事，则医生可能会觉得没有必要把经济问题看得那么重要。运用这种分析方法可以深入观察案例的叙事结构及其隐藏的风险。当然，这个案例是简化了的，不用说，实践中的案例会受到更为复杂的叙事结构的影响。

（2）患者的叙事结构。

患者受到疾患的困扰、经济上的焦虑以及关于家人如何看待自己患病这件事等各种叙事的影响。患者在这些叙事的影响下，一边倾听医生的意见，一边建构关于自己疾病的认知。经济上的困难与家族成员之间关系的叙事密切相关，并且在最糟糕的情况下，经济问题仅仅是次要问题。但是，在与医生的有限对话中，患者可能没有谈及家庭的内部情况，并且可能只强调了经济困难的一面。实际上，经济上的困难并没有那么严重，而医生因为没有继续推进与患者的深层次对话，仅凭患者的这些泛泛的发言，而将经济上的困难看得非常严重，进而决定了这一诊断名称。如果能够进一步推进与患者的对话，则诊断名称有可能被确定为最佳的名称，而且也不会开出引发医疗不良后果的检查。在这种情况下，叙事结构会影响不良事件的发生。通过分析叙事结构的特征，医务人员可以发现在应对患者方面需要自我完善的地方，以及通过患者的叙事发现潜藏的医疗风险，进而促进安心与安全的医疗服务的实现。此外，通过分析医务人员的叙事，可以挖掘出潜藏在工作环境中的风险因素，并获得关于提高医疗安全性的启示。

在每一个分支点进行这样的叙事结构分析，可以从叙事层面筛查出各种潜藏的医疗风险因素。虽然医疗风险会因为每个案例的具体情况而有所不同，但是通过对筛查案例的积累，是可以发现规律，列出通用的风险清单的。

4. IPI 分析与 NBSM

如前文所述，医疗纠纷调解可以使用 IPI 分析工具，它是哈佛大学法学院开发的一种谈判理论分析工具，但是它过于简单了。从叙事调解的观点来看，IPI 分析工具是完全可以应用于医疗服务领域的。下面，谈谈 IPI 分析方法与叙事结构及其转变之间的关系。

毋庸置疑，当事者认知中的主张和真实需求都是由叙事建构的。在调解中，调解员通过"提问"将只局限于表面主张的医患对话，引导为帮助当事者自我觉察对话背后深层次的想法和需求。也就是说，在此过程中，调解员只是帮助当事者通过自我觉察，认识到其中的错误或者矛盾，促进当事者自我认知的改变。在叙事理论中，从基于主张的叙事转变为基于真实需求的叙事，是通过对没有言语化的内容在对话中进行反复叙事，解构典型叙事，重新建构替代性叙事。IPI 分析工具正是形象直观地呈现叙事结构的有力工具。

因此，调解技能中的 IPI 分析工具对于 NBSM 中叙事结构的分析将大有裨益。通过 IPI 分析，将风险因素可视化，努力消除人为因素方面的安全隐患，为医疗安全做出贡献。

上文探讨了医疗纠纷调解与医疗安全之间的各种关系。在关于 NBSM 的分析中，对于 IPI 分析在 NBSM 中如何运用，鉴于篇幅的原因没有具体展开。在此，关于 NBSM 的论述只是一种崭新的尝试，有必要在将来通过具体的案例加以检验来进一步完善。今后，为了客观呈现医疗纠纷调解员在医疗现场通过调解改善医疗安全的现象，将致力于更加精细的系统化研究。

第八章
修复性正义下日本医疗纠纷调解与医疗 ADR

在前面的章节中，已经围绕修复性正义的影响考察了日本医疗纠纷调解制度的形成和发展。修复性正义不仅要处理已经发生的伤害事件，而且要积极考虑社会成员未来的关系，它力图救助的不仅包括受害者，还包括加害者与社群；它不仅需要矫正加害者导致的伤害行为，预防再次发生伤害，而且强调使加害者有机会重新回归社群，尽可能重建或修复社会成员之间的包容、团结与相互信任。

修复性正义体现在日本的医疗纠纷调解中，就是不仅强调在当事者的合意和意思自治的基础上自主解决纠纷，而且顾及医患之间的情感和长远关系，侧重于情感的交流，以道歉和谅解作为纠纷解决过程中的主要特点，让患者在下一次仍然可以坦然面对主治医生。它倡导一种具有前瞻性的纠纷治理思路，关注受害者与加害者的直接参与和对话，其核心在于重新编织与修复和谐合作的社会关系网络，尽力重建或修复那些曾经遭受过伤害的社群。日本医疗纠纷调解还强调社会环境的作用。加害者固然要对其过失和后果承担责任，不良的社会环境也应对加害造成的社会损害承担相应的责任，社会各方面都要为预防医疗纠纷尽责。通过建设有效社群，预防类似医疗纠纷的复发。

　　为了克服诉讼固有的缺陷，缓解医患纠纷当事者之间的紧张与对立，日本从医疗安全的角度出发，开发了一系列可以通过诉讼外途径来解决医疗纠纷的体系，即 ADR 体系。尽管各国 ADR 的具体形式与运作方式不尽相同，但 ADR 仍以仲裁与调解为基本类型。那么，日本修复性正义下的院内医疗纠纷调解与日本的医疗 ADR 是如何相互影响的呢？日本的院内医疗纠纷调解又为作为医疗 ADR 另一种类型的仲裁提供了哪些启示与合作空间呢？本章将要解决这些问题。

一、医疗 ADR 的两种类型

（一）关注医疗 ADR 的背景

　　现在，医疗纠纷的化解正朝着 ADR 的方向发展。日本各地的医师会、非营利组织（Non-Profit Organization，NPO）和律师会等各种组织都已经开始在医疗纠纷化解领域建立 ADR，并且引起日本各党派和厚生劳动省的关注。

　　一直以来，ADR 在医疗纠纷化解领域的发展极其缓慢，可以说，只有医师会设置的医事调停委员会[1]是唯一的 ADR，但其只接受医疗机构的投诉，并且除非做出医方负有责任的判定，否则将不进行医疗责任保险赔偿。可以说，作为 ADR 的一种，医师会的医事调停委员会受到很多的限制。出现这些限制与医疗纠纷所特有的性质有关。

---

　　〔1〕　日本各地的医师会因为规模大小不同，委员会的设置也不同。大致按照总务、学术、医生男女平等、广报、医疗安全、医疗保险、医疗事业经营、区域医疗等分类设置下面的委员会，其中医事调停委员会属于医疗安全的分支。

第一，对于医疗事实的调查要求非常专业，故很困难。很难将"因过失而导致的医疗事故"等概念与诸如由于并发症等"不可抗力产生的医疗事故"的概念区分开来。除非有像诉讼那样严格的程序，否则很难做出清楚的区分。

第二，作为证据的各种医疗文书，例如病历和护理记录都在医疗机构手中，这些文书能否真正得到公开取决于医疗机构。证据保全程序和责令提交证据之类的法律措施是确保这些文书公开的必要条件，但是在以自愿解决为宗旨的 ADR 模式下，要确保这些文书的公开存在一定的难度。

第三，医疗纠纷通常是当事者情绪对立非常激烈的冲突模式。有人认为，由于激烈的情绪对抗，双方之间的医疗纠纷已经很难在自愿的基础上得到解决，因而 ADR 很难解决这一问题。

第四，一般医疗赔偿的金额都很高。当出现高额赔偿请求时，问题会更加严重，并且冲突往往会更加激烈，就更不适用 ADR 了。

第五，医患关系的特点是存在医疗家长主义的庇护依赖关系，因此患方一般不愿意与医生发生争执。基于这些因素，不管医方还是普通民众都没有认识到 ADR 在医疗纠纷解决领域的必要性。

然而，近年来，由于患者权利意识的增强，医疗诉讼在过去的 10 年间翻了一番，已达到 1000 起左右。[1]还有，关于医

---

[1] 据日本最高法院医事关系诉讼委员会统计，1999 年发生医疗纠纷诉讼 678 起，此后连年增加，并于 2004 年达到顶峰（1110 起）。2004 年后，新发医疗纠纷诉讼呈现减少的趋势，2009 年降至 732 起。参见日本最高裁判所医事関係訴訟委員会："医事関係訴訟事件の処理状況及び平均審理期間"。https：//www. courts. go. jp/sai-kosai/vc－files/saikosai/file1/1905201heikinshinri. pdf，2019/05/20，访问日期：2020 年 05 月 30 日。

疗纠纷的新闻报道也频繁可见，医疗纠纷解决已成为普通患者和整个社会都非常关注的问题。但是，即使经过法院的努力，例如建立医疗诉讼集中处理部门和聘请医学专家，民众在诉讼方面仍然存在各种障碍，处于难以利用相关资源的状态。另外，正如下文所述，即使诉讼便于利用，但它是否能够满足当事者各方的需求呢？这也是一个很不确定的问题。因此，ADR 制度的设置才开始被各界所重视。[1]

另一方面，自 2000 年横滨市立大学发生患者调换事件以来，医疗机构一直将医疗安全作为一个重大课题，对医疗纠纷的处置方式也在逐步发生变化。在这种情况下，2006 年福岛县发生了逮捕一名妇产科医生的事件。这些都迫切要求开创崭新的医疗纠纷解决体系。[2]

即使已经设置了医疗 ADR，围绕 ADR 的两种类型也存在很大的分歧。下面，将围绕 ADR 的两种类型及其对医疗纠纷的适应性展开讨论。

（二）法律裁断型 ADR 与医疗 ADR

首先，要讨论的是法律裁断型 ADR。自 2007 年 4 月起生效的《日本促进利用诉讼外解决纷争手续的法律》(简称 ADR 法)，其第 3 条将 ADR 定义为"依法解决程序"，可以说，这是一部旨在将法律裁断式的解决方案扩展到基于私权自治的民间基于自愿的合意程序中的法律。

---

〔1〕 比如，[日] 和田仁孝、前田正一：《医療紛争：メディカル・コンフリクト・マネジメントの提案》，医学書院（2001）；或者 [日] 和田仁孝："医療事故 ADRの可能性"，《安全医学》創刊記念号（2004）。
〔2〕 关于医疗诉讼对医疗体系崩溃的影响，参见 [日] 小松秀樹：《医療崩壊—「立ち去り型サボタージュ」とは何か》，朝日新聞社（2006）。

法律裁断型 ADR 深深扎根于法律科学和法律实践中，其影响在医疗纠纷领域也可以看到。[1]

1. 死因调查制度和医疗纠纷解决

首先，关于医疗纠纷解决，根据《日本医师法》第 21 条的规定，医生对非正常死亡负有报告义务，日本厚生劳动省以所谓的示范业务方式对此做出了回应。最初，《日本医师法》第 21 条规定的异常死亡报告义务主要是从公共卫生的角度对医生施加义务，例如异常状态和疑似传染病的尸体应予报告。随着人们对医疗纠纷的关注，这一义务已经扩展到与医疗有关的死亡周查。但是，关于与医疗有关的死亡，是以医务工作中存在过失这一嫌疑为目的由警察调查开始的，所有信息都保留在警察内部。所以，在没有相关信息的情况下，患方与医方之间的猜疑会进一步加剧。因此，在存在与医疗有关的死亡的情况下、在当事者申请和同意的前提下进行尸检，是分析死亡原因的一项重要工作。

在此过程中，暗含的前提是通过对死亡原因的调查来发现事实真相，这将有助于预防和解决医疗纠纷。由此可见，这是一个与诉讼的一般结构相类似的想法，在这一结构中，通过对事实的调查和对法律的适用来解决医疗纠纷。同时，开展的一个前提是可以通过尸检来确定死亡原因。

然而，事实上，即使进行了尸检也无法 100% 确定死亡原

---

[1] 日本律师联合会发布了律师根据 ADR 法第 6 条在 ADR 认证时提供律师建议的指导方针。在该方针的条文部分，第 2 条规定"律师作为实施该程序的调解员的一部分"，与该方针中的总论"希望律师以外的人士能够作为实施该程序的调解员广泛参与"的目标正好相反，可以看出，实质上该方针已经超越 ADR 法的表层意义，是为了确保律师在 ADR 领域的影响力。

因。还有，即使确定了死亡原因，也仅仅是患方要求取得的事实真相的一小部分。当然，调查死亡原因在解决医疗纠纷中具有重大意义，这是毋庸置疑的。但是，对此抱有过高期望，不一定与医疗纠纷解决当事者的意愿和行动的实际状态相吻合。也就是说，在这里，之所以重视死因调查制度，是因为认为调查死因并寻找事实真相是解决医疗纠纷的关键。但是，需要注意的是，事实上这是一个不确定的前提。

2. 法律裁断型 ADR 的构造

接下来，分析一下法律裁断型 ADR 出现的背景。首先，由于医疗纠纷的这些特征，例如"事实认定很困难""证据确立能力不平衡"（证据取得、证据的专业性等方面）和"情感对立很激烈"，诉讼很容易被认为是最适合解决医疗纠纷的方式。理由是，由于难以进行事实认定，因此有必要进行医疗纠纷鉴定或对证据进行详细调查；由于证据确立能力存在差异，因此能够确保法律地位平等的诉讼程序至关重要；还有，认为正因为医患当事者之间通常存在严重的情感对抗，自愿解决是不可能的，所以才需要通过法律裁断的方式来解决。

根据上述这些观点，有些人就得出结论，认为 ADR 的构造应该尽可能地接近诉讼的结构，从而可以保证其发挥应有的职能并成为民众可以信任的源泉。进而认为即使医疗 ADR 不能像诉讼那样精确，它也应该尽可能准确地去发现事实，准确适用相关法律，并提供法律上合理的解决方案。

毋庸置疑，身为法律专家的律师和法官可以在法庭上通过与死因调查机构和陪审医生的深度合作来提高事实认定的准确性。当然，当事者之间建立共识和对话的重要性也不会被忽视。但是，当事者很可能仅限于以接受或不接受的方式来回答律师和法官在法庭上提出的关于事实和判断的问题，缺乏当事者之间自主对话和谋求合意的制度设计，而这正是解决问题必不可少的程序。

这样，由于法律裁断型 ADR 的这些制度设计，所以这些主张者认为医疗纠纷当事者可以放心而自信地使用与法庭判决结构相似的这样的 ADR。[1]

(三) 对话修复型 ADR 理念与医疗 ADR

现在，出现了一种与法律裁断型 ADR 对立的类型——对话修复型 ADR，它强调 ADR 应该具有灵活地和创造性地解决问题的潜力，克服偏重于法律解决方案的法律裁断型 ADR 的局限。近年来，对话修复型 ADR 作为一种与法律裁断型 ADR 理念背道而驰的 ADR 类型，引起了人们的广泛关注，它起源于美国，之后在海外盛行。这是一种尊重各方自主权的纠纷解决模型，与所谓的调停制度（例如日本的民事和家事调停制度）截然不同。对话修复型 ADR 崇尚当事者创建自主解决方案，并且充分认识到通过双方对话得出解决方案这一过程本身的重要性。作为第三方参与的医疗纠纷调解员，在促进纠纷解决的同时，对提出自己的评价和判断保持极度的抑制态度。

实际上，即使在医疗纠纷解决领域，对话修复型 ADR 的这一构想也已经取得了一定的成果。[2]

---

〔1〕 日本的法律裁断型 ADR 的制度设计对日本律师联合会、各地律师会、千叶县法官、医师会的 ADR 设立都很有影响。

〔2〕 这套教育培训制度，参见 〔日〕和田仁孝、中西淑美：《医疗纠纷调解 纠纷管理的理论与技能》，晏英译，暨南大学出版社 2013 年版。

1. 调解模式的推广：院内调解员

当前，在医疗机构发生医疗纠纷时，采取调解的方式作为最初的应对模型，并培养拥有调解知识和技能的人员的趋势越来越明显。自 2004 年以来，日本医疗机能评价机构已开始制订和提供针对医疗纠纷发生后的初期应对人员的培训教育计划。到 2006 年，已经有 250 名学员接受了培训，参加培训的学员大多是从事医疗安全管理的护士或者医生。[1]从 2007 年开始，有一种趋势是在提高培训质量的同时，将培训进一步扩大和系统化，包括对训练师的培训。哥伦比亚大学法学院教授卡罗尔·里布曼也提出了类似的建议。[2]

不用说，这种由医疗机构内部工作人员来主持的医疗纠纷调解模式，与所谓的第三方 ADR 不同。换句话说，这可以看作是当事者之间谈判的变体。然而，在成功引入的医疗机构中，患者的满意度很高，并且充当调解员的医疗机构职员的中立性也很高。

推动这些发展的背景是，自 2000 年横滨市立大学患者调换事件发生以后，医疗机构的态度发生了变化，以一些先进医院为首在病历和信息公开方面取得了一定进步，在医疗事故调查委员会中增设了外部委员，对事故原因的追究具备一定程度的透明性。在这些变化中，医疗纠纷解决相关的障碍因素，比如"事实认定困难"和"证据确立能力（证据取得、证据的专业

---

〔1〕 关于早期成果，参见〔日〕林里都子等："ADR（裁判外紛争解決）で患者と医療者が信頼関係を醸成：福井総合病院"，《保険診療》2006 年 10 月号。

〔2〕 Carol B. Liebman, Chris stern Hyman, *A Mediation Skills Model to Manage Disclosure of Error and Adverse Events to Patients*, Health Affairs, Vol. 23, No. 4 （2004）, pp. 22-32.

性等方面）的不平衡"等在一定程度上得到了缓解。而且，在
"情感对抗激烈"方面并不仅限于依赖第三方的裁决，而是包括
促进当事者自主解决问题。

在强调查明事实真相和尊重双方合法权益的同时，注重解
决情感纠葛和自主解决程序，超越了法律裁断的解决方案，并
能更好地满足当事者各方的需求。

尽管如此，因为只限于院内纠纷解决层面，就确保公平和中
立而言，还需要构建基于类似理念和方法的第三方 ADR 机构。

2. 对话修复型 ADR 的构造

对话修复型 ADR 强调对当事者各方需求的满足能力，并将
法律和社会层面的正义纳入其中。与法律裁断型 ADR 不同，它
包括对法律裁断型 ADR 无法处理的障碍要素的回应，例如，满
足患者的需求，寻求直接与医疗机构或者主治医生对话的机会，
并采取措施防止类似事件的再次发生。它不仅重视解决的结果，
还重视解决问题的过程，提供超越法律裁断型 ADR 的高质量解
决方案。法律裁断型 ADR 需要第三方进行干预和做出评价、判
断，不是修复良好关系的对话。正因为当事者之间情感对立很
严重，对话修复型 ADR 认为更有必要尝试展开对话。可见，两
种类型 ADR 的构想正好相反。

尽管如此，对话修复型 ADR 并不意味着完全无视事实或完
全无视法律解决方案。在医疗纠纷解决领域，患者通常强烈希
望了解事实真相，因此对话修复型 ADR 也必须具备对这一需求
做出回应的功能。但是，与基于法律角度的事实认定总是围绕
法律要件来展开的法律裁断型 ADR 以及诉讼不同，对话修复型
ADR 不仅可以恰到好处地满足当事者在事实真相、法律、医学
方面的需求，还能回应隐藏的情绪需求，具有广泛的当事者需

求的应对功能。另外，对话修复型 ADR 不是以法律判决为前提的"非黑即白"的认定，更能根据事实进行富于比例尺度的评价，这样才能更顺理成章地客观地看待事实，更广泛地满足当事者的特定需求，通过对话促进当事者自主解决问题，修复医患双方关系。

为了实现对话修复型 ADR 的上述功能，对话促进者必须具备完全不同于法律知识背景的专业调解技能。有些人认为"医疗纠纷是无法通过对话来解决的"，这不过是承认自己并不具备该方面的专业技能罢了。

这样，与法律裁断型 ADR 不同，对话修复型 ADR 是通过对话自主解决问题，并且第三方的角色不是裁决者，也不做出评价或者判断，而是促进对话和需求共识（包括广泛的事实认定功能）的援助者。

接下来要讨论的是哪种类型的 ADR 更适合于解决医疗纠纷。

二、医疗纠纷解决中适用性的讨论

(一) 从诉讼存在的问题角度考察

前文已经提到，人们对诉讼的认知变化带动了对医疗 ADR 关注的日益提高。实际上，这两种不同的医疗 ADR 模型主要是试图解决通过诉讼难以应对的课题。为了讨论医疗 ADR 在医疗纠纷解决中的适用性，首先来分析有哪些课题是通过诉讼难以解决的。

1. 从诉讼费用和可及性问题到法律裁断型 ADR

首先，诉讼要求医疗受害者支付大量费用。与一般的民事诉讼相比，医疗诉讼不仅花费金钱多，而且还需要很长的诉讼时间。2001 年 4 月东京地方法院和大阪地方法院设立了医疗中心，平均诉讼时间从 1995 年的 38.8 个月缩短到 2004 年的 27.3 个月。但是，这一漫长的诉讼时间仍然是民众难以承受的沉重负担。此外，处理医疗诉讼案件的专业律师人数极为有限，因此寻找专业律师也面临困难。

考虑到这些因素，可以说，确实需要一种便于医疗受害者利用的 ADR，并且需要具备较低的经济成本和时间成本。法律裁断型 ADR 可以视为对这些诉讼无法解决的课题的回应。但是，毋庸置疑，这种 ADR 认为法律解决方案本身的价值并没有变化，也是正确的解决途径。只是，在可及性、经济成本和时间成本方面存在某些问题。

2. 从诉讼程序中的问题到对话修复型 ADR

但是，除了上述各种因素以外，诉讼的解决方式本身也存在一些固有的问题，以及与医疗纠纷解决的实际需求不兼容的因素。

（1）诉讼程序复杂、成本高。

诉讼程序是一个高成本的司法救济保障体系，其在最大限度地追求公平正义的同时，也设置了一系列繁琐、僵化的程序来保证实现社会正义的最大可能，其同时也不可避免地带有成本高、案件积压严重等问题。

案件沉积则意味着诉讼过分迟延。而高昂的诉讼费用容易造成经济实力不对等的当事者在司法资源利用上的不平等，从而导致诉讼的非正义。尤其是医疗诉讼，由于医学知识的高门槛，没有相关专业知识的法官是难以满足诉讼当事者的期望，做出合理的判决的。

（2）以人际关系撕裂为代价。

在诉讼中，容易形成"非黑即白"的思维。因为无论是行为性质判断抑或定罪量刑、数额、情节等，都是可以标准化乃至量化的，所以法律人在判断法律问题时，习惯了依据黑白标准来行事。过于强调非黑即白，往往会导致当事者之间情感对立的进一步恶化，并因此撕破脸皮，双方以后很难相处和共事。而医疗纠纷中的当事者不仅有经济利益方面的诉求，还有情感方面的诉求，而且情感方面诉求的应对更为紧迫和重要。

（3）不符合东方人的传统伦理和民族心理。

中日等东方国家很早就发展了各种非诉讼的纠纷解决机制。这些传统的非诉讼纠纷解决方式的共同理论基础都是儒家的"和为贵"的无诉思想。儒家认为，解决民事争议的理想方式应为一种非诉讼的礼法教化和劝导，通过宗族中品质高尚、深孚众望的长辈的礼法教化，使得争议的双方在互让互谅的基础上解决纠纷。

所以，东方人的这种"厌讼"心理既可能是基于成本效益、便利快捷方面的考虑，更可能是对情感和长远关系的顾及。固守诉讼程序不能满足东方社会民众"厌讼"心理的客观需要，使得当事者的纠纷难以通过非对抗性的途径得以解决。

（4）忽视了医患之间认知分歧的固有存在。

后现代主义思潮的重要理论基石是主观建构，社会建构论认为"现实是社会的建构"，人类关于视觉、听觉以及方位等的所有感知，其实都只是心理现象，只存在于我们作为人类的大脑当中，并不是一种客观存在。比如，离开了人类的眼睛，客观事物也不会有所谓的"颜色"。也就是说，离开了人类的经验，我们所说的任何事物都失去了意义。

格根指出，当我们给予某个事实以"准确的""真实的"描述时，我们不是按照"它其实是什么"在描述，而是根据我们每个人不同的知识、阅历、社会背景、世界观等去描述的。退一万步说，即使存在纯粹客观的世界，也是人类的力量所无法企及的，人总是生活在经验的世界中。所谓"事实"总是理论负载的，不存在纯粹"客观的事实"。[1]所以，在医疗纠纷中，在医生作为专业人士与患者作为外行人士的眼中所认识的"理所当然的现实"是完全不同的。

而诉讼并不提倡当事者之间的对话与交流，往往只围绕法律的论点来进行。诉讼本身还要受到立法滞后、法律规范矛盾、调控领域特定等因素的影响，对于情感的应对以及法律以外的诉求均无法满足。

3. 从法院审判对社会的影响到对话修复型 ADR

诉讼的局限性不仅仅限于法律内部，也导致了防御性医疗的无处不在。例如，2006 年，因为前置胎盘孕妇死亡而导致刑事案件，福岛县的一名产科医生被逮捕。其实前置胎盘的死亡率并不是那么高，但是在此事件发生后，某大学附属医院从地方产科医疗机构转送来的前置胎盘病例达到了往年的 2.5 倍。尽管其中大多数病例并没有风险，但仍然大量聚集到这家大学附属医院，给这家医院的产科增加了巨大的工作量，反而增加了医疗不良事件发生的风险。[2]这只是其中的一个例子，各个

---

〔1〕 杨莉萍："析社会建构论心理学思想的四个层面"，载《心理科学进展》2004 年第 6 期。

〔2〕 关于福岛县立大野医院事件，以日本产科妇科学会为首，医学界出现了很多声音，认为应该改变妇产科只有一名医生的体制，增加医师数量，形成集体协作体制。这些声音至今仍有意义。

医疗部门的防御性医疗都在扩大。

在诸如诉讼和医疗不良事件多发的产科等临床部门，入职这些临床部门的医生数量正在减少，并且原来开设产科的妇产科医院为了规避风险，已经开始转向只开设妇科。产科医生的减少导致了产科工作环境的进一步恶化，增加了不良事件发生的风险，从而导致医疗服务体系的严重扭曲。显然，造成这种情况的原因之一是对诉讼的提倡，认为诉讼能够有效维护患者权益的观点无疑把问题看得过于简单了。因此，诉讼越增加，对民众越不利。可以说，正是基于上述原因，社会对非对抗性纠纷解决机制的需求越来越高。

因此，构建医疗 ADR 的本质不在于提供司法便利和减少花费，而是就诉讼无法解决的情感诉求提供对话平台，并面向未来寻求改进策略；不是为了追究法律责任，而是就日常责任的承担创建灵活有效的解决方案。

法律裁断型 ADR 不仅在满足当事者需求方面非常有限，而且由于是法律裁断型，难免与诉讼具有同质构造，因此在创造性地满足当事者需求方面也存在难以克服的困难。

（二）医疗 ADR 的发展与动向

接下来，借由实际运作或者正在计划中的医疗 ADR 来分析两种医疗 ADR 各自的适用性。

1. 日本以外的 ADR 发展动态

（1）美国的制度。

美国在医疗纠纷解决领域出现了建立仲裁类体系等诸多动态，但是在这样的所谓高诉讼国家，并不能取得令人满意的成效。因此，近年来，有学者建议尝试将合意型 ADR 程序引入医疗纠纷解决领域，由医患双方各出一名律师担任调解员，通过合意形成调解协议。[1]该调解程序已经得到部分实施。例如，芝加哥拉什大学医学中心（Rush University Medical Center）自1995年以来，在法官和医院的倡导下引入了调解程序，并且在10年中解决了近100起纠纷。但是，即使是基于合意型调解，该体系也尽可能接近法律裁断型ADR。实际上，调解案件是从提起诉讼的案件中选出的，在诉讼的无形影响下，当事者要么接受患方律师和医方律师联手提出的解决方案，要么进入诉讼程序。医患之间很少有直接对话的平台，这是对话修复型ADR的倡导者批评最多的一点，将在下文详述。在高诉讼的美国，虽然说合意型ADR作为处理已提起诉讼的一种程序是富有意义的，但是在日本，民众诉讼意识薄弱，并且对抚平当事者之间情感纠葛的需求更为强烈，美国的这种模式是否能适合日本呢？令人怀疑。

相比之下，对于院内无法解决的医疗纠纷，约翰·霍普金斯医院采用的体系是从外部聘请中立第三方调解员介入进行调解。[2]在2003年已经实施的24件案例中，有21件达成了协议。[3]此外，根据著者和田仁孝2007年2月访问美国时得到的

---

〔1〕 关于芝加哥拉什大学医学中心的医疗纠纷调解，参见 Carol B. Liebman, Chris Stern Hyman, A Mediation Skills Model To Manage Disclosure Of Errors And Adverse Events To Patients, *Health Aff（Millwood）*, Vol. 23, No. 4（Jul-Aug 2004），p. 30。

〔2〕 关于早期的约翰·霍普金斯医院的医疗纠纷调解，参见访谈报告，〔日〕中西淑美："医療 ADR（裁判外紛争処理）の方向性-ジョンズ・ホプキンス病院の試みから"，《病院》2006年3号。

〔3〕 关于约翰·霍普金斯医院的医疗纠纷调解成效，在马里兰州州长的下述报告中有详细记载：Governor's Task Force on Medical Malpractice and Health Care Access, Final Report（Nov. 2004），载 http：//library. towson. edu/digital/collection/rle/id/1476/，最后访问日期：2020年3月5日。

数据，2006 年有 35 起这样的调解案件。与芝加哥模式相比，这种模式能构建更多的对话机会，促进医患双方自主解决问题。

个别医院的这些动态也影响了美国医疗纠纷解决系统的改革，医疗纠纷领域进行大规模机构改革的宾夕法尼亚州，甚至尝试参考在哥伦比亚大学法学院主讲 ADR 课程的卡罗尔·里布曼教授提出的方案，引入调解制度。[1]

此外，目前在美国，在医疗不良事件应对的初期阶段，促进信息公开、构建对话平台、提倡主动道歉的"道歉法"运动也在如火如荼地展开，进而使得公众对对话修复型 ADR 的期望也在不断提高。

（2）英国的制度。

英国 1996 年 3 月增加"投诉程序"（NHS Complaints Procedure），由各地"基金会"（trust）、"管理处"（authority）与负责教育训练的"管委会"（council）分别接受并处理病患对医疗不满意的投诉。从 1996 年起，有关医患间的投诉急速增加，每年约有 8 万件至 10 万件。

"投诉程序"分地方与中央二级处理机制。第一阶段和第二阶段属于地方的处理机制。

投诉程序第一阶段为本地解决程序（local resolution）。先厘清投诉者的要求，并向其解释投诉程序的进行方式与将实行的方法。接到投诉者的投诉后，医院基金会在 48 小时内，初级医疗护理基金会在 3 天内进行初步的口头或简单书面说明回复。正式书面报告回复时限，医生为 20 个工作日，牙医、药师等为

---

〔1〕 Carol B. Liebman, Chris stern Hyman, *Medical Error Disclosure*, *Mediation Skills*, *and Malpractice Litigation*: *A Demonstration Project in Pennsylvania* (2005), https://www. pewtrusts. org/~/media/legacy/uploadedfiles/wwwpewtrustsorg/reports/medical_ liability/liebmanreportpdf. pdf.

10 个工作日。最后的书面报告由地区卫生主管署名，内容包括对所投诉事件的说明与日后类似案件采取的预防措施，若医生有处理瑕疵，则包括道歉函。

投诉程序第二阶段为独立审理程序（independent review panel）。若投诉者对上述投诉结果仍不满意，可于 28 日内申请第二阶段的独立审理。在此程序中，先由非医疗专业的三人组成"三人小组"（panel of three members）对投诉内容进行初审，如果被投诉医疗事件涉及临床医疗事项，则至少要再增加 2 个以上的"独立临床审查员"（independent clinical assessors）。独立审理程序的目的为查明患者所投诉事件的事实以及是否应获得医方的道歉。第二阶段正式书面报告时限也是 20 个工作日。

若投诉者对独立审理结果仍不满意，患者可以通过申诉专员进行投诉。在英国，国会设有"申诉专员"（ombudsman）制度，申诉专员可独立调查已经经过第二阶段"独立审理程序"的投诉案件，申诉专员受理投诉后也须于 28 日内做出回复报告。此即第三阶段。

在本地解决程序中，医疗机构设置有投诉经理（Patient Services Manager）。投诉经理是独立于医疗机构的第三方人士，能够比较客观公正地对待患者的投诉，并且为患者提供情感上的慰藉与关怀。

毋庸置疑，英国的投诉机构在接受患方投诉后，除迅速告知患方事件真相以外，也有权命令医方向患方道歉，其投诉经理的设置构想非常接近对话修复型 ADR 的理念。

2. 日本的动态

同样，在日本，医疗 ADR 的开展也越来越活跃。

2006 年，茨城县医师会成立了名为"医疗问题中立处理委员会"的医疗 ADR。受理除有明显医疗过失案件以外的、处于过失不明或者明显不存在过失的案件，通过医师会设置的第三方委员会成员的参与，提供医患之间对话的机会。可以说，这正是通过对话促进相互了解和达成协议的对话修复型 ADR。

律师会也有发展医疗 ADR 的动态。东京三律师会〔1〕已经在 2007 年开办了医疗 ADR。具体而言，将其设置在调停仲裁中心，该程序类似于美国的芝加哥模式。换句话说，由医方律师和患方律师担任调解员并负责推进程序。在没有做出评判之前，没有实质性的推进动作。与对话修复型 ADR 相比较，这些程序更接近法律裁断型 ADR，即像诉讼一样，主张充分利用作为法律专业人士的优势，根据法律来解决问题。〔2〕

此外，秋田县和福冈县的医师会也在讨论开展 ADR 业务，通过与法律工作者携手，发展对话修复型 ADR。

综上所述，在医疗 ADR 中，一般来说由法律机构举办的 ADR 接近于法律裁断型 ADR，而由医疗机构举办的 ADR 则对话修复型 ADR 的色彩更强烈一些。法律裁断型 ADR 试图通过法律解决方案来确保民众的信任和公平，但是医疗机构往往对法院

---

〔1〕　2007 年 9 月，东京三律师会率先成立 ADR 部门，现已有 9 个都道府县 11 个律师会设立该部门。律师多为具有丰富医疗诉讼经验的人，代表医患双方进行仲裁、调解，必要时还邀请医师作为调停委员或专业委员参与其中。

〔2〕　关于法律裁断型 ADR 能否很好地应用于医疗纠纷解决，除了考虑能否得到医方的信赖以外，还需要考虑患方对律师和诉讼的评价。根据医疗事故市民オンブズマンメディオ对"律师满意度调查"显示，关于向律师咨询的满意度，"稍微不满"和"非常不满"的比率加起来是 43%。关于律师证据保全的满足度，"稍微不满"和"非常不满"的比率合计 64%，相当于 2/3 的人表示不满。此外，关于律师代理诉讼的满意度，"稍微不满"和"非常不满"合计为 66% 的人表示不满。参见〔日〕"医療における裁判外紛争処理（医療 ADR）：患者・家族の複合的なニーズに柔軟に応える仕組みを目指して"。http：//expres. umin. jp/genba/kaisetsu03. html 访问日期：2020 年 8 月 4 日。

判决极不信任，患者方面也并不总是对法律解决方案感到满意。所以，法律裁断型 ADR 是否值得期待令人怀疑，而对话修复型 ADR，正如茨城县的实践所示，得到了患方的积极支持，其原因无疑是能够满足当事者各方的需求。

三、医疗 ADR 的发展趋势

(一) "对话+关怀" 双轮驱动

从到目前为止的分析可以看出，在医疗纠纷解决体系中，不仅是责任划分和解决赔偿，以及获得医学专业认可的场所的问题，更应该扩展到促进对话，提供包括情感慰藉、修复关系在内的全人照护，整体性地解决纠纷的场所等方面。

很多医患纠纷都是由于沟通不充分而引起的。从患者方面来说，很多患者对病情不够了解，医学常识也不多，容易出现期望值和现实不符的情况。正因如此，医生就更加有责任把情况给患者解释清楚。

进入 20 世纪 50 年代以后，各种慢性病成了人类健康最大的威胁。慢性病的发生和发展是多方面因素综合影响的结果，除了生物学因素外，还与人的生活习惯、行为方式、环境污染等密切相关。对医生来说，主要是以慢性疾病的应对为主，要求其在更广阔的文化传统和社会背景中寻找病因。

这些都要求医疗纠纷解决时，利用叙事医学、谈判学、心理学的相关技能，促进医患之间的对话，了解患者背后的社会因素，甚至家庭因素。这既是治疗的需要，也是处理和预防医疗纠纷的第一步。

缺乏人文精神是造成医患关系紧张的另一个重要原因。医学专业化的发展，使"患者"一词被分解为病因、病原、症状、体征等单个的词素，患者的痛苦被转化为检验单上的数值和各类影像图片。于是，作为一个整体的患者被现代医学消解了，医学中的人文精神在现代科学技术洪流的冲刷下失去了应有的生活温度。

其实，人心是肉长的，如果医生用心了、动情了、尽力了，无论结局如何，相信大多数患者是能理解的，也是充满感激的。医学是充满仁爱的事业，患者也许能容忍医学的无能，却无法容忍医生的冷漠，这才是关键之处。

在日本的医疗纠纷解决领域，基于"关怀"和"对话"两个原则，合并了事实认定和金钱赔偿等职能的构想，是适合注重人际关系的日本的国情的。与胜诉后仍然存在不满和情感痛苦相比，基于"关怀"和"对话"的医疗纠纷解决理念更能创造出令医患双方都能接受的解决方案。

（二）"院内+区域内"三层体系

那么，如何构建基于这一理念的体系呢？

为了构建面对医患双方通过对话解决医疗纠纷的途径，一方面，需要从专业和客观的角度评价和认定事实，寻求相互理解；另一方面，需要为医患双方的情感纠葛提供关怀，同时确保在这一平台上双方可以自主对话。换句话说，就是在对话修复型 ADR 模式的基础上，同时糅合法律裁断型 ADR 的部分职能。

这一机制将由以下三个层面构成。首先，各个医疗机构层面上的纠纷解决体系，可以促进医患之间直接进行谈判；其次，如果在医疗机构层面没有解决的话，则寻求一种由第三方介入进行调解的机制，促进自主达成合意；最后，当经过上述两个层面仍未达成协议时，则进入基于医学专业判断、公正而灵活的仲裁程序。

1. 医疗机构的调解员

在第一层面上，各个医疗机构可以让院内的调解员接受有关医疗纠纷解决的技能训练。在投诉或不良事件发生时，院内调解员可以迅速地收集信息并保存证据，并在为患方提供关怀的同时，在对话中寻求解决方案。在这里，无论是"金钱赔偿""道歉"还是关于"医疗过失"，都不能局限于现有框架来解决问题，而要考虑当事者各方的纠纷现状，帮助当事者创造性地寻求令人信服的解决方案。在这里，重要的是根据医患双方的事实，在考虑行为与损害后果之间是否存在因果关系的同时，进行风险管理分析。

但是，这无非只是医疗机构与患方之间进行谈判的一种变体，如果能够像英国的投诉经理那样，构建一个由第三方调解员进驻医疗机构的体系，则可成为非常完美的 ADR。

2. 对话修复型 ADR 与早期中立评估制度的结合

在第二层面上，处理无法在医疗机构内解决的案件的，是实施对话修复型程序的第三方机构。在程序开始之前，为了确保透明性，医疗机构必须事先同意遵守公开揭露和保密的义务。此外，调解员还可以促进当事双方之间的对话，并帮助形成灵活而富有创意的解决方案。

但是，在该层面上，有效的方法是将医生和律师组成的审理小组对事实和因果关系进行的法律评估（早期中立评估）作为子程序编入其中。但是，评估并不具备约束力。在接受评估后，双方会再次尝试通过对话达成合意。

对事实的查明当然很重要，但是在获得事实真相之后，下一步的目标是对当事者各方的需求进行回应，并通过对话寻求令人信服的解决方案。医疗机构首先将救济的内容放置一旁，当事者在参考第三方中立评估结果的基础上，创造性地形成"救济方案"。

应当指出的是，这种调解程序是在双方同意的情况下进行的。双方自愿是启动程序的条件，这就意味着双方至少是有在此场合达成解决方案的意愿的，能否达成协议在很大程度上取决于调解员在促进对话中的努力。此外，如果当事者不满意，则无须在最终达成协议，并且可以随时退出调解程序，进而倒逼双方将对话态度转变为合作方向。换句话说，通过在入口和出口都要求自愿，可以保证双方的最终自决权，并且在职能上可以实现自主对话和维护当事者的意思自治。

3. 仲裁程序

在第三层面，如果经过上述两个层面仍然不能解决问题，则由医生、律师和专家组成审理小组进行仲裁程序。此过程可能有几种变体。第一种，仅在患方和医方均同意进行仲裁时才执行仲裁程序。第二种，医患双方同意执行审理程序，但双方对是否服从该程序持保留态度，仲裁决定双方都有拒绝的权利。第三种，患方对仲裁决定有拒绝的权利，但医方则不能拒绝仲裁的决定，等等。

第二种一般不会很有效。第三种是处理汽车交通事故的常用方法，其原因是保险公司代表肇事者全盘应对。但是，该模式在医疗纠纷解决中显然行不通。这样看来，只有第一种是现实可行的。在这种情况下，可能会觉得难以达成服从仲裁决定的合意，但是如果在面临除了成本、时间、手续等问题众多的诉讼以外，再没有其他办法的情况下，采用这种形式的仲裁也是值得考虑的选择。

应该强调的是，在任何情况下都必须以对当事者的情感纠葛给予充分诚挚的关怀为前提，促进医患之间真诚对话，聚焦于双方共同调查原因和寻求应对策略，在此过程中使受害者逐步接受不幸的现实，并以此为延伸，修复医患之间的关系，使当事医务人员能够从医疗纠纷中振作起来，恢复从业信心。这就是对话修复型 ADR 的理念。

四、冈山县律师会医疗 ADR 的有益启示

关于第三方医疗 ADR，日本各地的律师会已经进行了各种尝试。在这里，介绍冈山县律师会的第三方医疗 ADR，它强调双方之间的对话，并探讨其与院内医疗纠纷调解合作的可能性。换句话说，这是将调解扩展到律师或者司法的纠纷解决程序中。

提防患者提起诉讼的一些做法，可能会导致防御性医疗和医疗服务能力的萎缩，例如，即使是关于告知或者知情同意，主要也是为了避免将来承担法律责任，而不是与患者合作以获得更好的医疗服务。医患之间沟通的不足，常常导致患者投诉和医疗不良事件的发生。在某些情况下，由于不良事件发生后对患者的过度防御，导致纠纷进一步恶化，冲突加剧。鉴于这些因素，从医疗安全的角度出发，需要开发一种可以通过自主合意而不是通过诉讼来解决问题的体系，即 ADR 体系。

关于第三方医疗 ADR，最近几年日本进行了一些尝试。除了茨城县医师会的"医疗问题中立处理委员会"的努力以外，各地的律师会都在致力于医疗 ADR 的开展。东京三律师会于

2007 年建立了 ADR，由患方律师、医方律师和中立律师在患方与医务人员之间进行调解。2009 年 12 月，在千叶县由律师会、医师会和政府合作组建了医疗 ADR，引起广泛关注。在该千叶模式中，由律师、医生和专家等组成小组提出医疗纠纷的解决方案。

鉴于上述这些因素，基于崭新理念的 ADR 实践不断展开。不同于之前的律师会的医疗 ADR，冈山县律师会于 2010 年 9 月启动的医疗 ADR，其重点是促进患者与医疗人员之间的直接对话。

（一）冈山医疗 ADR 模式：促进对话的 ADR

冈山县律师会在关于 ADR 的提案中表示，"应该根据当事者之间的对话情况提供最佳的解决方案"，与律师会医疗 ADR 的通常做法不同，不是背靠背单独听取医患双方的意见，而是通过双方面对面彼此直接对话来促进自主解决问题。

具体来说，该程序如下（参见图 8-1）。

1. 提出申请

申请既可以由患方或者医方提出，也可以是由接受患方委托的医疗机构提出。如果申请是由医疗机构单独提出的，则只由医疗机关承担 15 000 日元的申请费用。

2. 案件分流

将案件分为：第一类，除医疗不良事件以外的案件。第二类，对过失、因果关系等无争议、不需要进行医学专业评估的案件。第三类，对过失、因果关系等有争议，需要进行医学专业评估的案件。在第三类的情况下，审理成员中除了律师以外，还需要有医生。

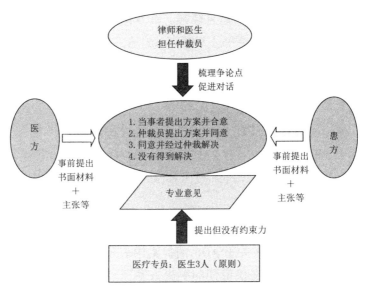

图 8-1　冈山医疗 ADR 模式（医生参与仲裁的情形）

3. 程序的进行

在第二类情况下，当事者双方面对面，律师（在此被称为仲裁员）促进对话，厘清包括法律观点在内的诉求，并促成合意。应当事者双方的要求，律师可以提出法律见解和解决问题的方案。在第三类情况下，医生与律师共同担任仲裁员，梳理医学上的争论点。在这种情况下，医生仲裁员不会表达自己的医学判断和专业评估。需要进行医学评估时，在整理好医学上的争论点以后，由三名医生组成评估小组，征询该小组中立意见（费用为 15 万日元，医患各出一半）。该意见不具有约束力，只是将其视为参考资料，然后再次通过医患面对面对话，寻求合意。

4. 程序的终结与所需费用

如果达成合意，则签订协议，程序终结。如果未形成合意，但双方均同意遵守仲裁员的裁决，那么仲裁员进行裁决，程序终结。每一天的费用为 21 000 日元，医方提出申请的情况下，费用全部由医方承担。如果是由患方申请的，则医患双方各承担 50%。最终的费用结算视总金额而定，即使是 1 亿日元，手续费也保持在 80 万日元，与其他 ADR 相比仍然较低。

从上面的分析可以看出，冈山县医疗 ADR 模式具有一些重要的特征。

（1）以医患双方直接对话为基础，促进问题的解决。

（2）在程序执行中增加医生作为成员。

（3）原则上，程序执行者不进行评价或判断，而将其留在外部程序中进行。

（4）充分照顾患方的经济负担。

（5）所需费用比较低廉。

在许多方面，可以说这是一个结合了院内医疗纠纷调解理念和技能的模式。作为第三方组织，在兼顾法律问题和医学判断程序的同时，通过促进医患双方的对话，力图满足各方的需求，可以说这是一个非常合理的模式。

（二）院内医疗纠纷调解与第三方医疗 ADR 之间的联系

那么，这种第三方 ADR 与院内医疗纠纷调解之间存在怎样的联系呢？

第一，创造一种环境使院内医疗纠纷调解更加合理和有效。在院内医疗纠纷调解效果不彰的情况下，当患方面临的选择只剩下诉讼时，院内医疗纠纷调解将面临不得不解决该问题的压力。院内医疗纠纷调解的宗旨是修复和构建医患之间的良好关系，而不是仅仅寻求问题的解决方案，但是在这种避免诉讼的压力下，可能容易导致院内医疗纠纷调解员急功近利地想要解决问题，这与院内医疗纠纷调解的宗旨是背道而驰的。如果要承受这种解决问题的压力，调解将很难真正起作用。另一方面，如果存在像冈山县医疗 ADR 模式的话，则院内医疗纠纷调解可以集中在社会关系的修复上，而医学判断和法律问题则交由第三方机构来解决。通过院内医疗纠纷调解与第三方 ADR 模式的结合，院内医疗纠纷调解将朝着关系修复的目标发展，更好地发挥调解职能。

第二，即使从第三方医疗 ADR（例如冈山县模式）的角度来看，院内医疗纠纷调解的存在也有助于其职能的进一步发挥。冈山县的模式本身是以促进对话为基本程序的，但又发挥了专家的优势，例如提供法律方案和进行医学判断。在这种存在情感纠葛和当事方关系仍然很紧张的情况下，突然引入第三方组织进行处理，促进对话就变得非常困难。因此，如果院内医疗纠纷调解能够有效开展，能够在一定程度上修复受损的社会关系，之后再引入第三方组织，则可以更顺利地进行对话和专业评估。可以说，院内医疗纠纷调解对促进第三方 ADR 程序具有更为有效的间接作用。

第三，由于误解，理论上可能会有患方从一开始就求助于第三方组织，认为院内医疗纠纷调解是不可信赖的。即使在这种情况下，也并不需要提起诉讼，而是可以选择第三方 ADR，也就是说确保患方能够与医方进行对话互动的场所，能够满足当事者各方的需求，不管是对患方，还是对医方，都是一个有益的选择。期望院内医疗纠纷调解与诸如冈山县模式的第三方

ADR 彼此互补，相互协作，增强彼此的功效。

第四，如果建立了通过逐步对话来解决医疗纠纷的机制，那么对改善防御性医疗，缓解医疗诉讼压力和克服知情同意徒有虚名等问题都将大有裨益。当然，这可能还有很长的路要走，但是已经迈出了坚实的第一步，这具有重要意义。

修复性正义从某种程度上意味着对"追求公正与良善"朴素感情的满足和心灵痛苦的平复。在修复性正义的指引下，医疗 ADR 需要以当事者的合意为纠纷解决的正当化依据，以灵活多样的手段、柔和的程序弥补法律思维定势的僵化和滞后性，其所依赖的更应该是良心、道德、公理，更应该注重个案的实质正义和纠纷的彻底解决。

第九章

日本医疗纠纷调解导入修复性正义对我国的启示

修复性正义自 2002 年由学术界引入我国，便迅速引起学术界与实务界的关注。修复性正义关注的重点不是报复或惩罚，而是疗治创伤与复原破裂的关系。修复性正义使加害者通过道歉、赔偿、社区服务、生活帮助等使受害者因侵害行为所造成的物质、精神损失得到补偿；在使受害者的生活恢复正常的同时，亦使得加害者通过积极的行为赢得受害者及其家庭和社群的谅解，减轻加害者对社会的抵触情绪，并促进加害者重新融入社群。修复性正义引起日本医疗纠纷调解全新的变化，在调解理念、模式转型、技能构成以及体系整合方面都与我国有很大的不同，有很多值得我国借鉴的地方。

一、借鉴日本修复性正义做法的可能性

(一) 司法资源稀缺，接近正义难

与美国相比，中日都是司法资源稀缺的国家。复旦大学高级律师学院执行院长陈乃蔚提供的数据显示，在中国，每万人

的律师拥有量是 2.17 人，而美国是 37 人，[1]日本也只有 2.96 人。[2]

随着我国市场经济的深入发展，依法治国进程的推动，案件数量猛增、类型复杂多样、诉讼费用高昂等问题如影随形，司法资源稀缺与司法实践需求之间的矛盾进一步加大。

我国医疗纠纷案件同样面临"接近正义"的难题。当初，日本也和中国一样，除了诉讼本身所固有的立法滞后、成本高、审理周期长以及判决结果的非合意性等弊端以外，在医疗纠纷案件中，还存在法官往往难以胜任复杂的、专业性极强的医疗纠纷案件的问题。虽说两国的法院都设有民事调解制度，但未必适用于专业性很强的医疗纠纷案件。即使胜诉，也往往得不偿失。

在医疗纠纷调解大力发展以前，日本医师会设置的医事调停委员会是唯一的医疗 ADR，但只接受医疗机构的投诉，并且除非做出医方负有责任的判定，否则将不进行医疗责任保险赔偿。所以，医师会的医事调停委员会的发展受到很多的限制。

目前，我国由于第三方医疗纠纷解决机制的发展，在有效化解医疗纠纷、维护医疗秩序方面取得了重大进步，但同时也存在一些亟待改进之处。比如，医疗纠纷人民调解的中立性问题、技能缺失问题、法制化倾向问题等，都严重制约了民众对第三方医疗纠纷解决机制的合理利用。即使在 2020 年我国新冠

---

〔1〕 "中国律师仅占全球法律服务业总创收 1.2%，法律服务国际化要'参与规则制定'"，载 https://www.shobserver.com/news/detail? id＝38725，最后访问日期：2020 年 4 月 5 日。

〔2〕 日本弁護士連合会："諸外国との弁護士・裁判官・検察官の総数比較"，https://www.nichibenren.or.jp/library/ja/jfba_info/statistics/data/white_paper/2016/1-3-5_tokei_2016.pdf 访问日期：2020 年 4 月 5 日。

肺炎疫情暴发以来，广大医生冒着生命危险换来医患关系一片融洽、温馨的背景下，仍然发生了好几起暴力伤医事件。

(二) 固有的修复性正义传统

日本的法律制度自明治维新以后开始接受西化，但传统的儒家文化仍然得以保留。在这些传统的文化因素中，体现修复性正义的内容主要有以下方面。

其一，中日国民都有"厌诉"情结。日本的传统社会是一个重视"群体"的社会结构，在这一社会结构中，解决纠纷倾向于在亲族、区域社会等共同体内部进行协调或者斡旋，采用调解、和解、仲裁等非正式的解决途径来修复社会关系使其回归到原本的和谐状态，而不喜欢以诉讼的方式来解决。因为诉诸法律的话，容易造成情感上或其他方面的损失。甚至有学者直言，日本人就是"厌诉"。[1]

从古至今，中国的老百姓一直对"法律"和"诉讼"也不甚偏好。明代将儒家"无讼"观念付诸实践，认为发生诉讼是"民风浇薄"的表现，理想社会应该是"无讼"，即使出现民事纠纷也尽量以不烦扰官府，由民间自行调解和息讼为上策。[2]农村发生的纠纷一般难以通过法律途径来解决。特别是在改革开放之前，农村仍然是一个人情味极重的圈子，法律的适用可能会破坏既定的社会关系、人际关系，抑或产生更多无形的问

---

〔1〕 [日] 前野育三："修復的司法の現実的可能性と具体的形態"，《法と政治》53 卷 1 号 （2002），31—51 頁。

〔2〕 朱元璋在"教民榜文"中曾规定：民间户婚、田土、斗殴、相争一切小事，不许辄便告官，务要经由本管里甲老人理断。若不经由者，不问虚实，先将告人杖断六十，仍发回里甲老人理断。参见陆娓："明清乡里调解制度研究"，南京师范大学 2007 年硕士学位论文。

题，而无形的问题极有可能转化为有形的问题。法律史学者普遍认为东方人具有"厌诉"的传统心理，并认为这是现今东方国家，比如中国、日本等表现出低诉讼率的主要原因之一。

其二，以和为贵，都具有非诉传统。日本很早就开始了诉讼外解决纠纷的探索。日本非诉机制的探索肇始于日本明治时期《日本民事诉讼法》（1880 年）关于调停及仲裁的规定，并经由《日本借地借家调停法》（1922 年）、《日本民事调停法》（1951 年）、《日本仲裁法》（2004 年）等一系列法律、法令，逐步得以确立。[1] 非诉机制特别是其中的调解制度，作为日本法治进程中一种过渡性的策略，符合日本国民的传统文化和社会心理，有效地弥合了日本法律移植与传统社会之间的沟壑，成为搭建法律规则制度和社会生活之间的完美桥梁，[2] 并在"二战"以后迅速完成了向现代 ADR 机制的转型。

而在我国，以调解方式解决民间纠纷具有悠久的历史，既体现了极具中国特色的司法理念，又体现出我国传统文化中互谅互让、以和为贵的思想，被称为"东方经验"。早在西周时期，在地方官史中就有"调人"之职，其职能为"司万民之难而谐合之"。[3] 至秦汉时，调解已经逐渐发展成为乡官治事的机制。县以下设乡，乡设有秩、啬夫和三老，掌管道德教化和调解事务，调解不成再到县廷起诉。到了清朝，调解已经成为民事诉讼的常用手段。

日本的民族精神通常以"和魂"来称呼。中日两国都崇尚"和"的观念，在人伦道德上强调人际关系的和谐。正如徐显明

---

〔1〕　［日］和田仁孝：《ADR：理論と実践》，有斐閣（2007），12—46 页。
〔2〕　范愉：《纠纷解决的理论与实践》，清华大学出版社 2007 年版，第 211 页。
〔3〕　《周礼·地官·调人》："调人掌司万民之难而谐合之。"

教授指出："和谐社会理论是中国传统文化在当代的一种升华。如果用一个字来概括中国全部的古代哲学，就是'和'字；如果用两个字来概括，就是'和谐'。"[1]即使发生利益冲突，也避免选择针锋相对的诉讼手段，认为诉诸法律是破坏社会和谐的行为；而应当内部私下解决以维持社会之和谐与稳定。修复性正义正是在妥善处理个别伤害事件的同时，强调变革关系不正义的状态，重新构建或恢复正义的社会关系。

其三，深厚的知耻文化传统。日本作为一个低犯罪率的国家，被认为受到知耻文化的影响。美国文化人类学家鲁恩·本尼迪克特在《菊与刀》中揭示了日本文化中的"耻文化"概念，即与欧美的"罪感文化"不同，日本属于"耻感文化"。在日本人的生活中，个人需要得到同伴或是他人的认可，否则就会蒙受不被认可的耻辱。日本这个国家即是如此，它时刻把自己置身于整个世界的范围内，需要他国的关注和认可，否则就觉得受辱。"耻"是日本人发奋图强的重要精神动力。

自古以来我国就是礼仪之邦，羞耻感文化源远流长。我国古代的诸子百家非常重视以耻感的力量加深个人的道德修为，主张通过羞耻感激励人们改正不端的行为。孔子曰："导之以德，齐之以礼，有耻且格。""知耻近乎勇"出于《礼记·中庸》，是说一个人只有知道了自己的过失，以之为耻，才有可能勇敢面对，生出改过迁善之心。儒家把"知耻近乎勇""好学近乎知""力行近乎仁"一起构成对知、仁、勇"三达德"的一种阐发。知耻而后勇，通过对羞耻之心的强调或者说对个人力

---

〔1〕 徐显明："和谐社会与法治和谐（代序）"，徐显明主编：《和谐社会构建与法治国家建设——2005年全国法理学研究会年会论文选》，中国政法大学出版社2006年版，第1-2页。

量渺小的正视，使人们变得勇敢起来，乃至达到修身齐家治国平天下的目的。这是古代中国士大夫一个极好的传统。

知耻文化传统与修复性正义中的"重整羞耻"理论[1]不谋而合，都倡导羞耻感的建设，通过外在评价与内在自省相结合，产生羞耻之感，重塑加害者的人格与道德，为修复性正义的本土化打下坚实的道德基础。当然，中国的耻感文化与日本的耻感文化有所不同。在中国的耻感文化中，道德是"知耻"的标准和底线，而对日本人来说，"知耻"的标准和底线不是道德，而是对集体行为准则的完全遵循。

（三）国际环境的共同作用

自20世纪70年代以来，西方法治发达国家为了克服对抗式诉讼代价昂贵等固有弊端，大力倡导以调解为核心的非诉纠纷解决机制，形成了接近正义运动的"第三波浪潮"。中日两国推动修复性正义正是在这种国际环境下，特别是在联合国的推动下进行的。世界上第一个修复性正义案例发生在1974年的加拿大安大略省基切纳市。后来，主持该案件的缓刑犯监督官马克·杨奇就在当地成立了一个致力于推广修复性正义的社区正义组织（Community Justice Initiatives，CJI）。因为案件发生的社区叫艾美拉（Elmira），所以后来该案件被称为"艾美拉事件"（The Elmira Case）。罗素·凯利，当年的两位少年犯之一，在此之后再未犯过损害他人财物的罪行，而凯利也在康纳透加学院

---

[1]　重整羞耻（reintegrative shaming）理论是由澳大利亚犯罪学家约翰·布雷思韦特于1988年提出的。强调在谴责加害行为的同时应该保持对加害者的尊重，加害者被社群接纳产生羞耻感，反而有助于其重新融合到社群中，并有利于防止再犯。如果社会或者司法给予的仅仅是惩罚、羞耻，加害者感到的是污名化（stigmatized），仍然会对社会、群体产生抗拒心理。

（Conestoga College）完成了关于法律与安全管理课程的学习，有一次在课堂上听到来自社区正义组织（CJI）的老师讲述"艾美拉事件"，他矛盾挣扎了一会儿以后，勇敢地站起来承认自己就是"艾美拉事件"闯祸的主角。在这位老师的安排下，凯利与改变自己命运的恩人杨奇见了面，这是两人相隔20多年后的第一次见面。后来，凯利成为杨奇创立的社区正义组织（CJI）的正式工作人员，长期致力于推广修复性正义的工作。凯利凭借其为修复性正义所付出的努力于1999年被提名"罗恩·韦伯奖"（Ron Wiebe Award），并于2006年出版了著作《从坏小子到学者》。[1]2015年3月，加拿大的洛思科电影公司（Rosco Films）将"艾美拉事件"拍成电影，搬上了银幕。"艾美拉事件"被视为修复性正义的肇始，深刻影响了正义与司法的发展。

到20世纪90年代，修复性正义迎来了蓬勃发展的春天。美国从印第安人的文化中吸取了大量的养分。1978年，印第安纳州的厄克哈特建立的受害者—加害者和解项目被认为是美国的第一个修复性正义项目，随后发展到全美国。

1989年，新西兰融合土著毛利人强调家庭和社区作用的价值观，于1989年经由《儿童、青年及其家庭行为法》（The Children Young Persons and Their Families Act）的制定而正式肯定了修复性正义，创立了修复性正义的最重要模式之一——家庭小组会议（family conference group），将犯罪人与受害者及其家属召集到一起，由调解员主持，共同商谈对犯罪造成的伤

---

〔1〕 Russ Kelly, *From Scoundrel to Scholar：The Russ Kelly Story*, self-published, 2006，载 https://www.amazon.com/Scoundrel-Scholar-Russ-Kelly-Story/dp/097819350 4，最后访问日期：2020年3月7日。

害如何进行修复。新西兰这一立法引起了各国对修复性正义的关注。

英国的修复性正义起源于少年矫正制度，最早在刑事司法中实施修复性正义的是英格兰和威尔士的牛津郡警察局。它们认为，修复性正义不仅是对受害者安全进行保障，更重要的是需要修复破损的社会关系。1998 年《英国犯罪与妨害治安法》（The Crime and Disorder Act，CDA）和 1999 年《英国青少年司法与刑事证据法》（The Youth Justice and Criminal Evidence Act，YJCEA）正式把修复性司法程序纳入青少年司法系统内。

随着全球化的不断发展，修复性正义的影响逐渐扩展到亚洲地区。以韩国为例，修复性正义的概念于 20 世纪初被引入，同时调解员的相关培训启动。2008 年，教师和学校开始采纳修复性训导（Restorative Discipline）的方式。2010 年，首尔家庭法院正式于少年法庭采用"和解劝告制度"。2014 年，"韩国修复性正义联盟"（Korea Association for Restorative Justice）成立。此外，诸如日本"和平号"（Peace Boat）、印度"非暴力和平力量"（Nonviolent Peaceforce，NP）等区域性和国际性非政府组织也积极倡导修复性正义。到 20 世纪 90 年代末，欧洲出现了 500 多个修复性正义计划，北美共有 300 多个修复性正义计划，类似的计划在全世界已超过 1000 个。[1]

对于修复性正义的蓬勃发展，联合国也做出了积极的回应，对修复性正义的合法地位及进一步的发展提供了强有力的支持和帮助。早在 1999 年 7 月，联合国在第 1999/26 号决议《制定和实施刑事司法调解和恢复性司法措施》中，建议预防犯罪和

---

〔1〕　张庆方："恢复性司法——一种全新的刑事法治模式"，《刑事法评论》第 12 卷，中国政法大学出版社 2003 年版，第 439 页。

刑事司法委员会考虑拟定调解和恢复性司法方面的联合国标准，用以确保轻罪的公平解决。2007 年，联合国毒品与犯罪问题办公室（UNODC）发布《ADR 与修复性正义培训手册》，对修复性正义相关概念、原则、运用范式等进行阐述和进一步完善，并提倡各个国家适时采用修复性正义。[1]

南京大学于 2003 年 12 月举办了修复性正义国际学术研讨会。2007 年 4 月，修复性正义理论国际学术研讨会在山东大学召开，来自世界各地的专家学者在研讨会上就修复性正义理论及其相关实践进行了比较研究。[2]中国政法大学成立了恢复性司法研究中心，就修复性正义问题进行了专门研究。这些都为修复性正义的本土化提供了良好的环境基础和实践基础。

二、我国医疗纠纷调解中存在的问题

（一）维稳下的大调解

我国的医疗纠纷调解，无论是第三方调解，还是院内调解，都是作为大调解的一部分，与欧美以及日本占主要地位的社会自治型调解有着显著的不同。[3]随着我国进入社会转型期，各地积极探索大调解工作格局，从"三位一体大调解"到"三调

---

〔1〕 信息来源 https://www.un.org/ruleoflaw/files/publications_ adr〔1〕.pdf，最后访问日期：2020 年 3 月 27 日。

〔2〕 李忠诚："关于恢复性司法方案中的几个问题"，载《中国律师》2002 年第 9 期。

〔3〕 廖永安、蒋凤鸣："新时代发展我国社会调解的新思路"，载《中国社会科学报》2018 年 1 月 18 日，第 1 版。

联动"，再到"诉调对接"等，目标无一不是力图打造行政、司法、卫生、公安、保监、财政、医调委等部门通力协作，"横向到边、纵向到底的网络"[1]医疗纠纷调解机制。尽管大调解的样式繁多，也体现了各地对调解的高度重视和相关部门的智慧，[2]但从整体上看基本都是属于一种调解类型，即公权力主导型调解。公权力主导型调解是指基于国家的需要，由公权力主导自上而下发展的调解工作模式。但在实践中却衍生出各种实际上被公权力机关架空的"创新模式"。[3]

关于这类"创新"，范愉教授有着清晰的论述：

不考虑制度设计的科学性、合理性和人民调解的定位，推动人民调解向难以胜任的专业领域无序扩张，如金融消费争议、劳动争议处理机制等。很多行政主管部门和地方政府缺乏制度创新的能力，习惯于以运动化或临时性措施追求立竿见影的结果，往往将行政手段混同于人民调解，或将人民调解"万能化"，将临时性创新作为永久性制度加以推广，以应急维稳措施代替合理的顶层设计。这种短视思路客观上会影响一些重要的基础性制度的建立及其顶层设计，如医疗纠纷处理程序、统一

---

〔1〕 "'南平解法'，为医患纠纷'退烧'"，载 http://www.fujian.gov.cn/xw/mszx/201402/t20140221_1611384.htm，最后访问日期：2020 年 7 月 2 日。

〔2〕 在一些经济发达地区，政府购买民间的纠纷调解服务就体现了上述理念，如上海长宁区法院的改革经验，该区联合调解委员会在该法院附设的"人民调解窗口"进行调解，而该窗口的调解员就是由政府以购买服务的方式出资聘请具有丰富调解经验的退休法官担任。江苏省街道办与"人民调解李琴工作室"签订协议，每年出资 12 万元为辖区内居民购买专业化的民间纠纷调解服务。这些实践都取得了良好的效果。著者认为，这是一种富含深刻理论意蕴的实践，它表明调解市场化是一项值得探索的新模式，是推进自治型调解的有效举措。

〔3〕 廖永安等：《中国调解的理念创新与机制重塑》，中国人民大学出版社2019 年版，第 43 页。

的交通事故处理机制等。[1]

当调解从一开始就被作为一项政治任务，并被无序泛化时，调解员往往只注重工作的数量，而无形中忽略纠纷解决的质量，当事者的意思自治原则也常常得不到保障。这些都为今后调解协议的不履行、纠纷冲突的再次发生埋下了隐患。

社会的自我解决纠纷的能力说到底取决于社会的自我组织程度。社会自我组织的程度又来源于社群成员对社群的认同和归依感。而社群能够提供解决纠纷的能力时，反过来又会促进社群成员对社群的认同度。公权力过于强势，可能会抑制社会自治力量的生长，不利于社会自我解决纠纷能力的提高。即使从长远发展看，纠纷的化解并非单靠公权力就可以包揽。如果"运动化"[2]调解始终停留在靠公权力推进层面，一旦失却公权力的组织指挥和资金、人力投入，其可持续性则不容乐观。[3]

（二）忽视情感的应对

处于医疗纠纷中的患方通常带有对立情绪。而且在多数情况下，对于出现死亡的医疗纠纷，患方对医方的敌对、多疑情绪是非常突出的。[4]当然，有时候处于纠纷中的医方当事者也会出现偏激的情绪。如果调解员不能有效应对当事者的情绪，就

---

[1]　范愉、李泽："人民调解的中国道路——范愉教授学术访谈"，载《上海政法学院学报（法治论丛）》2018年第4期。

[2]　范愉、李泽："人民调解的中国道路——范愉教授学术访谈"，载《上海政法学院学报（法治论丛）》2018年第4期。

[3]　吴英姿："'大调解'的功能及限度 纠纷解决的制度供给与社会自治"，载《中外法学》2008年第2期。

[4]　阮鹏："心理咨询方法在医务科接待工作中的应用"，载《中国医学伦理学》2006年第5期。

容易加剧当事者之间或者当事者与调解机构之间的对立，从而增加纠纷的调解难度，甚至进一步激化矛盾。情绪只是为了提醒调解员照顾好当事者的需求。忽略了当事者的情绪，往往容易错过纠纷发生的真正症结所在。所以，调解员对当事者的情绪进行接纳和疏导，是调解成功不可或缺的重要一环。应该将情绪应对提升到危机管理的高度。

可是，在实践中，很多调解员对当事者的情绪视如洪水猛兽，不是刻意去忽略打压它，就是对它完全束手无策。调解员极度害怕去面对当事者的负面情绪，因为他们觉得这些带有负面情绪的人们只会带给自己负面的能量，仿佛这是一个巨大的黑洞，潜藏着各种未知与恐惧。其原因，一是受中华传统文化的影响，中国人含蓄内敛，不注重培养自己的感受和自由表达情绪的能力；二是在我国的医疗纠纷调解中存在法制化倾向，导致调解员行为方式的法制化，要求"法言法语"，[1]调解员不能被当事者的情绪所感染。

患方往往带着情绪而来，可能是对医生的不满，对疾病迁延不愈的抱怨，对家里孩子的忧虑，对自己的指责，对失去生命的恐惧，或者是对患病的哀叹，这些情绪如果得不到很好的疏导和安抚，就没有办法正常进行调解。当事者的情绪没有被表达出来，并不等于情绪就消失了。情绪其实只是一种能量，并没有好坏对错之分。它不会消失，只能被宣泄或者转化。当当事者的情绪得不到很好的控制时，它就会让当事者变成一条喷火的龙，到处肆虐。学会接纳当事者的情绪，正如日本医疗纠纷调解员协会要求的那样，不批判、不抗拒，只是单纯地与

---

〔1〕 何欣、祝隽仁："人民警察执法口语能力现状分析与对策思考"，载《公安学刊（浙江警察学院学报）》2008 年第 4 期。

当事者的情绪待在一起，全盘地去接纳它，让能量自然地流动。当调解员接纳这些情绪之后，就会发现所有的情绪都会逐步消失，进而能够更好地去处理当下的问题。

(三) 存在法制化倾向

在上文中，著者和田仁孝曾经批评日本 ADR 法"按照法律来解决纠纷"的规定。而在我国，不论是实体上还是在程序上，医疗纠纷调解都存在法制化倾向。我国《医疗纠纷预防和处理条例》第 4 条规定："处理医疗纠纷，应当遵循公平、公正、及时的原则，实事求是，依法处理。"特别是在实行依法治国的进程中，依法调解似乎是天经地义的。

法制化倾向还表现为调解程序的审判化[1]和调解人员的法官化，比如，调解队伍由司法人员、律师组成，强调诉调对接；而且医疗纠纷的调解风格也越来越接近于审判的外貌，就连调解室的布置也与审判庭的布局雷同，墙上张贴诸如"依法调处、公平公正"之类的标语等。

调解的法制化还将导致调解员的心中只有事实和法律在散步，调解结果更加贴近既有法律的规定，相对更少关注法律外的人情世故。调解员这一严格执法的办事风格也会压制当事者自治权的发挥，使得当事者不敢畅言法律以外的要求，即使是合理要求，比如寻求情感的慰藉、良好关系的修复等。[2]

调解与审判不同，审判以法律为准绳，但调解常以伦理道

---

〔1〕 正如强世功教授所言，"随着中国调解的制度化，调解已经越来越相似于审判了"。参见强世功："文化、功能与治理——中国调解制度研究的三个范式"，载《清华法学》2003 年第 2 期。

〔2〕 晏英："在医疗纠纷人民调解中引入促进式调解的若干思考"，载《医学与法学》2016 年第 1 期。

理、风俗习惯、行业惯例为依据。由于大多调解员兼任公职或者曾经担任过公职，常年受到行政执法思维的影响，必然将法律的刚性因素过多地运用于调解中。而现实案件的复杂、多样要求调解机制具有灵活的应变能力，但法律对当事者之间争议的界定往往是单一和僵化的。如果固守法律思维，就会导致无法重塑问题，因而常常难以有效地解决纠纷。[1]有学者指出，"调解的最终目的仅仅是追求一种纠纷解决审判式的结果，调解将无从满足当事人的多样化需求，其诸多价值也就无从实现。放弃对多元价值的追求，也就意味着调解的制度优势荡然无存。"[2]

（四）技能贫乏与滞后

由于我国在医疗纠纷调解领域对调解技能的开发滞后，对域外先进的医疗纠纷调解技能也很少引进，现在医疗纠纷调解员所掌握的技能非常贫乏而陈旧。这些技能主要来源于两个方面：一是调解员通过任职从外面带进来的技能；二是调解员在医调委或者医院接受训练所掌握的技能。

不管是调解员在医调委或者医院所接受的调解技能训练，还是调解员通过任职带进来的技能，都不外乎以下三种：一是人际沟通技能；二是法律知识运用技能；三是粗浅的心理疏导技能。

而在从事医疗纠纷调解的工作人员中，除少部分拥有医学背景的人员外，主要以司法工作者以及政工干部为主。这就决定了调解技能绝大部分是"居委会大妈式"的传统的邻里纠纷

---

〔1〕 谢勇等编著：《社会心理学在调解中的运用》，湘潭大学出版社 2016 年版，第 100 页。

〔2〕 李德恩："覆盖与节制：一个有关'审判阴影'的悖论"，载《法制与社会发展》2010 年第 2 期。

解决的相关技能，诸如"举一反三、换位思考、因势利导、热案冷处理"等方法，以及政工干部的"弘扬正气、明法析理、巧借威望"等方法。现代调解最重要的"中立、非对抗、自治"等理念还没有植入，缺乏具有理论支撑的系统化的技能体系。

在传承方式上，以经验性传承为主，主要是口耳相传和在实践中模仿，难免陷入"人走政亡"的困境。我们应积极学习争议解决服务业发达的欧美，在调解理论研究、课程研发、技能培训等方面进一步系统化。在日本，医疗纠纷调解技能已经从叙事医学、心理学、谈判学、社会学、管理学等角度进行了深挖，这为我们提供了很好的学习蓝本。

三、我国医疗纠纷调解的重塑与建构

（一）更新调解理念：从对抗走向对话

从修复性正义的角度讲，惩罚的目的不是要折磨或羞辱加害者，而是要使他们承认社会良善的重要性，调和他们与受害者、社群之间的对抗关系，使他们有机会重新融入社会。

在我国，由于"医调工作必须遵循法治，必须在法治框架下行动，以法治精神和原则为指引。为此，十分强调人民调解员法治信念、法治思维和法治能力的培养"，[1]医疗纠纷调解存在法制化倾向。调解的法制化从法律的角度思考问题，以"法条主义"为指南，在诉讼标的理论的影响下，将纠纷分解为各

―――――――――

〔1〕 广东和谐医患纠纷人民调解委员会通过推行以"保、调、赔、防、管、法"为特色的"阳光调解"联合机制，形成了第三方人民调解参与"广东模式"。参见王辉、黄力："医疗纠纷治理之'广东模式'"，载《社会治理》2019 年第 3 期。

种法律关系以及相关的法律要件，形成若干个事实碎片，运用三段论规则对过往的纠纷予以"非黑即白"的裁断，最终形成甚至加剧加害者与受害者、社群的敌视和对抗，并可能由此引发新的社会冲突。

而现代调解在"合意主义"的指引下，采用的是一种综合性思维，将纠纷解决置于经济、法律、道德、习惯、心理、社会等多维视野中重塑问题，有利于克服法制化倾向所带来的单一和僵化的思维模式。法律思维始终打着国家法律的"幌子"，依据国家规范将纠纷限定在权利、义务、责任等框架之下，也将纠纷的解决方式限定在法律规定的救济方式之下，以谋求它的"合法性"。因此，法律思维对当事者之间纠纷的界定是单一和僵化的。而调解则不同，它可以单纯根据国家规范，也可以单纯根据民间规范，还可以是二者相结合的产物。在调解过程中，不能说哪一个规范居于主导性地位，因为解决纠纷的目的性决定了规范的适用类别、方式。利益调整的全面性、思维视角的多维性、方式选择的多样性等有利于实现真正的案结事了，而不是止于"息诉罢访"。

另外一个显著的特点是，不像日本医疗纠纷调解机制致力打造一个医患双方自主对话的平台。长期的封建传统和独特的中国文明史，使中国社会养成了深厚的权威主义价值倾向。权威主义影响下自主意识的缺失导致自主能力的缺失，使得一部分国民没有足够的能力对价值做出自己的判断。另一方面，在医疗领域中长期盛行的家长主义，也造就了在我国的医疗纠纷解决中习惯于由权威做主。这些都导致了在医疗纠纷解决领域对医患双方的个体权益缺少充分的认识。独立自主既是对自己权利的尊重，也是对他人权利的充分尊重；既是对独立个体价值的尊重，也是对秩序的尊重。而日本，战后经过民主化改造之后，随着经济复苏并高速增长，以追求生活富裕、享乐等为中心的个人主义得以蔓延，个体的自主意识也得到了空前的发展，为当事者自主解决纠纷提供了便利。

(二) 创新调解模式：从评价式调解转向促进式调解

调解指的是"具有中立性的第三者通过当事人之间的意见交换或者提供正确的信息，从而帮助当事人达成合意的场面"。[1] 调解之要义在于调解员所具备的中立性以及当事者基于合意进入程序和解决纠纷。季卫东教授指出："中立性是现代程序，包括诉讼程序和非诉讼程序的基本原则，也是医疗纠纷第三方调解机构地位的重要核心。"[2] 因此，在现代调解理念中，中立奠定医疗纠纷调解正当性基础。这就要求调解员在调解过程中要耐心倾听双方的意见，保持不偏不倚，既不偏袒任何一方，也不决定任何一方是对还是错。

但是，在我国由于现有的调解制度肩负着贯彻意识形态、强化社会控制和维护社会稳定的使命，[3] 纠纷当事者被当成管理、教育和说服的对象，以及调解的法制化倾向，必然导致我国医疗纠纷调解中立性的丧失。在现阶段的调解制度下，调解的运作大多致力于劝服当事者接受调解以及调解结果，而不是引导当事者自主地选择或寻求双赢的纠纷解决之道。加之，调解员队伍的教化观念使调解当事者处于被管理对象的地位，当

---

〔1〕 [日] 棚濑孝雄：《纠纷的解决与审判制度》，王亚新译，中国政法大学出版社 1994 年版，第 8 页。

〔2〕 季卫东："程序比较论"，载《比较法研究》1993 年第 1 期。

〔3〕 王福华："中国调解体制转型的若干维度"，载《法学论坛》2010 年第 6 期。

事者的程序处分权、意思自治和保密原则难以保证，变相"创新"调解层出不穷。[1]

这些都表明我国的医疗纠纷调解普遍采用的是评价式调解（evaluation mediation）。学界把居于第三方的调解员，根据其经验、专业判断为当事者提供意见和建议，使其尽快明确自己的法律权益以及处境的优劣，抛弃不切实际的要求，做出妥协和让步，从而迅速解决纠纷的这一种调解模式称为评价式调解。而将处于中立地位的第三方调解员——主要是发挥中介作用，以促进合意为基本目标，一般不向当事者提供意见、判断和建议的调解模式称作是促进式调解（facilitative mediation）。[2] 澳大利亚弗林德斯大学法学院名誉教授凯西·马可（Kathy Mack）[3] 甚至认为，从严格意义上来说，评价式调解不能称作是调解。在一些比较严格执行促进式调解的国家，调解员如果提供调解建议，可能会被取消调解员资质。

促进式调解理念在日本医疗纠纷调解中得到了充分的应用。这一点，从著者翻译的日本医疗纠纷调解员培训教材中也可以得到印证。书中刊载了《医疗纠纷调解员行动规约》，其中第2条规定"不发表任何判断、评价或提出任何意见、方案"。[4] 评价式调解这种"非黑即白"的纠纷解决对抗结构只能息事宁人，被破坏的社会关系并没有得到修复。而在促进式调解中，

---

[1]　范愉、李泽："人民调解的中国道路——范愉教授学术访谈"，载《上海政法学院学报（法治论丛）》2018年第4期。

[2]　晏英："在医疗纠纷人民调解中引入促进式调解的若干思考"，载《医学与法学》2016年第1期。

[3]　Kathy Mack , *Court Referral to ADR*：*Criteria and Research*，Canberra：National ADR Advisory Council and Australian Institute of Judicial Administration，2003.

[4]　［日］和田仁孝、中西淑美：《医疗纠纷调解　纠纷管理的理论与技能》，晏英译，暨南大学出版社2013年版，第13页。

调解员只是程序的促进者和维护者，而不是调解结果的决定者。调解的本质是中立第三方引导当事者双方自主解决纠纷，从而达成共识并形成调解协议。因此，随着我国公民社会的成熟以及社会自主解决纠纷的能力的提升，促进式调解必然是社会发展的大趋势。

（三）开发调解技能：从固守本土到国际视野

上文已经分析了我国的医疗纠纷调解技能主要是由一些传统的人际沟通技能，以及以调解作为政治任务在执行中所形成的政治思想工作技能所组成的。

这些传统的说服疏导技能，既不能反映医疗领域纠纷的特点，也没有系统的理论架构。比如，一个常见的现象是多年以来我国护士礼仪培训一直受到高度追捧。礼仪是指人们在社会交往活动中，为了相互尊重而形成的约定俗成的、共同认可的行为规范与准则，包括仪容、仪表、仪态、仪式、言谈举止等方面。医院试图通过这些培训，教会护士符合职业规范的言行举止。虽然不能完全否定礼仪培训的作用，但是如果单纯从"礼仪"的角度，有的医院甚至把护士拉到大酒店去培训，类似这种脱离了"医患沟通"主题的培训会起到多大的作用呢？令人怀疑。在真正的医疗护理环境中，无论是医生还是护士，有谁能够在繁忙和紧急的情况下像酒店服务员那样举手投足呢？身陷病痛的患者，此时此刻，他们究竟需要什么？在医患关系仍然紧张的当下，关于行为举止，当务之急与其强调应该做什么，还不如强调不应该做什么。

关于技能的前沿发展，可以借鉴日本医疗纠纷调解中的叙事医学、心理学以及谈判学的相关技能。

首先，谈判学技能帮助找到双赢的解决方案。在哈佛大学最权威的谈判学著作《谈判力》中，首次提出了"着眼于真实需求（Interest）而不是表面主张（Position）"的谈判原则。[1]在谈判中，主张（Position）是指双方当事者对纠纷所持的态度和立场，需求（Interest）则是指隐藏在主张背后的原因。在纠纷双方的表面主张对立的情况下，主张背后的真实需求却是可以调和的。因为各自的真实需求总是很隐秘，尤其是在医疗纠纷中当事者通常情绪很激愤，医患双方常常认识不到自己的真实需求所在。调解员通过搭建当事者自主对话的平台，采用提问的方式可以促使当事者说出他如此主张的原因。这样，在调解员的引导下，当事者就能够认识到自己真正在意的需求点。当事者在实现真实需求的同时，原来彼此冲突的主张也随之改变，从而成功调解，并为后面利用心理学技能解开彼此的心结，修复受损的医患关系打下基础。

如何分析当事者主张背后的真实需求呢？日本医疗纠纷调解中 IPI 技能是不可或缺的基本方法。在分析和表达 IPI 时，为了便于理解，通常使用上文中（详见图 5-1）所述的圆形图来进行描述。在同心圆中心部分的左右两侧分别填写患方和医方的表面主张（Position），不管有多少都应该填进去。同心圆的中心是争论点（Issuc），最外围的是真实需求（Interest）。在 P（表面主张）栏中将会出现一些双方相互冲突的主张。争论点（Issue），就是问题的争论所在。通常在一件纠纷中，有时会有多个争论点。其中有一些是情绪上的冲突，也有一些是关于需求问题的冲突。调解员利用 IPI 技能的核心目标是通过围绕争论

---

〔1〕〔美〕罗杰·费希尔、威廉·尤里、布鲁斯·巴顿：《谈判力》，王燕、罗昕译，中信出版社 2012 年版。

点逐一展开 IPI 分析，去挖掘纠纷当事者对立主张背后的共同需求，进而打造双方共赢（win-win）的空间，并以此实现双方合意解决纠纷之目的。双赢的结果，虽然在医疗纠纷中，尤其是在发生了不良的医疗后果时，说不上像普遍观念里那样的欢快、愉悦，但是追求使双方都能够诚心接受的解决方案，仍然具有重要意义。

其次，叙事医学技能提供人文关怀的力量。随着循证医学的发展，医学在做出巨大贡献的同时，在认知路径选择上存在着明显的数学崇拜取向与过度客体化的痕迹，使"患者"一词被分解为病因、病原、症状、体征等单个词素，患者的痛苦被转化为检验单上的数值和各类影像图片。于是，作为一个整体的患者被现代医学消解了，医学中的人文精神在现代科学技术洪流的冲刷下失去了应有的生活温度。同样，不可避免地在医疗纠纷解决中，医方也存在只见"病"，不见"人"的倾向。所以，在医疗纠纷调解中也要求调解员给予患者以"全人"关注，懂得调解所面对的不仅仅是疾病，更是有思想、有情感的人。因为，医疗纠纷的产生既可能与医疗结果有关，也可能与患者背后的社会因素以及生活环境有关。世界医学之父希波克拉底曾经说过，医生有"三大法宝"：语言、药物、手术刀。人是由故事构成的生命文化主体。[1]所以，语言交流的过程本身就是治疗的一部分。利用叙事医学技能，通过倾听并接纳患方的诉说，促进医患之间的叙事来了解这些信息，可以迅速拉近医患之间的距离。这既是疾病治疗的需要，也是缓和医患矛盾的需要。

后现代主义思潮的重要理论基石是主观建构，社会建构论

---

〔1〕 杨晓霖：《叙事医学人文读本》，人民卫生出版社 2019 年版，第 9 页。

认为"现实是社会的建构"，人类关于视觉、听觉以及方位等的所有感知，其实都只是心理现象，只存在于我们作为人类的大脑当中，并不是一种客观存在。比如，离开了人类的耳朵，客观事物不存在所谓的"声音"；同样，离开了人类的眼睛，客观事物也不会有所谓的"颜色"。也就是说，离开了人类的经验，我们所说的任何事物都失去了意义。格根指出，当我们给予某个事实以"准确的""真实的"描述时，我们不是按照"它其实是什么"在描述，而是按照特定的规则，即根据我们每个人不同的知识、阅历、社会背景、世界观等去描述的。退一万步说，即使存在纯粹客观的世界，也是人类的力量所无法企及的，人总是生活在经验的世界中。所谓"事实"总是理论负载的，不存在纯粹"客观的事实"。[1]所以，在医疗纠纷中，在医生作为专业人士与患者作为外行人士的眼中所认识的"理所当然的现实"是完全不同的。

在医疗纠纷调解中，调解员通过引导双方将诊疗过程和事件进行叙事化，引导双方重新建构"事实"，即丽塔·卡蓉所言叙事"再现"，患者对外的叙事表达除了具有缓和疼痛的作用以外，[2]还可以消除医患之间的误会和认知分歧，确定患方的价值观，有利于形成医患双方都满意的调解方案。

再次，心理学技能协助达成修复良好医患关系的最终目的。医疗纠纷调解的目的不是"息诉罢访"。在日本医疗纠纷调解培训教材《医疗纠纷调解　纠纷管理的理论与技能》中有一个这样

---

〔1〕 杨莉萍："析社会建构论心理学思想的四个层面"，载《心理科学进展》2004 年第 6 期。

〔2〕 ［美］Rita Charon：《叙事医学：尊重疾病的故事》，郭莉萍主译，北京大学医学出版社 2015 年版，第 111-114 页。

的例子。[1]有一位门诊病人对医生不满，这时调解员来协调此事。首先，调解员真诚地倾听了患方的想法，于是患者对调解员说："你能够认真听取我的这些不满，就已经让我心情轻松了很多，谢谢你！"接着，医疗纠纷调解员即使说："要不和医生谈谈？"患者也可能会说："不必了，你能够给我这样一个倾诉的机会，我已经很满足了。"说完，患者就回去了。对于这件事，可以认为到此已经处理得很圆满了吗？

或许，从以往应对抱怨的处理经验来看，会被认为处理得很好。但是，从医疗纠纷调解的观点来看，这种做法并不可取。为什么呢？因为我们不知道患者对医生本人是否还有不满的情绪，可能他再也不会去那个医生那儿看病了。下一次患者能否坦然面对该医生，该患者是否心生怨恨，这些都是需要解决的问题。

按照罗杰斯的理论，咨询师如果能够积极地、无条件地关注来访者，来访者就会认为咨询师能够设身处地地理解自己内心的隐秘世界，会有一种安全感。如果咨询师能够为来访者提供这样一种安全氛围，就能够鼓励来访者自我探索，促进来访者的自我成长。咨询师要有敏锐的感受力和觉察力，要对来访者抱以不评判、开放、坦诚以及温和的"空杯"心态，真正关心来访者，耐心听他们把话说完，放下充当"权威"或"指导者"的包袱。由此可见，这与前文所倡导的促进式调解理念一脉相承。

以真诚和关注的态度表示真正的同理心（empathy）是罗杰斯咨询工作的核心。当出现医疗不良结果，尤其是当自己或者

---

〔1〕〔日〕和田仁孝、中西淑美：《医疗纠纷调解 纠纷管理的理论与技能》，晏英译，暨南大学出版社 2013 年版，第 9 页。

亲人出现严重身体障碍甚至死亡时，面对这突如其来的"现实"，患方常常会被疑惑以及愤怒的情绪所包围，医疗不良后果成为"在心中永远抹不掉的记忆"。同样，没有哪位医生希望发生医疗不良事件。特别是当医疗事故不期而至时，医方也会陷入精神的高度紧张状态中，备受煎熬，想从中解脱出来，也需要调解员提供适当的关怀。调解员应当运用心理学技能为处于这种状态的医患双方提供关怀，让他们通过自己本来拥有的自我治愈能力重建认知，振作起来，重构医患友好关系，恢复医生的从业信心，让患方重新融入社群，达到社会和谐。

修复性正义不是定分止争，而是要达到当事者之间的真正和解，即打开"心结"，修复当事者之间的情感裂痕。

（四）重塑调解体系：从彼"大调解"到此"大调解"

自 20 世纪初，我国开展大调解工作以来，经过十多年的发展，我国的调解制度已经固化为大调解体制，在各级党委和政府的领导下，以维稳作为目标，强化社会联动调处，有利于资源的动员和整合。但从长远看，将大调解作为维稳工具必然会对权利形成压制之势。

社会组织不应成为政府的从属机构和附属物，政府应该通过培育和发展社会组织，增加社会自治和社会自我消化纠纷的能力。在以调解为中心的医疗纠纷非诉机制方面，如何构建社会自治型体系？

借鉴上文中分析的日本经验，可以由以下三个层面着手：第一层是医疗机构内的医疗纠纷调解制度，将关口前移，防止纠纷的进一步恶化；第二层是院外的第三方调解，以维护当事者的意思自治，富有创造性地解决问题为目标；第三层是医疗纠纷仲裁机构，当经过前两者仍然无法形成合意时，基于医学专业知识，公正且有弹性地解决问题。

第一层是医疗机构内的医疗纠纷调解制度。随着我国医疗纠纷人民调解组织的广泛建立，现在我国的医疗纠纷解决有一个倾向，就是尽量将纠纷转移到院外。但是，需要注意的是，根据现代纠纷解决理论，只有当事者才能真正解决问题。当纠纷转移到院外时，医疗机构就丧失了一次学习自我解决问题的机会，不利于医院自我消化纠纷能力的提高，同时也可能延误时机，错过最佳的解决时机。

可以考虑在院内设置医疗纠纷调解员，及早发现、及早处理。此外，因为是医疗机构的职员，在纠纷发生后的早期在信息收集和证据保全方面存在优势。给予遭受医疗不良后果的患方充分而及时的关怀和回应，也是医疗机构诚意对待医疗纠纷的体现。

院内医疗纠纷调解员由于常驻院内，也将有助于掌握医务人员与患者之间的种种事实经过，在综合患方的情况后，通盘进行风险管理，了解有无医疗过失，研究行为与损害之间是否存在因果关系。

在院内调解员来自医疗机构的职员这一点上，并非要一成不变。也可以借鉴英国 NHS 的管理方式，引进院外第三方调解员常驻医疗机构。我国已经有类似的做法，比如山西省医疗纠纷人民调解委员会和福建省南平市医疗纠纷人民调解委员会已经开展进驻医院的尝试，[1]但是仍然难以摆脱公权力主导型调解的色彩。

---

〔1〕 高建勋：“医疗纠纷人民调解'山西模式'评述”，载《医学与法学》2015 年第 3 期。

　　第二层是院外的第三方调解。承接在医疗机构内解决不了的医疗纠纷。作为院外的中立第三方，提供专业判断，创造性地解决问题。需要注意的是，这里提供的专业判断并不具备约束力，因而这一阶段的重点是提供双方自主对话的平台，促进双方建立共识。不管是程序的进出还是调解协议的形成都严格遵守当事者意思自治原则，在不违反法律的强制性规定，不侵犯公共利益和他人合法权益的情形下，充分尊重乡规民约、道德传统等地方性习俗和民间规范，以实现情、理、法的有机结合，妥当且切合实际地解决纠纷。

　　第三层是医疗纠纷仲裁机构。这是由临床经验丰富的医生和医疗律师组成的带有预审功能的仲裁程序。在该程序中，虽然是基于查明事实基础上的客观判断，但不必拘泥于既定的法律框架。在不违反法律禁止性规定的情形下，可以选择其他社会规范或行业惯例作为纠纷解决的依据，有更大的让渡和交易空间，更容易达成仲裁协议，提高纠纷解决的效率。此程序开始的前提是，双方当事者均同意进入仲裁程序；不同于调解的是，一般来说不能不服从仲裁的结果。经过前面两个阶段的充分对话和交流之后，当事者在这个程序中对预审的结果容易达成心甘情愿的心态。

　　上述由三个层面建构的社会自治型体系，正好契合了申卫星教授所期待的"从外部建立医疗纠纷多元化解决机制，与建立医患内部沟通机制并行不悖，外部的第三方介入机制是医患内部沟通机制失效后的有力保障，二者正好可以互补"的构想，[1]希望对我国的医患和谐建设有所裨益。

---

　　〔1〕　申卫星："医患关系的重塑与我国《医疗法》的制定"，载《法学》2015年第 12 期。

　　最后想强调的是，修复性正义既是善良的，它强调理解、宽容、羞耻、仁爱；它也是温馨的，强调心灵的沟通，有着浓浓的人文关怀。如果不能在任何情况下都对当事者的情绪进行充分接纳，不能以真诚的态度促进医患之间的对话，不是设身处地地从当事者的利益出发，就不可能真正解决纠纷，修复关系。